미학 원전 시리즈 3

취미의 기준에 대하여
비극에 대하여 외

이 도서의 국립중앙도서관 출판예정도서목록(CIP)은
서지정보유통지원시스템 홈페이지(http://seoji.nl.go.kr)와
국가자료종합목록 구축시스템(http://kolis-net.nl.go.kr)에서
이용하실 수 있습니다. (CIP제어번호 : CIP2019023714)

미학 원전 시리즈 3

취미의 기준에 대하여
비극에 대하여 외

데이비드 흄 지음
김동훈 옮김

미학 원전 시리즈를 내며	7
옮긴이 서문	11
번역어와 관련하여	15

취미의 기준에 대하여	**21**
비극에 대하여	**63**
아름다움과 추함에 대하여	**81**
섬세한 취미와 섬세한 정념에 대하여	**87**
글쓰기의 소박함과 세련됨에 대하여	**97**

해제 아름다움과 감정의 관계를 탐구한 새로운 미학이론	109
옮긴이 주(註)	245
참고문헌	277
찾아보기	291

일러두기

1 「취미의 기준에 대하여」, 「비극에 대하여」, 「섬세한 취미와 섬세한 정념에 대하여」, 「글쓰기의 소박함과 세련됨에 대하여」는 다음의 원문을 번역한 것이다.

   "Of the Standard of Taste," "Of Tragedy," "Of the Delicacy of Taste and Passion," "Of Simplicity and Refinement in Writing" in: *The Philosophical Works of David Hume*, vol. 3, Edinburgh: Adam Black and William Tait, 1875, pp. 266~284, 258~265, 91~94, 240~244.

   「아름다움과 추함에 대하여」는 다음의 원문을 번역한 것이다.

   "Of Beauty and Deformity," *A Treatise of Human Nature*, edited by L. A. Selby-Bigge, 2nd ed. revised by P. H. Nidditch, Oxford: Clarendon Press, 1978; 1888, pp. 298~300.

2 원문의 이탤릭은 고딕으로 표기하였다.

3 본문의 각주는 흄의 것이며, 미주는 옮긴이의 것이다.

4 외국 인명이나 지명의 표기는 국립국어원의 외래어 표기 원칙을 따랐다.

5 소괄호( )는 흄 또는 인용문의 저자가 삽입한 것이다. 단, 원어 병기, 옮긴이 해제 및 미주의 소괄호는 부연 설명을 위해 옮긴이가 삽입한 것이다. 괄호 속에 다시 괄호를 쓸 경우 중괄호{ } 안에 소괄호( )를 삽입하였다.

6 대괄호[ ]는 원문에는 없지만 독자의 이해를 돕기 위해 옮긴이가 삽입한 것이다. 단, 대괄호 속 말줄임표[…]는 원문 중 일부를 생략했음을 뜻한다.

7 본문에 언급되는 원서의 제목은 한국어로 옮기고 본문 또는 미주에 처음 한 번만 병기하였다.

미학 원전 시리즈를 내며

예술에 대한 철학적 성찰의 흔적은 서양의 고대 문헌들에서도 찾아볼 수 있다. 플라톤의 『국가』와 『향연』, 아리스토텔레스의 『시학』이 그 대표적 예라 할 수 있다. 하지만 이런 저술들에서 예술이나 아름다움의 본질은 주된 고찰 대상이 아니었다. 플라톤은 이상적 국가나 사랑의 신 에로스를 고찰하면서 곁가지로 모방으로서의 예술이나 아름다움의 이데아를 다루었고, 아리스토텔레스는 훌륭한 비극이 갖추어야 할 바를 서술하면서 아름다움의 본질을 함께 다루었을 뿐이다.

영국과 프랑스, 독일을 중심으로 철학자들은 예술이란 도대체 무엇인가, 예술 작품에서 우리가 느끼는 아름다움과 숭고의 본질은 무엇인가 하는 물음을 17~18세기에 이르러 본격적으로 고찰하기 시작했다. 영국에서는 섀프츠베리, 조지프 애디슨, 프랜시스 허치슨, 에드먼드 버크, 데이비드 흄, 알렉산더 제라드, 아치볼드 앨리슨, 프랑스에서는 니콜라 부알로, 장-밥티스트 뒤보, 샤를 바퇴, 드니 디드로, 볼테르, 독일에서는 알렉산더 고틀리프 바움가르텐, 고트홀트 에프라임 레싱 등의 학자들이 저마다 아름다움과 예술에 대한 새로운 이론을 쏟아냈다.

그전에는 서로 다른 영역에서 따로 다루어지던 여러 장르를 예술이라는 이름으로 묶어낸 것도, 미학이라는 학문 명칭을 처음으로 고안해내고 아름다움과 예술의 본질을 철학적 탐구의 대상으로 정한 것도 이때였다. 이들의 이론적 성과를 토대로 18세기 말, 19세기 초에는 칸트, 셸링, 헤겔 등의 독일 관념론자들과, 질풍노도에서 낭만주의에 이르는 시기의 문필가들 중에서 괴테, 실러, 슐레겔 형제, 노발리스 등이 폭발적으로 미학이론을 발전시켰다. 이것이 니체, 베냐민, 하이데거 등에 이르러 철학 논의의 중심이 형이상학과 인식론에서 미학으로 재편되는 초석이 되었다. 데리다, 들뢰즈, 바디우, 지젝, 랑시에르 등 오늘날 현대철학자들의 논의 대부분은 예술과 밀접한 관련을 맺고 있다. 그러므로 근대 미학 형성기의 연구 성과를 제대로 고찰하는 것은 오늘날의 서양 미학, 더 나아가 서양철학 전체의 흐름을 이해하는 데 매우 중요한 토대가 된다.

'미학 원전 시리즈'는 아직 한국에 소개되지 않은 미학 원전을 우선 번역해 소개하고, 각 나라의 학풍을 제대로 파악할 수 있도록 영국과 프랑스, 독일 학자들의 원전을 균형 있게 선택하는 것을 원칙으로 삼았다.

    모쪼록 많은 독자가 '미학 원전 시리즈'에서 소개하는 저술들에 담긴 미학적 질문과 이를 풀어내려는 시도를 깊이 사색하면서 음미해볼 수 있기를 바란다. 거기에 철학적 탐구가 선사하는 묵직한 기쁨을 함께 느낄 수 있다면 금상첨화일 것이다. 그렇게 된다면 그때그때 유행을 따라 피상적으로 문제를 바라보는 데에서 나아가 문제의 근원을 찾아 그 심연을 들여다보게 되고, 이는 아름다움을 인식하는 우리의 감각과 이성을 더욱 갈고닦는 진정한 기초가 될 것이라고 믿는다.

옮긴이 서문

영국 경험론의 대표적 철학자 데이비드 흄의 미학 사상은 예술에 관해 철학적으로 성찰하고자 하는 많은 이들에게는 마르지 않는 영감의 원천이다. 흄의 미학 저술 가운데에서 가장 중요하고 대표적인 논문이 이 책에 실린 「취미의 기준에 대하여」와 「비극에 대하여」이다.

「취미의 기준에 대하여」에서 흄은 오랫동안 서양의 미학 논의를 지배해온 아름다움의 대(大)이론, 즉 아름다움은 대상의 객관적 속성이라는 주장을 거부하고 아름다움을 인간의 내면에서 발생하는 감정의 긍정적 변화로 파악한다. 그러면서도 예술 작품의 아름다움에 관한 판정 기준이 객관적으로 수립 가능하다고 말하면서 그 근거를 설득력 있게 제시한다. '취향 존중'의 시대라고 하는 오늘날에도 이러한 견해는 과연 유효할까?

한편, 실제로 벌어졌다면 엄청난 슬픔과 비통함만을 불러일으켰을 사건이 연극 무대 위에서 벌어지면 묘한 기쁨과 감동을 주는 경험이 다들 있을 것이다. 이를 '비극의 역설'이라고 하는데, 「비극에 대하여」는 이에 대해 매우 그럴듯한 설명을 제시한다. 작품을 감상할 때 수용자에게 일어나는 변화에 주목하며 20세기

후반에 등장한 '수용미학'의 문제의식을 무려 이백오십여 년 앞서 취했던 것이다.

    이외에 이 책에 함께 실린 글들은 「취미의 기준에 대하여」에 제시된 흄의 주장을 이해하는 데 많은 도움을 줄 것이다. 『인간본성론』 제2권 『정념론』 일부를 발췌해서 옮긴 「아름다움과 추함에 대하여」는 흄이 어떤 과정을 거쳐 아름다움에 대한 전통적인 견해에서 빠져나오게 되는지 엿볼 수 있게 해준다. 「섬세한 취미와 섬세한 정념에 대하여」는 고상하고 세련된 취미를 갈고닦는 것이 가져다주는 유익, 특히 예술 작품을 평가할 능력을 갖추게 해주는 기능에 대해 서술하고 있다. 「글쓰기의 소박함과 세련됨에 대하여」에서는 취미의 기준의 구체적인 예들이 제시된다. 이 논문은 직업으로 글을 쓰는 사람뿐만 아니라 일상에서 자신만의 글을 쓰고 싶어 하는 사람들에게 영감을 줄 만한 내용이 많다.

옮긴이가 데이비드 흄의 이름을 처음 접한 것은 학부생 시절 멋모르고 칸트의 저서를 읽으면서였다. 도대체 무슨 말인지 알아들을 수 없는 단어와 문장 곳곳에서 흄의 이름을 발견할 수 있었고, 언젠가는 그의 사상을 접할 수 있기를 기대했었다. 그 후 꽤 오랜 세월이 지난 뒤 『숭고와 아름다움의 관념의 기원에 대한 철학적 탐구』 번역을 계기로 서울대학교에서 '미와 취미론'이라는 수업을 맡게 되면서부터 그의 미학 사상을 본격적으로 연구하기 시작했고, 틈틈이 흄의 논문을 번역해왔다. 번역이 어느 정도 완성되었을 무렵, 경기문화재단 웹진에서 '데이비드 흄의 미학 사상'을 주제로 연재를 제안해왔고, 이에 번역문을 갈무리하고 해설을 덧붙여 2017년 6월부터 2018년 1월까지 열두 편의 글을 게재했다. 이때 정리했던 원고가 이 책을 시작하고 마무리하는 데 큰 도움이 되었다.

이 자리를 빌려 이 책의 출간을 독려해준 경기문화재단의 이상민 군에게 진심으로 고마운 마음을 전한다. 또한 학술서 출간에 점점 부담을 느끼는 출판계 사정에도 불구하고 흔쾌히 출간을 맡아준 도서출판 마티에도 가슴에서 우러나오는 감사의 말을 전한다.

번역어와 관련하여

1) sentiment, feeling, passion, emotion, affection

    흄이 「취미의 기준에 대하여」를 비롯하여 여러 곳에서 자연 사물이나 예술 작품에서 느껴지는 아름다움의 본질적 특성으로 파악한 즐거움(pleasure)을 가리키는 데 가장 많이 사용하는 단어가 sentiment다. 도덕적으로 선한 행위에서 느끼게 되는 긍정적인 감정을 가리킬 때도 이 단어를 사용한다. 이 단어의 어원인 라틴어 동사 sentio는 감각 기관을 통하여 외부의 사물에 대한 정보를 받아들이는 감각작용을 가리킨다. 그 명사형 sentimentum은 그러한 감각작용의 결과로 생겨난 감각의 내용을 지시한다. 하지만 그뿐만 아니라 그로부터 느끼게 되는 감정, 심지어는 외부의 사물과는 직접적 상관없이 우리 내면에서 느껴지는 감정까지도 포괄하는 매우 광범위한 의미로 사용되었다. 영어 단어 sentiment에도 이런 복합적 의미가 담겨 있다. 따라서 이 단어는 단순히 '감정'이라고만 옮겨서는 그 뜻을 정확하게 이해하기가 어렵다. 하지만 이와 유사한 의미를 담고 있는 한국어는 존재하지 않기에 흄의 미학 사상과 관련된 국내의 논의에서 가장 널리 쓰이는 '정감'이라는 단어를 그대로 번역어로 사용하기로 하였다.

feeling은 원래 촉각, 촉감을 가리키는 말이었으나 나중에 감정이라는 뜻으로 널리 쓰이게 되었다. 현대 영어에서도 두 가지 뜻을 모두 갖는다. 이런 사정을 고려하여 두 가지를 모두 가리키는 단어인 '느낌'으로 번역하였다.

passion은 '어떤 일을 겪다, 당하다'는 뜻을 지닌 라틴어 동사 patior의 과거분사형 passus에 추상명사형 어미 -io가 덧붙여진 형태인 명사 passio에서 유래했다. 따라서 어떤 일을 겪음으로써 얻게 되는 격렬한 감정을 가리키는 데 사용되기도 했고 그러한 일을 겪는 것이 고통스럽고 힘들다는 의미에서 수난을 뜻하기도 했다. 흄이 이 단어를 주로 격렬한 감정을 가리키는 데 사용하고 있기 때문에, 그러한 뜻을 지니고 있으면서 이 단어의 번역어로 널리 채택되고 있는 '정념'으로 옮겼다.

emotion은 '바깥에'를 뜻하는 접두어 ex와 '움직이다'라는 뜻을 지닌 moveo 동사의 과거분사형 motus에 추상명사형 어미 -io가 덧붙여진 형태인 라틴어 명사 emotio에서 유래했다. 따라서 우리 내면에 있던 무언가가 바깥으로 움직여 나와서 우리가 그것을 느끼게 된다는 뜻을 지닌다. 여기에는 두 가지 방식이 있다. 하나는 외부의 사물로부터 감각적인 정보를 받아들인 다음 그에 반응하여 우리 안에서 어떤 감정이 발생하여 우리가 그것을 느끼게 되는 경우이며, 다른 하나는 직접적으로 외부의 대상으로부터 어떤 영향을 받지 않았는데도 우리 안에서 어떤 감정을 느끼는 경우다. 어쨌든 두 경우 모두 우리의 내면에 있던 것이 우리가 감지할 수 있게 드러난다는 뜻을 지닌다. 따라서 중세에는 잘 느껴지지 않는 약한 감정보다는 감격이나 감동과 같은 강한 감정을 가리키는 데 더 많이 사용되었다. 하지만 오늘날에는 감정 일반을 가리키는 중립적인 의미로 많이 쓰인다. 흄도 감정을 두루 지시하는 데 이 단어를 사용하고 있기에 이 책에서도 그냥 '감정'으로 번역하였다. 또 「비극에 대하여」에서는 감정의 움직임이라는 뜻으로 명사 movement가 몇 차례 사용되는데 이 경우에도 emotion과 같은 이유에서 그냥 '감정'이라고 옮겼다.

affection은 현대어에서는 보통 사랑이나 보살핌을 가리키지만 그 외에도 성향이나 감정 등 여러 가지 의미를 지닌다. 이것은 이 단어의 어원이 된 라틴어 동사 afficio가 '…에, …로'를 뜻하는 접두어 ad와 '…을 행하다, 만들다, 완성하다'라는 의미를 지닌 facio 동사의 합성어이기 때문이다. 그래서 afficio는 '…에게 무언가를 행하거나 제공하다, 그로써 어떤 영향력을 행사하거나 감정의 변화를 초래하다' 등의 뜻을 지녔다. 여기서 유래한 영어 단어 affection은 일차적으로는 그러한 행위 자체를 가리켰고, 나중에는 그렇게 해서 불러일으켜진 감정까지도 가리키게 되었다. 그런데 흄은 이 단어를 문맥에 따라 일반적인 감정이라는 뜻으로 사용하기도 하지만 어떤 경우에는 사랑이나 애착을 가리키는 데 사용하기도 한다. 따라서 문맥에 따라 '감정' 혹은 '사랑'으로 번역하였다.

2) sense, sensation

sentiment와 마찬가지 어원을 지닌 sense라는 영어 단어는 오늘날 매우 광범위한 의미로 쓰인다. 라틴어 어원과 밀접한 관련이 있는 뜻은 감각작용, 감각 능력, 감각 기관, 그리고 감각작용의 결과 혹은 그 내용으로서의 감각 등이다. 하지만 이외에도 분별력, 판단력 또는 의미라는 뜻으로도 쓰인다. 이렇게 다양한 뜻으로 쓰이게 된 원인은 감각을 통해서 무언가를 반복해서 지각하고 이를 통해 경험이 쌓이면 그것에 관해 나름의 견해를 지니게 되고 제대로 판단할 수 있게 된다고 생각했기 때문일 것이다. 그렇게 판단한 결과로 발생하는 인식의 내용을 지시하기 위해 '의미'라는 뜻도 갖게 되었을 것이다. 그래서 어떤 경우에는 감각을 통해 어렴풋이 느끼는 어떤 '감'을 가리키기도 하지만, 어떤 때는 상당 기간 축

적된 경험을 토대로 형성된 제대로 된 판단 능력을 지시하기도 한다.

흄은 취미의 기준과 관련된 논의에서 이 단어를 주로 감각을 기반으로 하지만 이성과 밀접한 관련이 있을 정도로 믿을 만한 판단의 능력을 가리키는 데 사용하였다. 따라서 이런 맥락에서 감각 기관 혹은 감각 능력이라는 뜻으로 사용되는 것이 명백한 경우는 같은 뜻을 지니면서 흄 관련 국내 연구문헌에서 많이 사용되는 '감관'이라는 단어로 번역하였다.[1] 다만 오늘날 많이 쓰이듯 '의미'라는 뜻으로 사용될 때는 그렇게 번역하였다. 또 한 곳에서는 '감정'이라는 뜻으로 새겨야 한다고 판단했다.[2]

sensation은 감각작용 혹은 그 결과로서의 감각 내용을 가리키는 데 주로 사용된다. 그로부터 느끼는 감정, 특히 매우 감동적이거나 격렬한 감정을 지시하기도 한다. 오늘날 '세상을 떠들썩하게 하는 사건'이라는 뜻으로 이 단어가 사용되는 이유가 여기에 있다. 흄은 미학 관련 논의에서는 여전히 이 단어를 주로 감각작용 혹은 감각의 내용이라는 뜻으로 사용한다. 따라서 두 의미를 모두 지닌 중립적인 단어 '감각'으로 번역하였다.

취미의 기준에 대하여

1   세상 어디서든 사람들의 견해뿐만 아니라 취미도 무척이나 다양하다는 것은 너무나 명백해서 누구나 다 아는 사실이다. 아주 지식이 짧은 사람이라도 자신이 알고 있는 좁은 테두리 안에서도—같은 나라에서 교육받고 일찌감치 같은 선입견을 받아들인 사람들인데도—사람마다 취미가 다르다는 사실을 알아차릴 수 있다. 시야를 넓혀 먼 나라들과 먼 시대들을 살펴보면 사람들은 [거기서] 엄청난 불일치와 모순을 발견하고 훨씬 더 많이 놀라게 된다. 우리는 우리 자신의 취미나 이해의 범위를 많이 벗어난 것들은 무엇이든지 **야만적**이라 부르는 경향이 있다. 하지만 우리는 곧 그러한 비난의 화살이 우리에게로 되돌아오는 것을 경험한다. 극도로 오만하고 자부심이 강한 사람일지라도 결국에는 어디서나 [다른 사람들도] 마찬가지 확신을 [지니고 있는 것을] 발견하고는 놀라게 되며, 이렇듯 다양한 정감들이 한창 서로 경쟁

하는 가운데에서 자신에게[만] 유리한 결론을 내리기를 주저하게 된다.

2 취미의 이러한 다양함은 아무리 주의력이 부족한 탐구자에게라도 분명하게 드러난다. 그런데 자세히 들여다보면 이러한 차이가 실제로는 겉보기보다 훨씬 더 크다는 사실을 발견하게 될 것이다. 사람들이 일반적인 담론에 있어서는 의견이 같으면서도 온갖 종류의 아름다움과 추함에 대해서는 서로 다른 정감을 느끼는 경우가 종종 있다. 모든 언어에는 비난이나 칭찬을 의미하는 단어들이 있게 마련이다. 그리고 같은 언어를 사용하는 모든 사람은 이런 단어들을 사용하면서 같은 의견을 가질 수밖에 없다. 사람들은 글에 깃든 우아함이나 적절함, 소박함, 기백 등을 칭찬하거나 과장이나 겉치레, 냉담함이나 거짓된 화려함을 비난하는 데 있어서는 한목소리를 낸다. 하지만 비평가들이 특수한 사항에 눈을 돌리게 되면 이렇듯 외면적인 의견 일치는 사라지며, 그들이 [겉보기에는 의미가 같아 보이는] 표현에 매우 다른 의미를 부여했음이 드러난다. 사람들의 견해나 학문과 관련된 모든 문제에서는 사정이 그와 정반대다. 거기서는 사람들 사이의 견해차가 특수한 것보다는 보편적인 것과 관련하여 더 자주 나타나며, 그 차이는 사실 겉보기보다 더 적다는 사실이 드러난다. 보통의 경우 논쟁은 용어 설명으로 막을 내리며, 논쟁하던 사람들은

자신들이 실제로는 같은 판단을 하고 있었는데도 [그것을 모른 채] 다투고 있었다는 사실을 발견하고는 놀라게 된다.

3	도덕의 기초를 이성보다는 정감 위에 두는 사람들은 앞서 관찰한 바에 따라[1] 윤리를 파악하며, 행위와 관습에 관련된 모든 문제에 관해 사람들 사이에 존재하는 차이가 실제로는 첫눈에 보이는 것보다 더 크다고 주장하는 경향이 있다. 모든 민족, 모든 시대의 문필가들이 정의, 인간다움, 관대함, 사려 깊음, 진실성에 박수를 보내고 그와 반대되는 자질들을 비판하는 데 의견을 같이한다는 것은 분명한 사실이다. 우리는 호메로스로부터 페넬롱[2]에 이르기까지 주로 상상력에 즐거움을 선사하려고 작품을 쓴 시인이나 다른 작가들조차도 마찬가지 도덕적 가르침을 제시하며, 동일한 덕행과 악덕에 찬사와 비난을 보내고 있음을 보게 된다. 사람들은 보통 이렇듯 커다란 의견의 일치가 순전히 이성의 영향 때문이라고 생각한다. 이 모든 경우에 이성이 모든 사람 안에 비슷한 정감들이 유지되도록 해주며 추상적 학문들이 그토록 많이 빠지기 쉬운 논쟁들로부터 보호해준다는 것이다. 의견의 일치가 실제로 존재하는 한 이러한 설명은 만족스럽다고 인정될 수 있다. 하지만 겉보기에는 도덕적으로 조화로운 것들도 어떤 부분에서는 언어의 본성 때문에 그렇다는 설명 역시 우리는 인정해야 한다. 다른 모든 언어에서 그에 해당하는 의미로 쓰이는 단어들

과 마찬가지로, **덕행**이라는 단어는 칭찬의 의미를 지니며 악덕이라는 단어는 비난의 의미를 지닌다. 그리고 어느 누구도 일반적 의미로는 좋은 뜻으로 이해되는 단어에 질책의 의미를 부여하거나, 일상적으로 통용되는 언어에서 비난을 요구하는 경우에 박수갈채를 보내지는 못할 것이다. 만일 그렇게 한다면 그것은 너무나 분명하면서도 심하게 부적절한 행동일 것이다. 호메로스가 무언가 일반적인 가르침을 전하는 경우에는 전혀 논쟁의 대상이 되지 않을 것이다. 하지만 그가 특정한 행동양식들을 묘사하면서 [예를 들어] 아킬레우스가 영웅적 자질을 가졌다거나 오디세우스가 사려 깊다고 서술할 때, 페넬롱이 [자신의 작품에] 허용했을 것보다는 훨씬 더 많이 전자[아킬레우스]에게 광포함을, 후자[오디세우스]에게 교활함과 속임수를 뒤섞어 묘사한 것은 분명한 사실이다. 이 그리스 시인[호메로스]의 작품에 나타나는 현명한 오디세우스는 거짓을 말하고 없는 이야기를 꾸며내는 일을 즐거워하는 듯 보이며, 필요하지도 않고 심지어는 아무 이득이 없는데도 종종 그런 수단을 사용한다. 하지만 프랑스 서사시인[페넬롱]의 작품에 등장하는 그보다는 더 양심적인 그의 아들[텔레마쿠스]은 가장 엄격한 진실과 정직이라는 선을 벗어나기보다 차라리 자신을 가장 절박한 위험에 **빠뜨린다**.

4 코란을 찬미하고 따르는 사람들은 [코란에 묘사된] 저

난폭하고 터무니없는 사건들 여기저기에 뛰어난 도덕적 가르침들이 흩어져 있다고 주장한다. 하지만 전제되어야 할 것은 공정함, 정의, 절제, 온유함, 자비 등에 해당하는 아랍어 단어들이―그 언어에서 이 단어들이 지속적으로 사용하는 방식에 근거해 생각해보자면―언제나 좋은 의미로 받아들여져야 한다는 사실이다. 그리고 칭찬과 인정의 뜻을 담고 있는 형용사 말고 다른 형용사를 사용하여 이 단어들을 언급하는 것은 도덕이 아니라 언어에 대해 엄청나게 무지하다는 사실을 분명하게 보여준다. 하지만 그 자칭 예언자[마호메트]가 정말로 올바른 도덕적 정감(sentiment of morals)**3**을 획득했는지 아닌지 알고 싶다면 그의 말에 귀를 기울여보라. 그러면 우리는 곧 그가 문명화된 사회와는 절대로 양립할 수 없는 배반, 몰인정, 잔인함, 복수, 편협함의 사례들에 찬사를 보낸다는 사실을 발견할 것이다. 그는 확고한 정의의 원칙에는 전혀 주목하지 않는 듯 보이며, 어떤 행위든 그것이 [자신이 생각하기에] 진실한 신자들에게 이로운지 혹은 해로운지에 따라서만 비난이나 찬사를 보낸다.

5 윤리에 있어서 진정한 보편적 원칙을 제시해서 얻을 수 있는 이득은 매우 적다. 누구든지 어떤 도덕적 가치를 추천하는 사람은 실제로는 [그 가치를 가리키는] 용어에 내포되어 있는 것 이상은 아무 말도 하지 않는 셈이니 말이다. 자선이라는 단어를

고안해서 좋은 의미로 사용한 사람은 **자선을 베풀라는 실천의 원칙**을 자신의 글 속에 삽입한 어떤 자칭 입법자나 예언자보다도 훨씬 더 분명하고 효과적으로 그 원칙을 가르친 것이다. 다른 의미도 물론 지니겠지만 어쨌든 일정 정도 비난이나 인정의 의미를 지니는 표현들은 다른 어떤 표현보다도 곡해되거나 혼동될 위험이 적다.[4]

6 **취미의 기준**을 찾는 것은 우리에게는 당연한 일이다. 사람들의 다양한 정감들이 그것을 통해 화해될 수 있는 규칙, 적어도 그것이 제시될 경우 하나의 정감은 승인하고 다른 하나는 비난하는 결정을 내릴 수 있게 되는 그런 기준 말이다.

7 이러한 시도에 대한 어떤 성공의 희망도 차단해버리면서 어떤 취미의 기준도 얻을 수 없다고 주장하는 철학 유파가 하나 있다. 이들은 판단과 정감 사이에는 아주 큰 차이가 존재한다고 말한다. 모든 정감은 옳다. 정감은 그 너머에 있는 어떤 것도 가리키지 않기 때문이며, 누군가가 그에 대해 의식하고 있는 곳에서는 언제 어디서나 실재적이기(real)[5] 때문이다. 그런데 오성의 규정들은 모두가 옳지는 않다. 왜냐하면 그것들은 그 자신 너머에 있는 무언가, 즉 진짜 문제가 되는 무언가를 지시하는데, 그러한 기준[즉, 외부의 대상]에 언제나 일치하지는 않기 때문이다. 서로

다른 사람들이 동일한 주제에 대해 품을 수 있는 수천 가지 다른 견해 중에서 적절하고 참인 것은 하나, 오직 하나만이 존재한다. 오직 한 가지 어려움이 있다면 그것을 확인하고 확정하는 일이다. 반면 같은 대상에 의해 환기되는 수천 가지 정감은 모두 옳다. 어떤 정감도 대상 속에 실제로 존재하는 것을 나타내지는 않기 때문이다. 그것은 오직 신체 기관 혹은 정신 능력들과 대상 사이에 어떤 관계가 존재하거나 그것들이 상응한다는 사실만을 보여준다. [물론] 그러한 상응관계가 실제로 존재하지 않는다면 그 정감은 아마 절대로 존재할 수 없을 것이다. [어쨌든] 아름다움은 사물들 자체 안에 존재하는 성질이 아니다. 그것은 오직 사물들을 관찰하는 정신 안에만 존재하며, 각각의 정신은 서로 다른 아름다움을 지각한다. 어떤 사람이 아름다움을 느끼는 곳에서 다른 사람은 추함을 느낄 수도 있다. 그리고 모든 개인은 주제넘게 다른 사람들의 정감을 통제하려 하지 말고 자기 자신의 정감만을 묵묵히 따라야 한다. 실재하는 아름다움이나 실재하는 추함을 발견하려는 것은 실재하는 단맛이나 실재하는 쓴맛을 주제넘게 알아내려 하는 것만큼이나 무익한 시도다. 신체 기관들의 특성에 따라 동일한 대상이 달콤할 수도 있고 쓸 수도 있다. [따라서] 취미에 관해서는 논쟁이 부질없다는 어떤 격언의 결론은 정당하다.[6] 이러한 공리를 신체적 미각(bodily taste)과 마찬가지로 정신적 취미(mental taste)에까지 확장시켜 적용하는 것은 너무나 자연스러운 일이고 심지어 아주 필요하기까지 하다. 그리고 이렇게 해서 우리는 철학, 특히 회의적인 종류의 철학과 그토록 자주 충돌하는 일반 상식이 적어도 한 가지 경우에서는 그것과 견해가 일치하여 동일한 결론을 내리는 것을 보게 된다.

8   그러나 이 공리가 하나의 격언이 됨으로써 일반 상식의 찬성을 받은 것처럼 보이지만 확실히 한 종류의 일반 상식은 그에 대립되며 적어도 그것을 수정하고 [그것의 적용을] 제한하는 데 기여한다. 천재성이나 고상함의 면에서 오길비[7]와 밀턴[8] 혹은 번연[9]과 애디슨[10][의 글]이 동등하다고 주장하는 사람은 누구나 두더지가 파놓은 흙 두둑이 테네리페[11] 산처럼 높으며 연못이 대양처럼 광대하다는 주장만큼이나 터무니없는 생각을 옹호한다고 여겨질 것이다. 먼저 언급된 저자들[오길비와 번연]을 더 선호하는 사람들이 있을 수 있지만, 어느 누구도 그러한 취미에 주목하지는 않을 것이다. 그리고 우리는 아무런 망설임 없이 이러한 자칭 비평가들의 정감이 터무니없고 우스꽝스럽다고 선언한다. 본성적으로 취미가 동등하다는 원칙은 그렇게 되면 완전히 잊히게 된다. 대상들이 거의 동등하다고 보이는 어떤 경우들에서는 그것이 인정되지만, [그 수준이 차이가 나서] 서로 너무 어울리지 않는 대상들이 함께 비교되는 곳에서는 터무니없는 역설, 더 정확히 말하면 명백한 불합리로 여겨지는 것이다.

9   창작의 규칙 중 어느 것도 **선험적인** 이성적 추론에 의해 정해지지 않으며, 영원불변하는 관념들의 성질이나 관계를 비교함으로써 얻어지는 오성의 추상적 결론으로 간주될 수 없다는 것은 명백한 사실이다. 그것들의 기초는 모든 실천적 학문의 기초와 동일한데, 그것은 바로 경험이다. 또 그것들은 어느 나라 어느 시대에서나 보편적으로 사람들에게 즐거움을 선사한다는 사실이 발견된 대상에 대한 일반적 관찰 결과와 다르지 않다. 많은 시나 심지어는 연설의 아름다움은 오류나 허구, 과장, 은유, 그리고 원래의 의미로부터 왜곡되거나 오용된 용어에 그 근거를 두고 있다. 상상력의 분출을 억제하고 모든 표현을 기하학적 진리나 정확성으로 환원하는 것은 비평의 법칙에 가장 반대되는 일일 것이다. 왜냐하면 보편적 경험에 따르자면 그렇게 함으로써 가장 무미건조하고 불쾌하다 느껴지는 작품이 만들어지게 될 것이기 때문이다. 하지만 비록 정확한 진리에는 결코 종속될 수 없다고 하더라도, 시는—천재적 재능에 의해서든 관찰을 통해서든—작가가 발견하게 된 예술 규칙의 통제를 받아야만 한다. 규칙을 소홀히 여기거나 규칙을 아예 지키지 않는 작가들이 독자를 즐겁게 했다면, 그들은 규칙이나 질서를 어겼기 때문이 아니라 어겼음에도 불구하고 즐거움을 준 것이다. 그들은 정당한 비평에 상응하는 다른 아름다움을 소유했다. 그리고 이러한 아름다움의 힘이 [작품에 쏟아지는] 비난을 이겨내고, [작품의] 결함으로 인해 생

겨나는 혐오감보다 월등히 강한 만족감을 [독자의] 마음에 제공할 수 있었던 것이다. 아리오스토[12]는 [독자들을] 즐겁게 해준다. 하지만 그것은 그가 기괴하고 있을 법하지 않은 이야기들을 꾸며냈기 때문도, 진지한 문체와 코믹한 문체를 기이하게 뒤섞어놓았기 때문도, 그의 이야기에 일관성이 결여되어 있기 때문도, 아니면 그의 이야기 서술이 계속 중단되기 때문도 아니다. 그가 [독자들을] 사로잡는 것은 그의 힘 있고 명확한 표현방식 때문이고, 그가 지어낸 재치 있고 다채로운 이야기들 때문이며, 정념들, 특히 쾌활하고 사랑스러운 정념들을 자연스럽게 묘사하기 때문이다. 그리고 그가 범한 오류들이 우리의 만족을 아무리 감소시킨다 하더라도 완전히 없애지는 못하기 때문이다. 우리가 느끼는 즐거움이 정말로 그의 작품에서 우리가 오류라 명명한 부분들 때문에 생기는 것이라 해도 그것이 비평[의 규칙들] 일반을 반대하는 이유가 될 수는 없을 것이다. 그것은 그런 사실들을 잘못된 것이라 정해놓고는 보편적으로 비난받을 만한 것이라고 주장하는 비평의 특수한 규칙들에 대한 반대 이유만 될 수 있을 것이다. 그것들이 즐거움을 준다는 사실이 발견된다면 오류일 수가 없다. 그것들이 자아내는 즐거움이 아무리 예기치 못한 것이고 [당장은] 설명할 수 없는 것이라 하더라도 말이다.

10   그런데 예술의 일반적 규칙 모두가 경험과 인간 본성에

공통된 정감들에 대한 관찰에만 근거를 두고 있기는 하지만, 인간이 느끼는 감정들이 모든 경우에 이 규칙들에 들어맞을 것이라 생각해서는 안 된다. 인간 정신이 느끼는 저 섬세한 감정들은 본성상 매우 연약하고 민감하며, 그것들이 일반적으로 확립된 원리들에 따라 정확하고 원활하게 작동하려면 많은 우호적 상황들이 동시에 존재해야만 한다. 매우 작은 구성 요소(spring)들에 영향을 끼치는 최소의 방해요인이라도 우리의 외부에서 발생하거나, 우리 내면에 아주 작은 이상(disorder)이 생기기만 해도 감정들의 작동을 방해하고 신체 기관(machine) 전체의 활동을 교란시킬 것이다.[13] [따라서] 이런 본성을 경험하고 어떤 아름다움이나 추함의 힘을 시험해보려면, 세심하게 적절한 시간과 장소를 선택하고 상상력이 알맞은 상황에서 알맞게 준비되어 있도록 배려해야 할 것이다. 완전히 평온한 마음, 정신 집중, 대상에 대한 적절한 관심 중 어느 것이라도 결여된다면 우리의 경험은 믿을 수 없는 것이 될 것이고 우리는 보편적 아름다움에 대한 심판관이 될 수 없을 것이다. 어떤 형태와 [그로 인해 유발되는] 정감 사이에 자연이 맺어놓은 관계는 그보다 훨씬 더 모호할 것이다. 그래서 그 관계를 추적하고 분간해내려면 훨씬 더 많은 정확성이 요구될 것이다. 그것이 행사하는 영향력을 확인할 수 있으려면 각각의 개별적 아름나움의 작동[방식]을 관찰하기보나는 시내와 유행의 변화에 따르는 온갖 변덕, 무지, 질투로 인해 발생하는 모든 오류를 극복하고 살아남아 계속해서 오래도록 사람들의 찬탄을 받는 작품들을 관찰하여야 할 것이다.

11   이천 년 전 아테네와 로마에서 사람들에게 즐거움을 선사했던 바로 그 호메로스의 작품들이 여전히 파리와 런던에서 찬탄의 대상이 되고 있다. 기후, 국가, 종교, 언어의 온갖 변화로도 그 영광을 가릴 수가 없었던 것이다. 형편없는 시인이나 연설가의 작품이 권위나 편견으로 인해 일시적으로 유행할 수는 있겠지만, 그의 명성은 결코 오래가거나 보편적인 것이 되지 못할 것이다. 후세 사람들이나 타국 사람들이 그의 작품들을 검토하게 되면 그 마법은 사라지고 그가 범한 잘못들이 그 진짜 모습을 드러낼 것이다. 반대로 진정한 천재의 작품들은 오래가면 갈수록 더 널리 퍼지게 되고, 그는 더욱 진심 어린 존경의 대상이 될 것이다. 좁은 사회 내에서는 시기와 질투가 너무나 많이 자리를 차지하고 있으며, 어떤 사람의 인간됨을 익숙하게 잘 알고 있다는 사실조차도 그의 업적에 당연히 주어져야 할 찬사를 줄이는 요인이 될 수 있다. 하지만 이런 장애물들이 제거되면 유쾌한 정감들을 불러일으키기에 본성적으로 적합한 아름다움이 즉시 자신의 힘을 드러내며, 세상이 지속되는 한 인간들의 마음에 계속 자신의 권위를 행사할 것이다.

12   그렇다면 취미가 무척이나 다양하고 시대에 따라 변덕스럽게 변화함에도 불구하고, 그것을 칭찬하거나 비난하는 데 적용될 수 있는 어떤 일반적 원리들이 존재하는 것처럼 보인다. 주의 깊게 살펴보면 정신의 모든 활동 안에서 그 원리들이 행사하는 영향력을 추적하여 확인할 수 있을 것이다. 어떤 특정한 형태나 특징 들은 인간 내면의 원래 구조에 따라 즐거움을, 다른 것들은 불쾌감을 주게 되어 있다. 그리고 어떤 특수한 경우 그것들이 원래 자아내야 할 효과를 제공하는 데 실패한다면, 그것은 그 기관 내에 존재하는 어떤 명백한 결함이나 불완전함 때문이다. 열병에 걸린 사람은 자신의 미각이 맛에 관한 판단을 내릴 수 있다고 주장하지 않을 것이다. 마찬가지로 황달병에 걸린 사람은 색채에 관하여 자신이 어떤 판결을 내릴 수 있다고 주장하려 하지 않을 것이다. 각각의 피조물 안에는 건전한 상태와 결함 있는 상태가 존재하는데, 전자만이 우리에게 진정한 취미와 정감의 기준을 제공해준다고 여겨질 수 있는 것이다. 기관이 건전한 상태에 있는 사람들 사이에 전적으로 혹은 상당한 정도로 정감이 일치한다면, 우리는 이로부터 완전한 아름다움의 관념을 도출해낼 수 있다. 색채가 단지 감각의 환영에 불과함을 인정한다 하더라도, 한낮의 햇빛 아래 건강한 인간의 눈에 비친 사물들의 외관이 그것들의 진정하고 잠된 색채라 불리는 것도 이와 유사한 경우다.

13　내적 기관들(internal organs)의 결함은 우리가 느끼는 아름다움과 추함이라는 정감을 좌우하는 일반적 원리들이 영향력을 행사하는 것을 가로막거나 그것들의 영향력을 약화시키는데, 그 종류도 다양하고 자주 나타난다. 정신의 [원래] 구조에 따라 어떤 대상들은 본성적으로 즐거움을 제공하도록 되어 있기는 하지만, 그렇다고 모든 개개인이 그 즐거움을 똑같은 정도로 느끼리라 기대할 수는 없다. 대상을 잘못 인식하게 하거나, [대상은 제대로 인식하게 하지만] 그것이 적절한 정감이나 지각을 상상력에 전달하지 못하도록 방해하는 특별한 사건이나 상황이 생겨나기 때문이다.

14　많은 사람이 아름다움의 정감을 제대로 느끼지 못하는 분명한 이유 하나는 그런 고상한 감정들을 예민하게 느낄 수 있는 능력을 지니기 위해 필요한 **섬세한** 상상력의 결여이다. 누구나 자신이 이러한 섬세함을 지니고 있다고 주장한다. 모든 사람이 이에 관해 이야기한다. 그리고 누구나 모든 종류의 취미나 정감을 그 기준에 맞추어 평가하려 한다. 하지만 이 글에서 우리가 의도하는 바가 정감의 느낌들을 어느 정도 오성의 빛과 결합시키려는 것이기에, 여태까지 시도된 것보다 더 정확하게 섬세함에 대한 정의를 제시하는 것이 적절할 것이다. 우리의 철학을 너무 심오한 원천으로부터 끌어오지 않기 위해 『돈키호테』에 등장하는 유명

한 일화의 도움을 받기로 하자.

15 산초는 코가 큰 종자(從者)에게 이렇게 말했다. "내가 포도주의 좋고 나쁨에 대해 판단할 능력이 있다고 주장하는 데에는 그럴 만한 이유가 있어요. 그건 우리 가문에 대대로 전해져 내려오는 능력이니까요. 내 친척 두 사람이 어느 날 큰 통에 담긴 포도주를 평가해달라는 부탁을 받았었죠. 그 포도주는 오래 묵은 데다 생산연도도 좋은, 그래서 아주 뛰어나다고 여겨지는 것이었어요. 그중 한 사람이 그것을 맛보고 음미한 뒤 충분히 심사숙고한 다음 그 포도주가 훌륭하다고 선언했죠. 그가 그 안에서 감지한 약간의 가죽 맛만 빼고 말이죠. 다른 한 사람은 앞사람과 똑같은 준비과정을 거친 다음 그와 마찬가지로 그 포도주에 우호적인 판결을 내렸어요. 그가 쉽사리 분간해낼 수 있었던 쇠 맛만 빼고 말이죠. 자신들이 내린 판결로 인해 그들이 둘 다 얼마나 비웃음을 샀는지 당신은 상상조차 할 수 없을 겁니다. 하지만 마지막에 누가 웃었을까요? 포도주 통을 비우자 바닥에서 가죽끈이 묶인 오래된 열쇠 하나가 발견되었답니다."**14**

16 정신적 취미와 신체적 미각 사이에 존재하는 커다란 유사성이 우리에게 앞의 이야기를 [정신적 취미에도] 쉽게 적용할 수 있게 해준다. 달콤함이나 쓴맛은 대상들 안에 존재하는 특성

이 아니며 전적으로—내적인 것이든 외적인 것이든[15]—정감에 속한다. 이 점에서는 아름다움과 추함이 달콤함과 쓴맛보다 더하다는 것은 분명한 사실이다. 하지만 우리는 그럼에도 대상의 내부에는 본성적으로 저 특정한 느낌들을 자아내기에 적합한 어떤 특성들이 존재한다는 사실을 인정해야만 한다. 그런데 이런 특성들이 비교적 적게 나타나거나 서로 뒤죽박죽 섞여 나타날 수 있다. 그러면 취미가 이런 미세한 특성들의 영향을 아예 받지 않거나 무질서하게 제시된 온갖 특수한 풍미들을 일일이 구별하지 못하는 일이 종종 일어난다. 신체 기관들이 너무나 섬세해서 아무것도 거기에서 벗어날 수 없고 동시에 그것들이 너무나 정확해서 혼합물 가운데에서 각각의 구성 요소를 분간해낼 수 있을 때, 우리는 그것을 섬세한 취미라 부른다. 우리가 이 용어를 문자 그대로의 의미로 사용하든 은유적 의미로 사용하든 그것은 상관없는 일이다. 후자의 경우에는 [섬세한 취미가 발휘될 때] 아름다움에 관한 일반적 규칙들이 사용된다. 이 규칙들은 확립된 모범들로부터 도출되며, 단독으로 그러면서도 많은 양으로 제시되었을 때 즐거움을 주거나 불쾌하게 하는 것을 관찰함으로써 얻어지는 것들이다. 그런데 만일 동일한 특징이 계속 다른 특성들과 결합되어 [그 자체로는] 적은 양으로 희미하게 나타난다고 해보자. 이때 그것이 신체 기관들에 영향을 미쳐 상당한 정도의 즐거움이나 불쾌감을 갖게 하지 않는다면, 우리는 그 사람에게서 이러한 섬세함을 가졌다고 주장할 자격을 완전히 박탈할 것이다. 이러한 일반적 규칙들이나 공공연하게 인정된 창작의 본보기들을 만들어낸다는 것은, 산초의 친척들이 내린 판단을 정당화해주고 그들을 비난했던 자칭 심판관들을 당혹스럽게 만들었던 가죽끈이 달린 열쇠를 찾는 일과 비슷하다. 그 포도주 통이 결코 비워지지 않았다 하더라도 한편의 취미는 여전히 그만큼 섬세하고 다른 편의 취미는 여전히 그만큼 둔하고 맥 빠진 것이었다. 하지만 만일 그랬다면 [즉, 통이 비워지지 않았다면] 산초 친척들의 취미가 더 우월하다는 사실을 구경꾼 모두가 확신할 수 있게 증명하기는 더욱 어려웠을 것이다. 이와 마찬가지로 아름다운 글을 쓴다는 것이 방법론의 문제가 되거나 일반적 원리로 환원된 적이 전혀 없었고 어떤 뛰어난 모범들이 인정된 적이 전혀 없었다 하더라도, 수준이 서로 다른 여러 취미들은 여전히 존재해왔을 것이다. 그리고 어떤 사람의 판단은 다른 사람의 판단보다 더 나았을 것이다. 그러나 언제나 자신의 특정한 정감이 맞는다고 주장하고 자신의 적수에게 굴복하기를 거부하는 형편없는 비평가를 침묵시키기가 그렇게 쉽지는 않았을 것이다. 하지만 공공연하게 인정된 예술의 원리를 제시하고 여러 예를 들어 이 원리를 잘 설명해서 그것들이 자신의 특수한 취미에 비추어 볼 때도 그 원리에 적합하게 작동한다고 그가 스스로 인정하게 해보자. 또 그가 그것의 영향력을 감지하거나 느끼지 못하는 지금의 예에도 동일한 원리가 적용될 수 있다는 사실을 증명해 보여주자. 그러면 그는 이 모든 사실을 근거로 하여 자신이 오류를 범했으며 자신에게는 어떤 작품이나 이야기 속에 나타나는 모든 아름다움과 결함에 민감하게 반응할 수 있으려면 반드시 필요한 섬세함이 결여되어 있다는 결론을 내릴 수밖에 없[을 것이]다.

17 어떤 감관이나 능력이 아주 작은 대상이라 할지라도 정확하게 지각하고 아무것도 빼놓지 않고 주목하여 관찰하는 경우에는, 그 감관이나 능력은 모두 완전하다고 인정된다. 눈으로 감각할 수 있는 대상이 작으면 작을수록 그 기관은 더 섬세하며, 그 조직과 구조는 더욱 정교하다. 훌륭한 미각은 강한 풍미가 아니라 적은 양의 성분들을 섞어 그것으로 테스트한다. 이 경우 각각의 부분이 아주 적고 다른 것들과 뒤섞여 있음에도 불구하고, [우리의 미각이 훌륭하다면] 우리는 여전히 그 풍미를 구성하는 부분들 각각을 느낄 수 있다. 이와 마찬가지로 아름다움과 추함을 빠르고 예민하게 지각한다면, 우리의 정신적 취미는 완전한 것이 틀림없다. [이런 능력을 갖춘] 사람은 어떤 이야기 안에 존재하는 탁월함이나 결함을 자신이 발견하지 못하고 지나쳤다고 의심하는 동안에는 스스로에게 만족할 수가 없다. 이 경우에는 그 사람의 완벽함과 [그 사람이 소유한] 감관의 완전함이 서로 결합되어 드러나는 것이다. 많은 경우 매우 섬세한 미각은 그것을 소유한

사람 자신이나 그 친구들을 아주 불편하게 할 수 있다. 하지만 위트[16]나 아름다움에 대한 섬세한 취미는 언제나 바람직한 자질이다. 왜냐하면 그것은 인간 본성이 허용하는 한 가장 훌륭하고 해가 없는 온갖 즐거움의 원천이기 때문이다. 이러한 판단에 있어서는 모든 인간의 정감이 일치한다. 섬세한 취미가 확인될 수 있는 곳에서는 어디서나 사람들이 틀림없이 그 취미를 인정할 것이다. 그리고 그것을 확인하는 가장 좋은 방법은 한결같은 동의와 모든 시대와 민족의 경험에 의해서 확정된 모범들과 원리들에 호소하는 것이다.

18 섬세함의 관점에서 보면 한 사람과 다른 사람 사이에 광범위한 차이가 존재하는 것이 당연하다. 하지만 어떤 특수한 기술을 **연습**하고 어떤 특정한 종류의 아름다움을 자주 살펴보고 관찰하는 것보다 이 재능을 키우고 개선하는 데 더 도움이 되는 것은 없다. 어떤 종류의 대상이든 처음 우리의 시각이나 상상력에 제시될 때 우리가 느끼게 되는 정감은 모호하고 혼돈스러우며, 인간의 정신이 그 대상의 장점이나 결함에 관하여 자신의 입장을 천명하기란 매우 힘든 법이다. 취미는 그것이 보여주는 여러 탁월한 점들을 [빼놓지 않고] 감지할 수가 없다. 각각의 부분들이 갖는 탁월한 점을 분간해내고 그 특성과 정도를 알아내는 일은 더더욱 할 수가 없다. 전체가 대체로 아름답거나 추하다고 판

단하는 것이 우리가 기대할 수 있는 최대한이다. 그리고 훈련이 거의 되어 있지 않은 사람은 이러한 판단조차도 너무나 망설이면서, 그러면서도 결정적인 판단은 유보한 채로 제시하는 경향이 있다. 하지만 그런 대상들에 대해 경험을 쌓도록 해준다면 그의 느낌은 더욱 정확하고 멋진 것이 된다. 그는 각각의 부분이 지닌 아름다움이나 결함을 감지할 뿐만 아니라 다른 것과 구별되는 각 종류의 특성을 확인하고 거기에 합당한 찬사나 비난을 보내게 된다. 그는 대상들을 고찰하는 동안 줄곧 명석하고 판명한(clear and distinct)**17** 정감을 갖게 된다. 그리고 그는 각각의 부분이 본성적으로 자아내게 되어 있는 승인이나 불쾌감의 종류와 정도를 정확하게 분간해낸다. 이전에는 대상 위에 드리우고 있는 듯 보였던 안개가 걷히게 된다. 신체 기관은 더 완벽하게 작동하며, 오류를 범할 위험 없이 모든 작품의 장점들에 대해 판단을 내릴 수 있게 된다. 한마디로 말하자면, 어떤 작품이든 작품을 창작할 때**18** 연습으로 얻게 되는 바로 그 솜씨나 재주가 그것을 판단하는 데 있어서도 동일한 수단에 의해서 [즉, 연습에 의해서] 획득된다.

19 이처럼 아름다움을 분간해내는 데 훈련이 아주 큰 도움을 주기 때문에, 어떤 중요한 작품에 대한 판단을 내리기에 앞서 우리는 그 작품을 한 번 이상 정독하고 신중하게 주의를 기울여 다각도로 검토할 필요가 있다. 어떤 작품이든 처음 읽을 때는 진

정한 아름다움의 정감을 느끼지 못하게 하는 마음의 동요나 조급함이 있을 수 있다. [그러면 그 작품의] 여러 부분들 사이에 존재하는 관계는 포착되지 못하며, 문체의 진정한 특성들은 거의 구별되지 못한다. 완벽한 문장들과 결함 있는 문장들이 혼란스럽게 뒤섞여 있는 듯이 보이며, 서로 분간할 수 없는 상태로 상상력에 제시된다. 어떤 종류의 아름다움은 장식이 너무 많고 피상적이기 때문에 처음에는 즐거움을 주지만, 이성 혹은 정념의 적절한 표현과 그것이 양립될 수 없다는 사실이 드러나면 취미는 그에 대해 싫증을 느끼고 경멸하게 되며, 그것을 거부하거나 적어도 [이전보다] 훨씬 더 낮은 가치를 매기게 된다는 사실은 더 말할 나위도 없다.

20 어떤 종류의 아름다움이든 그것을 관찰하는 연습을 계속하게 되면, 어쩔 수 없이 그 종류와 정도가 서로 다른 여러 탁월한 특성들을 자주 **비교**해보게 되고 그것들이 서로 어떻게 조화를 이루는가를 자주 평가하게 될 수밖에 없다. 서로 다른 종류의 아름다움을 비교할 기회를 전혀 갖지 못했던 사람은 그에게 제시된 어떤 대상에 관해서든 자신의 견해를 제시할 자격을 전혀 가질 수가 없다. 비교만으로도 우리는 [비교되는 작품들에] 칭찬이나 비난을 뜻하는 형용사들 중 어떤 것을 사용할지 결정하게 되며, 어떻게 그에 합당한 정도의 칭찬이나 비난을 부여할 것

인지 배우게 된다. 아주 조잡하게 색칠한 그림이라도 그 안에는 어느 정도 광채 나는 색들과 [묘사되는 대상에 대한] 정확한 모방이 담겨 있다. 그런 한에서는 그것들도 아름다우며, [따라서] 농부나 인디언의 마음을 감동시켜 [이 작품에] 엄청난 찬사를 보내게 만든다. 가장 천박한 발라드 음악에도 조화나 자연스러움이 전혀 없는 것은 아니다. 그래서 그보다 더 우월한 아름다움에 익숙한 사람을 제외하고는 어느 누구도 그 멜로디가 귀에 거슬린다거나 가사가 재미없다고 주장하지는 않을 것이다. 너무도 조악한 아름다움은 최고로 뛰어난 아름다움에 정통한 사람에게는 고통을 선사하며, 그런 이유로 그는 그것이 추하다고 선언한다. [반면] 우리가 알고 있는 아주 잘 완성된 대상은 당연히 완벽함의 절정에 도달했고 최고의 찬사를 받을 자격이 있다고 여긴다. 이처럼 서로 다른 시대와 민족들에게서 찬사를 받은 여러 작품을 보고 음미하고 비교 평가하는 데 익숙한 사람만이 그의 시야에 들어온 어떤 작품의 장점들을 평가할 수 있으며, 그것에 천재의 작품들 가운데에서 어느 정도의 지위를 부여하는 게 적합한지 판단할 수 있다.

21   하지만 비평가가 이러한 과제를 더 완벽하게 수행할 수 있으려면, 그는 자신의 정신을 모든 **편견**으로부터 보호하고 자신에게 평가하도록 맡겨진 바로 그 대상 외에는 아무것도 고려하지

않아야 한다. 모든 예술 작품이 [비평가의] 마음속에 그에 합당한 효과를 불러일으킬 수 있으려면 어떤 특정한 관점에서 그것을 살펴보아야 한다. 그리고―실제든 상상 속에서든―그 작품을 감상하는 데 필요한 것과는 맞지 않는 상황 속에 있는 사람이 그것을 음미해서는 안 된다. 웅변가는 특정한 청중에게 연설을 하며 따라서 그들이 지닌 특수한 재능, 이해관계, 견해, 정념, 그리고 편견들을 고려해야 한다. 그렇지 않으면 그들의 결단을 지배하고 그들의 감정에 불을 붙이려는 그의 희망은 헛된 것이 되고 말 것이다. 그들이 심지어 그에 대한 어떤 선입견을 품고 있었다면, 그것이 아무리 비이성적인 것이라 하더라도 그는 [자신이 처해 있는] 이러한 불리한 처지를 간과해서는 안 되며, 본격적으로 주제를 다루기 전에 그들의 환심을 사고 그들의 호의를 얻도록 노력해야 한다. 시대나 국적이 다른 비평가가 이런 강연 원고를 읽고 제대로 판단하려면, 그는 이 모든 상황들을 시야에서 놓치지 않아야 하며 자신을 청중과 동일한 상황 속에 놓을 줄 알아야 한다. 마찬가지로 어떤 작품이 대중을 대상으로 한 것이라면, 비록 내가 저자와 친구관계나 적대관계를 지니고 있다고 하더라도, 이러한 상황에서 떠나 내가 보통 사람이라 생각하고 가능하다면 내 개인적인 존재와 나의 특수한 상황들을 잊어야 한다. 편견의 영향을 받는 사람은 이러한 조건을 충족시키지 못하며, 작품이 전제하는 관점에 자신을 놓지 못하고 자신의 본래 입장을 고집스럽게 견지

한다. 만일 그 작품이 시대나 국적이 다른 사람들을 대상으로 한 것이라면, 그의 마음은 그들의 특수한 견해나 편견들을 감안하지 못한다. 자신의 시대와 자기가 속한 국가의 관습적인 사고방식으로 가득 차서, 그 연설의 유일한 대상이었던 사람들의 눈에는 경탄할만한 것으로 보였던 것을 성급하게 비난하게 된다. 만일 그 작품의 대상이 대중이라면, 그는 자신의 이해의 폭을 충분하게 넓히지 못하거나, 친구 혹은 적, 경쟁자 혹은 주석가로서 자신이 갖는 이해관계를 잊지 못한다. 이로 인하여 그의 정감들은 왜곡되며 같은 아름다움이나 결함이라도 [그러한 편견을 소유하지 않은 사람에게 갖는 것과] 같은 영향력을 그에게는 행사하지 못하게 된다. 마치 그가 자신의 상상력에 제대로 폭력을 가하고는 잠깐 동안 제정신을 잃은 것처럼 말이다. 그러한 한 그의 취미는 참된 기준으로부터 명백하게 벗어나며, 그 결과로 모든 신뢰와 권위를 상실한다.

22 오성에게 맡겨진 모든 문제에 있어서 편견이 건전한 판단을 망치고 지적 능력들의 모든 작동을 왜곡시킨다는 것은 잘 알려진 사실이다. 편견은 그에 못지않게 훌륭한 취미에도 반하며, 아름다움에 대한 우리의 정감을 타락시키는 데 그에 못지않은 영향력을 행사한다. 두 경우 모두 편견이 끼치는 영향을 통제하는 것이 훌륭한 감관(good sense)[19]의 본분이다. 그리고 다른

많은 점에 있어서와 마찬가지로 이 점에서도 이성은 취미의 본질적인 부분은 아니라 할지라도 적어도 그것이 작동하기 위해서는 필수불가결한 것이다. 천재의 모든 고상한 산물 안에서는 부분들이 서로 관계를 맺으며 조화를 이룬다. 그러한 모든 부분을 파악하고 전체의 일관성과 통일성을 감지하기 위해 그것들을 서로 비교할 수 있는 사유 능력을 충분히 소유하지 못한 사람은 아름다움이나 결함도 감지하지 못한다. [인간의 다른 산물들과 마찬가지로] 모든 예술 작품도 어떤 목적이나 의도를 지니며 이러한 목적을 성취하기에 얼마나 적합한가에 따라 그것이 얼마나 완벽한가가 판단될 수 있다. 연설의 목적은 설득하는 것이며, 역사의 목적은 가르치는 것이고, 문학의 목적은 정념들과 상상력을 통해서 즐거움을 제공하는 것이다. 어떤 작품을 읽을 때 우리는 이러한 목적을 계속해서 염두에 두어야 한다. 그리고 우리는 거기에 사용된 수단이 각각의 목적에 얼마나 잘 들어맞는가를 판단할 수 있어야 한다. 어떤 종류든 [문학]작품은—가장 시적인 것이라 할지라도—명제와 이성적 논증의 연속 이상이 아니다. 물론 명제와 논증이라고 언제나 매우 적절하고 아주 정확한 것은 아니지만—아무리 상상력이 거기에 색깔을 덧입혀 그 모습이 변질되었다 하더라도—여전히 그럴듯하고 진짜 같은 것들이다. 비극이나 서사시에 등장하는 인물들은 그들의 성격이나 주위 상황에 적합하게 이성적으로 추론하고 사유하며 결정하고 행동하는 것으로 묘사되어야 한다. 그리고 어떤 시인도 취미나 창의력과 마찬가지로 판단력이 있지 않으면 결코 그토록 까다로운 일에서 성공하기를 바랄 수 없다. 이성[의 작동]을 증진시키는 데 기여하는 바로 그 탁월한 능력, 즉 명확하게 구상하고 정확하게 구분하며 생생하게 이해하는 능력이 진정한 취미의 작동에도 꼭 필요하며 언제나 진정한 취미와 함께 나타난다는 것은 더 말할 나위가 없는 사실이다. [훌륭한] 감관을 소유한 사람이 예술에 대한 경험이 있으면서도 그 아름다움에 대해 판단하지 못하는 일은 드물게 일어나거나 전혀 일어나지 않는다. 건전한 오성을 소유하지 않고도 적절한 취미를 소유한 사람을 만나는 것도 그에 못지않게 드문 일이다.

23 따라서 취미의 원리들이 보편적이고 모든 사람에게 전적으로는 아닐지라도 거의 똑같이 적용되기는 하지만, 예술 작품에 대해 판단을 내리거나 자신들의 정감을 아름다움의 기준으로 확립할 자격이 있는 사람들의 수는 많지 않다. 내적 감각 기관들이 완벽하게 작동하여 일반적 원리들을 온전하게 작동하게 해주고 이 원리들에 상응하는 느낌을 불러일으키는 경우는 드물다. 그것들은 [대개] 어떤 결함을 지닌 채 작동하거나 어떤 장애로 인해 효과적으로 작동하지 못하며, 그로 인해 잘못된 것이라 판단될 수 있는 정감을 불러일으킨다. 비평가가 섬세함을 지니고 있지 못

하면 아무것도 제대로 구분하지 못한 채 판단을 내리게 되며, 오직 비교적 뚜렷하게 나타나는 대상의 특징에만 영향을 받는다. 작가의 솜씨가 남긴 더 섬세한 흔적들은 주목하지 않은 채 무시해버린다. 연습의 도움을 받지 않는다면 그는 평가를 내릴 때 언제나 혼란스러워하고 망설이게 된다. 그는 아무런 비교도 하지 않는다. 결함이라 불리는 것이 합당할 너무도 보잘것없는 아름다움이 그에게는 경탄의 대상이 된다. 편견의 영향을 받는 곳에서는 그의 모든 자연적 정감이 왜곡된다. 훌륭한 감관이 결여된 경우 그는—가장 고상하고 탁월한 아름다움인—디자인(design)[20]과 이성적 추론의 아름다움을 파악할 자격이 없다. 이런 불완전한 모습들이 이런저런 형태로 나타날 경우 보통 사람들은 [아름다움을 판정하는 데] 어려움을 겪는다. 따라서 매우 세련된 시대에도 고상한 예술의 참된 심판관은 아주 드물게 관찰된다. [결론적으로 말하자면] 섬세한 정감과 결합되고, 연습에 의해 개선되며, 비교를 통해 완전해지고, 모든 편견으로부터 벗어난 뛰어난 감관(strong sense)만이 비평가들에게 이러한 [참된 심판관으로서] 가치 있는 특성을 부여할 수 있다. 그리고 이러한 비평가들이 발견되는 곳에서는 어디서나 이들의 공통된 판단이 취미와 아름다움의 참된 기준이 된다.

24   그런데 어디서 이런 비평가들을 발견할 수 있단 말인가?

어떤 특징을 통해 그들을 알아낼 수 있는가? 어떻게 그런 척하는 사람들로부터 그들을 구분해낼 것인가? 이런 물음은 대답하기가 난처하며, 우리가 이 글을 통해서 벗어나려고 노력했던 바로 그 불확실함 속으로 우리를 다시 내던지는 듯이 보인다.

25 하지만 제대로 파악하게 되면 이런 물음은 사실에 관한 것이지 정감에 관한 것은 아니다. 어떤 특정한 개인이 훌륭한 감관과 섬세한 상상력을 타고나며 선입견으로부터 자유로운가는 종종 논쟁의 대상이 될 수 있으며, 커다란 토론거리나 탐구 대상이 될 수 있다. 하지만 그러한 자질이 가치 있고 존중받을 만하다는 사실에는 누구나 동의할 것이다. 앞 절에서 제시된 의문이 생기면 사람들은 오성의 영역에 속하는—논쟁의 대상이 될 만한—다른 문제들에 대해서 할 수 있는 일 이상은 할 수가 없다. 그들은 자신들의 창의력이 제시하는 최상의 논거들을 만들어내야 한다. 그들은 참되고 결정적인 기준이 어딘가에 존재한다는 것을, 실제로 존재하며 부정할 수 없는 사실이라는 것을 인정해야만 한다. [하지만 반대로] 그들은 이런 기준에 호소하여 동의를 구할 때면 자신과는 견해가 다른 사람들에게 관용을 베풀어야 한다. [이렇듯] 모든 개인의 취미가 동등한 토대 위에 서 있지 않다는 사실21을 증명하면서도—특정한 개인을 꼭 집어 선택하기는 아주 어렵겠지만—일반적으로는 어떤 사람들이 보편적 정감

에 따라 다른 사람들보다 [작품 평가에 있어서] 우선적인 권한을 인정받게 되리라는 사실을 증명한다면 우리가 지금 의도하는 바를 이루기에는 충분하다.

26   하지만 취미의 기준을 발견하는 데 따르는 어려움은 실제로는 특수한 것들 안에서도 사람들이 생각하는 것처럼 그렇게 크지 않다. 사변적으로는 학문에서는 어떤 기준이 존재하고 정감에서는 존재하지 않는다고 기꺼이 인정할 수 있다. 하지만 실제에 있어서는 학문의 경우에 정감의 경우보다 문제를 확실하게 해결하기가 훨씬 더 어렵다는 사실이 발견된다. 추상적인 철학이론, 심오한 신학 체계가 한 시대를 풍미했지만, 다음 시기에는 그 이론들이 도처에서 붕괴되었다. 모순이 발견되었던 것이다. 그러면 다른 이론이나 체계가 대신 제공되고, 그것은 다시금 후계자에게 자리를 내어주게 된다. 학문적 결론이라 주장된 이런 것들보다 상황이나 유행의 우연적인 변화에 더 민감하게 반응한 것은 없었다. 연설이나 문학의 아름다움의 경우는 사정이 다르다. 정념이나 본성에 대한 적절한 표현은 [처음에는 아닐지라도] 시간이 어느 정도 지나면 대중의 찬사를 얻게 되며, 그 찬사는 영원히 지속된다. 아리스토텔레스나 플라톤, 에피쿠로스와 데카르트는 잇따라서 서로에게 그 자리를 내어줄 수 있다. 하지만 테렌티우스[22]나 베르길리우스[23]는 보편적이면서 이론의 여지가 없는 엄청난 영

향력을 인간의 마음에 지속적으로 행사하고 있다. 키케로의 추상적인 철학은 사람들의 신뢰를 잃었지만 그의 열정적인 연설은 여전히 우리의 찬탄의 대상이다.

27   섬세한 취미를 소유한 사람은 드물다. 하지만 [만일 존재한다면] 그들의 오성은 건전하고 그들의 여러 능력이 다른 사람들보다 월등하게 뛰어나다. 따라서 어떤 사회 안에서 그들을 구별해내기란 쉬운 일이다. 그들이 얻는 우월한 지위는 천재들의 작품을 감상하면서 그들이 보내는 열렬한 찬사가 사람들 사이에 널리 퍼지고, 전반적으로 지배적인 것이 되게 해준다. 많은 사람은 혼자 있을 때만 아름다움에 대해서 희미하고 의심스러운 지각만을 갖지만 그들에게 어떤 작품[에 담긴 작가]의 작품의 훌륭한 솜씨를 제시하면 그것을 즐길 수는 있다. 누군가가 생각을 바꾸어 진정한 시인이나 연설가를 찬양하게 되면, 그것이 다른 누군가가 새로이 그를 찬양하게 되는 원인이 된다. 편견이 잠깐 동안 세력을 얻을 수는 있다. 하지만 그렇다고 모든 사람이 진정한 천재 대신 그의 경쟁자를 한목소리로 칭찬하지는 않으며, 결국에는 본성과 올바른 정감의 힘에 굴복하고 만다. 따라서 문명화된 민족이라도 그들이 존경하는 철학자를 선택하는 데 있어서는 오류를 범하기 쉽지만, 자신이 좋아하는 서사시나 비극의 저자를 사랑하는 데 있어 오랫동안 오류를 범하는 경우는 전혀 없다.

28   하지만 취미의 기준을 확정하고 서로 화합하지 못하는 사람들의 생각을 화해시키려는 온갖 노력에도 불구하고 여전히 다양한 차이가 나타날 수 있는 두 가지 원인이 존재한다. 이 원인들은 아름다움과 추함의 모든 경계를 정말로 해체시키기에는 부족하지만 우리가 승인하거나 비난하는 정도의 차이를 만들어내는 데는 종종 기여할 것이다. 하나는 특정한 사람들이 지닌 서로 다른 기질이며, 다른 하나는 시대나 민족에 따라 다르게 나타나는 특정한 관습이나 견해들이다. 취미의 일반적 원리들은 인간 본성 안에서는 동일하다. 사람들의 판단이 서로 다른 곳에서는 보통 능력상의 결함이나 왜곡이 거론될 수 있다. 편견이나 연습 부족, 섬세한 능력의 부족 때문에 생긴 것일 수 있다. 하나의 취미를 인정하고 다른 것은 비난하는 데는 그만한 이유가 있다. 하지만 다양한 내적 [감관의] 구조나 외부 상황 모두 비난할 만한 점이 전혀 없고, 어느 한쪽을 다른 쪽보다 선호할 아무런 여지도 없는 경우에는 판단에 있어 어느 정도의 다양성은 피할 수 없으며, 대립하는 정감들을 화해시킬 수 있는 어떤 기준을 찾는다는 것은 헛된 일이다.

29   뜨거운 정념을 지닌 젊은이라면 사랑을 불러일으키는 다정한 이미지에 더 뚜렷한 감동을 느낄 것이다. 삶에서 일어나는 여러 사건에 대한 현명한 철학적 성찰이나 정념의 조절에 즐거

움을 느끼는 나이 지긋한 어른보다는 말이다. 이십 대는 오비디우스를 좋아할 수 있다. 호라티우스는 사십 대가, 타키투스는 아마도 오십 대가 좋아할 것이다.[24] 이런 경우 다른 사람의 정감 속으로 들어가서 우리에게 천성적으로 부여된 성향에서 벗어나려고 노력하는 것은 헛된 일일 것이다. 우리의 친구가 그렇게 하듯 우리도 기질이나 성향에 맞기 때문에 어떤 작가를 선택해서 좋아하는 것이다. 그때그때의 마음 상태에서 명랑함 아니면 고통, 정감 아니면 반성 중 어떤 정서가 가장 두드러진 것이든 간에, 그것은 우리와 닮은 작가에 대한 독특한 공감을 제공한다.

30 어떤 사람은 숭고한 것을 더 즐거워하고 다른 사람은 부드러운 것, 또 다른 사람은 농담을 더 즐거워한다. 어떤 사람은 결점에 매우 민감하고 극도로 정확함을 추구한다. 다른 사람은 아름다움을 훨씬 더 생생하게 느끼며, 고상하거나 감동적인 솜씨를 하나 보게 되면 수십 가지의 얼토당토않음이나 결점을 용서한다. 이 사람은 전적으로 간결함과 활기에 귀를 기울이는 반면, 저 사람은 풍요롭고 화려하며 조화로운 표현을 들으면 기뻐한다. 어떤 사람은 소박한 문체를 좋아하지만 다른 사람은 장식적인 문체를 좋아한다. 희극, 비극, 풍자, 송시(頌詩)를 좋아하는 사람이 각각 다른데, 이들은 그 특정한 글쓰기 유형을 다른 모든 유형들보다 선호한다. 비평가가 하나의 글쓰기 유형이나 문체만을 인정하

고 다른 모든 것은 비난한다면 그것은 분명 잘못된 일이다. 하지만 우리가 자신의 특수한 성향이나 기질에 맞는 것들을 더 좋아한다고 느끼지 않기란 거의 불가능하다. 이렇듯 무언가를 다른 것보다 더 선호한다는 것은 해롭지 않으며 불가피하기도 하다. 그리고 그에 대해 결정할 때 참고할 수 있는 어떤 기준도 존재하지 않기 때문에 그것은 결코 이성적 논쟁의 대상이 될 수 없다.

31 비슷한 이유로 우리는 책을 읽는 도중 우리 시대 우리 나라에서 발견되는 대상을 닮은 모습과 성격을 발견하게 되면 다른 관습을 묘사하는 것을 발견할 때보다는 더 즐거워한다. 고대의 단순한 관습에 우리 자신을 맞추려면 어느 정도 노력을 기울이지 않으면 안 된다. 공주가 우물에서 물을 길어 온다든가 왕이나 영웅이 자신이 먹을 음식을 직접 마련하는 모습을 보는 경우에도 마찬가지다. 이러한 관습을 묘사하는 것이 저자의 잘못은 아니며 작품의 결함도 아니라는 사실을 우리는 대체로 인정한다. 하지만 그것들에 그다지 큰 감동을 받지는 않는다. 이런 이유로 희극은 한 시대나 민족에게서 다른 시대나 민족에게 전달되기가 쉽지 않다. 프랑스인이나 영국인이라면 테렌티우스의 『안드리아』나 마키아벨리의 『클리치아』[25]에서 즐거움을 느끼지는 않을 것이다. 이런 연극들에서는 극 전체의 중심인물인 아름다운 여인이 한 번도 관객들 앞에 나타나지 않고 언제나 무대 뒤편에 머물러

있기 때문이다. 고대 그리스인이나 근대 이탈리아인의 내성적인 기질에는 이런 방식이 적합하겠지만 말이다. 학식 있고 사려 깊은 사람이라면 이런 특수한 관습들을 감안[하면서 연극을 감상]할 수 있다. 하지만 보통 청중이라면 자신들의 일상적 관념이나 정감으로부터 한참 벗어나서 전혀 닮은 점이 없는 모습을 묘사하는 것을 좋아할 수는 없다.

32 여기서 고대와 오늘날의 학식에 관한 저 유명한 논쟁을 검토해보는 데 도움이 될 수 있을 생각이 하나 떠오른다.[26] 이 논쟁에서 우리는 다음과 같은 사실을 종종 발견한다. 고대의 저자들에서 발견되는 모순 같은 것들을 한쪽에서는 그 시대의 관습에서 온 것이라 여겨 용서한다. 반면 다른 쪽에서는 이런 핑계를 받아들이기를 거부하거나 적어도 그것을 저자에 대한 변호로만 받아들일 뿐 작품에 대한 것으로는 받아들이지 않는다. 내 견해로는 이 주제에 관한 한 논쟁의 양 당사자들 사이에 [고대의 저자들의 결함을 어떻게 평가할 것인가에 관해] 적절한 경계가 확정된 적이 드물다. 앞에서 언급한 것처럼 해롭지 않은 특정한 관습들의 묘사는 확실히 인정해야 한다. 그리고 그것들을 보고 충격을 받는 사람은 스스로는 섬세하고 세련된 교양을 소유하고 있다고 생각하지만 사실은 그렇지 않다는 명백한 증거를 제시하는 것이다. 풍속과 관습이 끊임없이 변화한다는 사실을 전혀 감안

하지 않고 오늘날의 주된 유행에 맞는 것 외에는 아무것도 인정하려 하지 않는다면, **놋쇠보다 더 오래갔을 시인의 기념비**[27]는 질 나쁜 벽돌이나 진흙처럼 무너져버릴 수밖에 없다. 주름칼라와 파딩게일[28]이 있는 옷을 입었다고 우리 조상들의 초상화를 버려야 하는가? 하지만 시대가 바뀔 때마다 도덕과 예절에 관한 관념들이 변하거나, 그에 합당한 비난이나 반감을 나타내지 않으면서 악한 관습들을 묘사하게 되면, 그것이 시를 망치게 되며 따라서 진정 추악한 것임을 인정해야 한다. 나는 이러한 정감들에 공감할 수 없고 만일 그렇게 한다 해도 그건 합당한 일이 아니다. 그리고 그 시대의 관습 때문이라는 이유로 그 시인을 용서한다 해도 절대로 내가 그의 글을 즐길 수는 없다. 인간성과 품위의 결핍은 고대의 여러 작가가 묘사한 인물들에게서 너무도 뚜렷하게 나타나는데, 때로는 호메로스나 그리스 비극 작가들도 예외가 아니다. 이러한 결핍은 그들의 고귀한 업적의 가치를 상당히 많이 깎아내리며 오늘날의 작가들에게 그들보다 더 유리한 상황을 제공해준다. 우리는 그토록 난폭한 영웅들의 운명과 정감에는 관심이 없다. 악덕과 덕행의 경계가 이렇듯 혼동되는 것을 보면 우리는 불쾌감을 느낀다. 우리가 작가의 편견들에 아무리 관용을 베푼다 해도 우리 스스로를 설득하여 그의 정감들에 공감할 수도, 우리가 분명히 비난할 만하다고 여기는 [그의 작품 속] 등장인물에게 애정을 품을 수도 없다.

33   어떤 종류든 사변적인 견해의 경우에는 도덕적인 원리의 경우와는 사정이 다르다. 사변적인 견해들은 끊임없이 변화한다. 자식이 받아들이는 체계는 아버지가 받아들인 체계와는 다르다. 아니, 이 특수한 영역에서 자신이 한결같고 변함이 없다 자랑할 수 있는 사람은 거의 없다. [따라서] 어떤 시대나 국가의 고상한 글에서 어떤 사변적인 오류가 발견되든 그것은 그 작품의 가치를 조금밖에 손상시킬 수 없다. 그 당시에 유행한 견해에 공감하고 그로부터 도출되는 정감이나 결론을 즐기려면 생각이나 상상력을 어느 정도 전환하면 충분하다. 하지만 관습에 대한 우리의 판단을 바꾸고 오랜 습관을 통해 우리의 마음에 익숙해진 것과는 다른 인정이나 비난, 사랑이나 증오의 정감들을 불러일으키려면 매우 강한 노력이 필요하다. 자신이 판단 근거로 삼는 도덕적 기준이 올바르다고 확신한다면 그것을 지키려 노력하는 것은 정당하다. 그리고 그는 자신이 가슴으로 느끼는 정감들을—어떤 작가라 하더라도 그를 따르려고—잠시라도 왜곡하려 하지는 않을 것이다.

34   천재의 작품에서 발견되는 모든 사변적 오류 중 가장 용서받을 만한 것은 종교와 관련된 것이다. 어떤 민족이나 심지어는 개개인들이 대변하는 신학적 원리의 천박함이나 고상함에 따라 그들의 인문교양 수준이나 지혜로움에 대해 판단해도 된다고

인정된 적은 한 번도 없다. 사람들은 인간 이성이 전혀 이해할 수 없는 차원이라 여겨지는 종교적 문제들에 관한 한 삶의 일상적 사건에서 자신들을 이끄는 바로 그 훌륭한 감관에 귀를 기울이지 않는다. 고대 문학에 대한 올바른 견해를 가지게 되었다고 주장하는 비평가라면 누구나 이교도 신학 체계의 모든 모순을 눈 감아주어야만 하는 이유가 여기에 있다. 우리의 후손들도 자신들의 차례가 되면 선조들에 대해 마찬가지로 너그러운 마음을 가져야 한다. 단지 원리로만 남고 어떤 시인의 마음을 지나치게 사로잡아 **심한 편견**이나 **미신**에 사로잡혔다는 비난을 받게 하지 않는 한, 어떤 종교적 원리도 [그것을 대변하는] 시인이 범한 오류라 치부될 수는 없다. 하지만 만일 그런 일이 일어난다면 그것은 도덕적 정감들을 혼란스럽게 만들고 덕행과 악덕 사이에 존재하는 본질적인 경계를 뒤바꿔버린다. 그러므로 그것[즉, 종교적 원리]은 앞서 언급한 원리에 따르자면 영원한 결함이며, 그 시대의 편견이나 잘못된 견해들로도 그것을 정당화하기에는 충분치 않다.

35 다른 모든 종교에 대한 격렬한 증오를 심어주고 모든 이교도, 이슬람교인, 이단이 신의 분노와 복수의 대상이라고 단언하는 것이 로마 가톨릭이라는 종교의 본질이다. 이러한 정감들은 실제로는 아주 비난할 만한 것이지만, 그 종파의 열광적 추종자들은 그것을 미덕이라 여기며 그들의 비극이나 서사시는 그것

이 신성한 영웅적 행위라 주장한다. 이러한 심한 편견이 매우 훌륭한 두 프랑스 연극, 즉 『폴뤼에우크투스』와 『아탈리아』의 가치를 손상했다.[29] 이 연극에서는 특정한 종교 형태에 대한 과도한 열정이 상상할 수 있는 온갖 화려함으로 치장한 채 드러나며 주인공들의 두드러진 특징을 이룬다. 바알의 사제인 마탄과 대화를 나누고 있는 요사벳을 발견한 거룩한 대제사장 요얏이 그녀에게 "이게 무슨 일이오?"라고 말한다. "다윗의 딸이 이 배신자와 말을 섞다니? 그의 발아래 땅이 입을 벌려 화염을 뿜어 당신을 집어삼키거나 이 거룩한 벽들이 그의 위로 무너져 내리면서 당신도 압사시켜버릴 것을 두려워하지도 않는 거요? 그가 온 목적이 무엇이오? 무슨 이유로 저 하나님의 원수가 여기까지 와서 우리가 호흡하는 대기를 더럽히는 거요?"[30] 파리의 극장에서는 이러한 정감들을 커다란 박수갈채와 함께 받아들인다. 하지만 런던에서는 관객들이 극장을 가득 매운 채 아킬레우스가 아가멤논에게 그가 이마는 개이고 가슴은 사슴이라고 말하는 소리를 듣거나[31] 주피터가 주노에게 조용히 하지 않으면 가만두지 않겠다고 발을 구르며 위협하는[32] 장면을 보면서 즐거워할 것이다.

36 어떤 고상한 작품에서든 종교적 원리가 미신에까지 이르고 종교와 관계가 아주 먼 온갖 정감에까지 개입하게 될 정도가 될 때는 그 원리도 결점이 된다. 시인의 삶이 그의 모국의 관습

들로 인해 너무나 많은 종교적 의식(儀式)과 계율의 짐을 지게 되었고 삶의 어떤 부분도 그 멍에로부터 자유로울 수 없었다고 해서 그것이 시인을 위한 핑곗거리가 될 수는 없다. 페트라르카가 자신의 연인 라우라를 예수 그리스도에 비유한 것은 영원히 우스꽝스러운 일일 수밖에 없다.[33] 저 유쾌한 난봉꾼 보카치오가 적들로부터 자신을 지켜주었다고 전능하신 신과 귀부인들에게 아주 진지하게 감사하는 것도 그에 못지않게 우스꽝스러운 일이다.[34]

비극에 대하여

훌륭한 비극 원고를 읽는 독자들은 그 자체로는 즐거움을 주지 않고 불편하게 만드는 슬픔이나 공포, 불안, 그 밖의 다른 정념들을 얻게 된다. 그런데 그들이 이런 정념들로부터 즐거움을 얻는다는 것은 [얼핏 보기에는] 설명하기 어려운 현상인 듯이 보인다. 관객들이 [이런 부정적인 정념들의] 영향을 많이 받으면 받을수록 [그런 정념들을 자아내는] 광경으로 인해 기뻐하게 되니 말이다. 그리고 불편한 정념들이 작동하기를 멈추자마자 연극은 끝나버린다. 완전한 기쁨과 만족을 주고 안심하게 해주는 장면은 이런 종류의 연극에서는 하나 이상 허용될 수가 없다. 그리고 이러한 장면이 있다면 그것은 틀림없이 언제나 마지막 결론 부분에 삽입되어야 한다. [마지막 장면만이 아니라 다른 장면에도] 행복한 장면을 삽입한다면 이러한 장면은 희미한 즐거움만을 자아낼 것이다. 그럼에도 굳이 이런 장면을 삽입하는 것은 내용을 다채롭게 하기 위해서이며, 극중의 등장인물을 [고통스러운 장면과의] 대비와 [주인공의 행복이 불행으로 바뀌는 것으로부터 얻게 되는] 실망을 통해 더 깊은 고통 속에 빠져들게 하려는 것이다. 시인[1]은 자신의 모든 솜씨를 동원하여 관객을 동정과 분노, 불안과 원한의 상태로 몰아넣어 거기에 계속 머무르게 한다. 얼마나 관객이 즐거워하는가는 그들이 [그러한 상태로 인해] 얼마나 괴로움을 겪게 되는가에 달려 있다. 애정이 넘치는 공감과 동정심으로 마음이 벅찬 나머지 눈물이나 흐느낌, 울음을 통해 자신의 슬픔을 나타내고 자신의 마음을 누그러뜨릴 때처럼 그렇게 그들이 행복한 적은 없다.

철학적 사유의 재능을 어느 정도 갖춘 몇 안 되는 비평가들이 이런 기이한 사실에 주목하고는 그 이유를 설명하려 시도하였다. 뒤보 수도원장은 시와 회화에 관해 자신의 견해를 피력한 책에서 다음과 같이 주장한다. 아무런 정념도 느껴지지 않고 아무 할 일도 없을 때 인간의 마음이 휘말리게 되는 무기력하고 축 늘어진 게으름의 상태보다 불쾌한 마음의 상태는 보통의 경우에는 존재하지 않는다. 인간의 마음은 이런 고통스러운 상황을 제거하기 위해—비즈니스나 도박, 쇼나 공개 처형 등과 같은—오락이나 [무언가 다른] 할 일을 찾게 된다는 것이다. 그것이 여러 가지 정념들을 자아내서 자신[의 현재 상태]에 대해 생각하는 데서 멀어지게 한다면 무엇이든 말이다. 그 정념이 무엇인가는—불쾌하든, 고통스럽든, 우울하든, 혼란스럽든―중요하지 않다. 어떤 것이든 아무런 변화가 없는 정적인 상태에서 오는 축 늘어진 지루함보다는 훨씬 낫다.[2]

앞선 설명이 적어도 부분적으로는 만족스럽다는 것은 인정할 수밖에 없는 사실이다. 여러분은 도박판이 펼쳐진 여러 탁자 중에서 판돈이 가장 많은 탁자에 구경꾼이 몰리는 것을 보게 될 것이다. 그 판에서 도박하는 이들이 최고의 도박사라고 생각하지 않더라도 말이다. 관객들은 돈을 엄청나게 따거나 잃는 데서 생겨나는 강렬한 정념을 실제로 목격하거나 적어도 그렇게 하고 있다고 상상한다. 그리고 이러한 사실은 [구경꾼들로 하여금] 공감을 통하여 어느 정도는 그와 같은 정념을 느끼게 해주며 순간적으로나마 여흥을 제공한다. 이로써 그들은 더 쉽게 시간을 보낼 수 있게 되며, 오로지 자기 생각과 계획에만 몰두해 있을 때면 보통 느끼게 되는 중압감에서 어느 정도는 벗어나게 된다. 우리는 천박한 거짓말쟁이가 이야기를 꾸며낼 때면 언제나 기쁨, 아름다움, 환희나 장엄함뿐만 아니라 온갖 종류의 위험, 고통, 비탄, 병, 죽음, 살인과 잔인한 행위에 대해서도 과장되게 말한다는 사실을 발견한다. 그런데 이것은 그 거짓말쟁이가 듣는 사람을 즐겁게 해주고 그 사람 안에 어떤 정념이나 감정을 불러일으켜서는 자신이 꾸며내고 있는 기이한 이야기에 계속 귀를 기울이면서 거기에 빠져들게 하려고 사용하는 터무니없지만 효과 만점의 묘책이다.

하지만 아무리 훌륭하고 만족스러워 보인다 하더라도 이러한 설명을 우리가 지금 논의하고 있는 현상에 온전히 적용하기는 어렵다. 비극에서 즐거움을 제공하는 바로 그 고통스러운 사건이 실제로 우리 앞에서 일어난다면 권태와 게으름에는 가장 효과적인 치료약이 되겠지만, 그것이 우리 안에 자아내는 것은 다른 감정이 전혀 섞이지 않은 불편함 자체뿐일 것이다. 퐁트넬은 이러한 난점에 대해 잘 알고 있었던 것 같다. 그래서 그는 이 현상을 다르게 설명하려 시도하였다. 아니면 적어도 내가 앞에서 언급한 이론에 무언가를 덧붙이려 하였다. 그는 이렇게 말한다.

> 즐거움과 고통은 그 자체로는 서로 매우 다르지만 그 원인에 있어서는 그렇게 다르지 않다. 간지럼의 예는 즐거움이 어느 정도 지나치게 되면 고통이 되며 고통이 어느 정도 완화되면 즐거움이 된다는 사실을 보여준다. 이러한 사실로부터 다음과 같은 결론이 나온다. 즐거움과 고통의 경계에 가까운, 부드럽고 유쾌한 슬픔과 같은 것이 존재한다. 이것은 약화되고 감소된 고통이다. [사람의] 마음은 천성적으로 감동받기를 좋아한다. 거기에는 우울한 사건들이 제격이다. 심지어는 비참하고 슬픈 사건들도 그 충격을 완화할 만한 상황이 존재한다면 마찬가지 효과를 갖는다. 극장에서 공연되는 연극이

거의 실제와 비슷한 효과를 갖는다는 것은 분명한 사실이다. 하지만 전적으로 그렇기만 한 것은 아니다. 아무리 우리가 그 광경에 휩쓸린다 하더라도, 감각이나 상상력이 이성을 아무리 지배한다 하더라도 여전히 우리 마음 저 밑바닥에는 우리가 보고 있는 모든 것 안에 거짓이 존재한다는 생각이 도사리고 있다. 이러한 생각은 약하고 위장된[3] 것이기는 하지만, 사랑하는 사람들에게 닥친 불행으로 인해 우리가 겪는 고통을 경감시켜 결국에는 즐거움으로까지 변하게 해주기에는 충분하다. 우리는 우리가 좋아하는 주인공이 겪는 불행 때문에 슬피 운다. 동시에 우리는 그것이 허구일 뿐이라는 사실을 생각해냄으로써 위안을 얻는다. 바로 이러한 두 가지 정감의 혼합이 우리가 느끼는 유쾌한 슬픔을 만들어내며 우리로 하여금 눈물을 흘리게 하는데, 그 눈물이 우리를 기쁘게 하는 것이다. 그런데 감각을 통하여 지각한 외부 대상에 의해 야기된 고통은 내적 성찰로 인해 얻게 되는 위로보다 강하다. 따라서 우리를 기쁘게 해주는 눈물은 슬픔으로 인해 나타나는 효과이자 증상이다. 이것이 위에서 언급한 정감의 혼합에서 지배적인 것이 되어야 한다.[4]

이러한 해결책이 타당하고 설득력 있어 보이기는 하지만, 우리가 여기서 논의하고 있는 현상을 온전하게 설명하려면 아마도 거기에 무언가가 새롭게 덧붙여져야 할 것이다. 회화나 연극이 불러일으키는 정념과 마찬가지로 연설이 야기하는 정념도 모두가 **극도로 유쾌한** 것이다. 이것이 키케로가 행한 연설들의 결말 부분이 훌륭한 취미를 갖춘 모든 독자를 즐겁게 해주는 주된 이유다. 이것들을 읽으면서 아주 깊은 공감과 슬픔을 느끼지 않기란 어려운 일이다. 연설가로서 그의 업적 대부분이, 연설가에게 주어진 과제 중 이 특별한 일[즉, 청중들로 하여금 깊은 공감과 슬픔을 느끼게 하면서 동시에 즐겁게 해주는 일]에서 거둔 성공에 좌우된다는 것은 의심의 여지가 없다. 그가 모든 청중과 배심원으로 하여금 눈물을 흘리게 한 바로 그때, 그들은 가장 큰 기쁨을 얻고 엄청난 만족감을 표현한 것이다. 베레스가 시칠리아 함대의 선장들을 살육한 사건에 대한 그의 감동적인 묘사는 이런 종류의 글 가운데 최고의 걸작 중 하나다.[5] 하지만 나는 어느 누구도 이런 종류의 슬픈 장면에 참여하는 것이 즐거움을 선사하리라 말하지는 않을 거라고 생각한다. 그리고 이 경우에는 그 이야기가 허구라는 생각 때문에 슬픔이 누그러지지는 않는다. 그 모든 상황이 실제라고 청중이 확신하기 때문이다. 그렇다면 이 경우 불편함 가운데에서 즐거움을 자아내는, 고통과 슬픔의 모든 특징과 외면적 증상을 여전히 간직하고 있는 즐거움을 자아내는 것은 무엇인가?

    나의 대답은 이렇다. 이런 기이한 효과는 슬픈 장면을 묘사하는 연설 자체에서 나온다. 생생하게 사건들을 묘사하기 위해 필요한 천부적 재능, 모든 감동적인 장면을 모으기 위해 동원되는 기술, 그 장면들을 질서 있게 배치하여 서술하는 데서 엿보이는 판단력. 이와 같은 고상한 재주들을 발휘하면서 힘 있는 표현을 사용하여 아름다운 연설문을 쓰면 청중에게 최고의 만족을 선사하게 되며 극도로 기쁜 감정들을 불러일으키게 된다. 이렇게 해서 [연설가는] 슬픈 정념들이 주는 불쾌함을 극복하고 그와는 반대되는 종류의 훨씬 더 강한 무언가를 통해서 그것을 제거할 뿐만 아니라, 이런 정념들이 주는 온갖 자극을 즐거움으로 변화시키며 연설이 우리 안에 불러일으키는 기쁨을 배가하기까지 한다. 똑같은 웅변의 힘을 재미없는 주제에 사용하면 그 절반도 우리를 즐겁게 하지 못하거나, 오히려 아주 터무니없다는 인상을 줄 것이다. 그리고 우리의 마음은 완전히 평온하고 무심한 상태에 머물면서, 그것이 정념과 결합되었을 때에는 그토록 강렬한 즐거움을 제공하는 상상이나 표현의 아름다움을 전혀 즐기지 못할 것이다. [하지만 표현의 아름다움이 정념과 결합되면] 슬픔, 동정심, 분노로부터 생겨나는 자극이나 열정이 아름다움의 정감들을 통해 새로운 방향성을 얻게 된다. 아름다움의 정감들이 지배적이 되면서 마음을 온통 사로잡고 슬픔, 동정심, 분노와 같은 감정을 자신에게 동화시킨다. 아니면 적어도 그 감정에 아주 강하게 영향을 미쳐 그 성격을 전혀 다른 것으로 바꿔버린다. 그와 동시에 우리의 영혼은 그러한 정념에 의해 일깨워지며 연설의 매력에 빠지게 된다. 그리고 전적으로 즐거운 어떤 감정을 느끼게 되며 전체적으로 보아도 매우 즐거운 강렬한 감정을 느끼는 것이다.

비극에서도 이와 마찬가지 일이 일어나고 있지만, 거기에는 다음과 같은 사실이 첨가된다. 비극은 모방이며 모방은 언제나 그 자체로 즐거움을 준다. 이러한 상황 덕분에 정념의 변화가 더욱 부드럽게 일어나게 되며 감정 전체가 하나의 균일하고 강한 기쁨으로 전환된다. [실제로는] 엄청난 고통과 공포의 대상들이 그림 속에서는 우리에게 즐거움을 주며, 아주 아름답기는 하지만 평온하고 그저 그런 듯이 보이는 대상들보다도 우리를 더 즐겁게 한다.* 바로 그 감정이 우리 마음을 자극하여 매우 많은 양의 활기와 열정을 불러일으키는데, 이 모든 것이 바로 그 지배적인 감정의 힘에 휩쓸려 즐거움으로 변환되는 것이다. 이것이 허구적인 비극이 단순히 슬픔을 약화하거나 줄여줌으로써만이 아니라 새

---

* 화가들은 고통이나 다른 어떤 정념과 마찬가지로 슬픔도 아무런 거리낌 없이 묘사한다. 하지만 그들은 시인들처럼 이런 슬픈 감정들에 오래 머물지는 않는 듯하다. 물론 시인들도 인간의 가슴속에서 일어나는 모든 변화를 모방하지만 즐거운 정감들은 재빨리 스쳐 지나가 버린다. 화가는 오직 한 순간만을 재현한다. 그리고 그 묘사에 충분한 정념이 담겨 있다면 그것은 관람객에게 감동을 주고 즐거움을 제공할 것이 틀림없다. 하지만 시인에게 다양한

로운 감정을 주입함으로써 [부정적인] 정념을 부드럽게 해주는 방식이다. 진짜 슬픔은 시간이 지나면 서서히 약해져 완전히 사라진다. 하지만 이렇게 슬픔이 약화되어가는 동안 어디에서도 슬픔이 즐거움을 제공하지는 않는다. 아마도 무기력하게 아무런 활동도 하지 않는 상태에 빠져 있던 사람이 우연한 기회에 슬픔으로 인해 그 상태에서 벗어나게 될 경우를 제외하고는 말이다.

이 이론을 증명하려면 부수적인 감정이 지배적인 감정으로 변환되어 거기에 힘을 실어주는 다른 종류의 상황들을 만들어 보여주면 충분할 것이다. 비록 두 감정이 서로 다른 것이며 심지어는 종종 대립되는 특성을 지닌다 할지라도 말이다.

새로움은 우리의 타고난 본성에 따라 우리의 마음을 자극하고 우리의 관심을 끈다. 그리고 새로움이 불러일으키는 감정들은 새로운 물건이 환기시켜주는 정념이 어떤 것이든 간에 그것으로 변환되며 언제나 그것을 강화시켜준다. 어떤 사건이 불러일으키는 감정들이 무엇이든, 기쁨이든 슬픔이든, 자부심이든 수치심이든, 분노든 호의든 간에 그 사건이 새롭고 드문 일일 때는 분명히 훨씬 더 강한 감정을 자아낸다. 그리고 새로움 그 자체는 즐거움을 선사하지만 그것이 강화시키는 정념은 즐거운 것일 수도, 고통

장면들과 사건들, 정감들을 제공할 수 있는 것은 고통이나 공포, 불안 말고는 아무것도 없다. 완전한 기쁨과 만족은 [사람의 마음을] 안심시켜주며 그렇게 되면 더 이상의 행동을 위한 여지는 없게 된다.

스러운 것일 수도 있다.

만일 여러분이 어떤 사건을 서술함으로써 어떤 사람을 아주 강하게 감동시키기를 원한다면 효과를 극대화하는 가장 좋은 방법은 솜씨 있게 사건에 대한 정보 제공을 늦춤으로써 우선 호기심과 조바심을 불러일으키고 나서야 [그가 조바심 내며 알고자 했던] 비밀을 가르쳐주는 것이다. 이것이 셰익스피어 작품의 저 유명한 장면에서 이아고가 택했던 책략이다. 그 연극의 관객이라면 누구나 오셀로의 질투심이 그가 이전에 느꼈던 조바심으로 인해 더욱 힘을 얻게 되고 여기서 부수적인 정념[조바심]이 지배적인 정념[질투심]으로 변환된다는 사실을 눈치채게 된다.

어려움은 모든 종류의 정념을 강화한다. 그리고 우리의 관심을 환기시키고 우리의 활동력을 자극하여 어떤 감정을 불러일으키며 그것을 통해 지배적인 감정을 강화시켜준다.

부모는 대개 몸이 병약해 키우면서 엄청난 노력과 수고를 들이고, 걱정을 끼친 아이를 가장 사랑한다. 여기서는 기분 좋은 사랑의 정감이 [아이의 병약함으로 인해 야기된] 불편한 정감으로 인해 더 강해지게 된 것이다.

친구의 죽음에 대한 슬픔만큼 우리에게 그를 소중하게 느끼게 해주는 것은 없다. 그가 실제로 우리와 동행할 때 느끼는 즐거움은 이렇게까지 강한 영향력을 행사하지는 않는다.

질투심은 고통스러운 정념이다. 하지만 약간의 질투심이 거기에 섞이지 않는다면 사랑이라는 기쁜 감정이 그 격렬한 힘을 온전히 발휘하기란 쉽지 않다. 함께 있지 못하는 것은 사랑하는 사람들 사이에서 커다란 불만의 원천이며 그들에게 커다란 불쾌감을 제공하지만, 잠깐 함께 있지 못하는 상황보다 서로에 대한 [사랑의] 정념을 더 잘 키워줄 만한 것은 없다. 오래 떨어져 있게 되어 사랑이 끝장나는 경우가 있다면 그 이유는 오로지 시간이 흐르면서 사랑하는 사람들이 함께 있지 못한다는 사실에 익숙해지게 되고 더 이상 그것 때문에 불쾌감을 느끼지 못하게 되기 때문이다. 사랑에 있어서 함께 있지 못한다는 사실과 질투심은 모든 즐거움에 그토록 본질적이라고 이탈리아 사람들이 전제하는 돌체 페칸테(dolce peccante)[6]의 [중요한] 구성 요소인 것이다.

대(大)플리니우스가 한 다음과 같은 멋진 말은 여기서 우리가 주장한 원리들을 잘 설명해준다.

> 유명한 예술가들이 미완성으로 남겨둔 유작이 언제나 가장 높은 평가를 받는다는 것은 매우 주목할 만한 사실이다. 아리스티데스의 「아이리스」나 니코마쿠스의 「튄다리데스」, 티모마쿠스의 「메데아」, 아펠레스의 「비너스」 같은 작품이 거기에 속한다.[7] 이 작품들은 심지어 같은 예술가가 완성한 작품보다 더 높이 평가받는다. 우리는 작품의 뚜렷하지 못한 윤곽, 화가가 형상화하다

가 말아버린 착상을 주의 깊게 연구한다. 그리고 죽음
으로 인해 멈추어진 매혹적인 솜씨에 대해 우리가 느끼
는 커다란 슬픔이 우리의 즐거움을 더욱 크게 해준다.[8]

이러한 예들은(이것들 말고도 더 많은 예들을 들 수 있을 것이다) 본성적 유비(analogy of nature)[9]에 대한 어느 정도의 통찰을 우리에게 제공하기에 충분한 것이다. 또 그 예들은 시인이나 웅변가, 음악가 들이 비탄이나 슬픔, 분노와 연민의 감정을 불러일으킴으로써 우리에게 제공하는 즐거움이 첫눈에 그렇게 보였던 것만큼 그렇게 특별하거나 모순적이지는 않다는 사실을 보여준다. 상상력의 힘, 표현의 에너지, 힘 있는 운율, 모방이 주는 매력, 이 모든 것이 그 자체로 자연스럽게 우리 마음에 기쁨을 제공해주는 것이다. 그리고 제시된 대상도 어떤 감정을 유발한다면, 이 부수적인 감정이 지배적인 감정으로 변환됨을 통해 우리의 즐거움은 더욱 커질 것이다. 그 정념이 그저 어떤 실제 대상의 출현 때문에 발생할 때는 아마도 고통스러운 것일 수 있다. 하지만 예술(finer arts)이 이를 불러일으키면 아주 부드럽고 매끄럽고 온화한 것이 되어 최고의 즐거움을 선사한다.

이러한 추론이 맞는지 확인하려면 상상력이 제공하는 감정이 저 정념들보다 우세하지 못할 경우 정반대 효과가 나타난다는 사실에 주목하면 된다. 전자의 감정이 이제는 부수적이 되어 후자로 전환되어 그것을 겪는 사람의 고통과 괴로움을 증가시킨다.

총애하는 아이의 죽음으로 맞닥뜨리게 된 회복할 수 없는 상실감을 연설이 갖는 모든 힘을 동원하여 과장하는 것이 괴로움에 잠긴 부모를 위로하기 위한 좋은 방법이라고 어느 누가 생각할 수 있겠는가? 여기서 여러분이 상상력과 표현의 힘을 더 많이 사용하면 할수록 부모의 절망과 고통은 더욱 커질 것이다.

베레스가 느낄 수치, 혼란, 공포는 키케로의 연설이 고상하고 열정적인 데 비례해서 증가할 것이 틀림없다. 그가 느낄 고통과 불쾌감의 경우도 마찬가지다. 그러한 정념들은 너무나 강해서 연설의 아름다움으로 인해 생겨나는 즐거움을 느끼지 못하게 하며,―[앞에서 설명한 바와] 마찬가지 원리에 따라서이긴 하지만―관객으로 하여금 공감과 동정, 분노를 느끼게 하는 것과는 반대 방향으로 작동한다.

클래런던 경은 자신의 역사 서술이 왕당파가 겪은 참변을 묘사하는 데 이르자 그의 묘사가 한없이 불쾌한 것이 되리라고 추측했다.[10] 그래서 그는 상세한 내용은 단 하나도 설명하지 않은 채 왕의 죽음에 관한 서술을 서둘러 끝마쳤다. 그는 그것이 너무나 끔찍한 장면이어서 그것을 지켜보면서 어떠한 만족도 느낄 수 없다고, 심지어는 극도의 고통과 혐오감을 느끼게 될 것이라고 생각했다. 그와 동시대 독자들뿐만 아니라 그 자신도 이 사건에 너무나 깊이 관련되어 있어서 이후 세대의 역사가나 독자라면 매우 감동적이면서도 흥미로운, 따라서 커다란 즐거움을 준다고 느꼈을 이야기로부터 고통을 느꼈던 것이다.

비극에서 묘사되는 사건이 즐거움을 제공하기에는 너무나 피비린내 나고 끔찍한 경우가 있을 수 있다. 그것은 완화되어 즐거움으로 변화될 수 없는 공포의 감정을 불러일으킬 수 있다. 그것이 매우 힘 있는 표현을 통해 묘사된다 해도 그것은 우리가 느끼는 불쾌감을 증가시키는 데 기여할 뿐이다. 이러한 예 중 하나가 『야심에 찬 계모』[11]라는 희곡에 등장하는 다음과 같은 에피소드다. 덕망 있는 한 노인이 너무나 격분하고 절망에 빠진 나머지 한 기둥으로 달려가 거기에 머리를 세게 부딪쳐 그 기둥을 온통 자신의 핏덩이와 뇌수로 더럽힌다. 영국의 희곡에는 이처럼 충격적인 장면이 너무나 많이 등장한다.

흔한 연민의 정감들조차도 청중에게 완전한 만족감을 제공하려면 완화되어 일종의 유쾌한 감정으로 변화되어야 한다. 승승장구하는 폭군과 악인의 학대로 인해 가엾은 선한 사람이 겪는 비참한 고통을 그대로 묘사하기만 하면 그 광경을 바라보기란 불쾌한 노릇이다. 모든 희곡 창작의 대가는 세심하게 이런 장면을 피한다. 청중은 선한 사람이 고상하고 용감한 절망을 겪게 되거나 악인이 합당한 벌을 받아야만 완전히 만족한 채 극장을 떠날 것이다.

이런 점에서 보자면 대부분의 화가들은 주제 선택에 있어 매우 불행했던 것 같다. 교회나 수녀원을 위해 일했기 때문에 그들은 주로 십자가 처형이나 순교와 같은 무시무시한 주제들을 묘사하였다. 그러한 장면들에서는 고문과 상처, 처형이나 수동적으로 겪는 고난과 같은 것만이 나타날 뿐 [그로부터] 어떠한 행동이나 감정도 나타나지 않는다. 이 섬뜩한 기독교적 신화에 대한 관심에서 멀어지게 되자 그들은 자주 오비디우스의 작품에 의존했다.[12] 그가 지어낸 이야기도 유쾌하고 열정적이기는 하지만 회화 작품으로 그려내기에 충분할 만큼 그럴듯하거나 자연스러운 경우가 드물다.

내가 여기서 주장한 원리와 반대되는 일이 연설이나 연극에서처럼 일상생활에서도 나타난다. 부수적이었던 정념이 점점 강해져서 결국 지배적인 정념이 되면, 그전에는 자신이 자양분을 제공하고 커지게 했던 바로 그 정념을 집어삼킨다. 너무 많은 질투심은 사랑의 감정을 소멸시킨다. 너무 많은 어려움은 우리를 무심해지게 만든다. 아이가 너무 병이 많고 약하면 이기적이고 정이 없는 부모는 넌더리를 낸다.

우울한 사람이 꾸며내어 자기 친구에게 들려주는 음울하고 어둡고 비참한 이야기처럼 불쾌한 이야기가 어디 있을까? 어떤 생동감[있는 표현]이나 천재적 재능, 혹은 유창한 화술이 동반되지 않는다면 그런 경우에는 불쾌한 정념만이 생겨나며, 그것을 완화시켜 즐거움이나 만족감으로 변화시켜줄 아무것도 동반되지 않기 때문에 순전히 불쾌감만을 제공한다.

아름다움과 추함에 대하여[1]

[…] 모든 종류의 **아름다움**은 우리에게 그것만의 독특한 기쁨과 만족을 제공한다. **추함**도 마찬가지 방식으로 [즉, 자신만의 독특한 방식으로] 고통을 자아낸다. 어떤 대상(subject)**2**이 그것을 소유하고 있는가에 상관없이, 또 그 대상에 생명이 깃들어 있는지 그렇지 않은지와도 상관없이 말이다. […] 아름다움과 추함의 차이를 설명하기 위해 철학 혹은 일반적 이성에 의해 고안된 모든 가설을 고찰해보면, 우리는 그 모두가 다음과 같은 결론으로 귀결된다는 사실을 발견하게 될 것이다. 아름다움은 인간의 영혼에 즐거움이나 만족을 주기에 적합한 부분들의 질서와 구조다. 그러한 질서와 구조는 우리 본성의 **원래** 성질에 따라서가 아니면 **관습**이나 **변덕**에 따라 형성된다. 이것이 다른 모든 것과 구별되는 아름다움의 특징이며 그것과 추함 사이에 존재하는 다른 모든 차이가 이로부터 생겨난다. [반면] 추함은 자연적으로 불편한 감

정을 자아내는 경향이 있다. 따라서 즐거움과 고통은 아름다움과 추함에 필연적으로 수반되는 것일 뿐만 아니라 그것들의 본질을 구성한다. 그리고 아름다움의 대부분은 우리가 동물이나 다른 대상들 안에서 발견하고 경탄해 마지않는 적합성이나 유용성으로부터 도출되었다. 이러한 사실을 고려한다면 우리는 다음과 같은 의견에 동의하는 데 진정 아무런 거리낌도 없을 것이다. 어떤 동물에게는 힘을 자아내는 어떤 형태가 아름다우며, 다른 동물에게는 날렵함의 표지가 아름답다. 어떤 궁전이 보여주는 질서나 적합성도 그것의 단순한 형태나 외관 못지않게 그 아름다움의 본질적 구성 요소다. 건축의 규칙들도 이와 유사하다. 기둥 꼭대기는 그 맨 아래 부분보다 가늘어야 한다. 왜냐하면 그러한 형태가 우리에게 안전하다는 관념을 전달하며 그러한 관념이 즐거움을 제공하기 때문이다. 반면 그와 반대의 형태는 우리에게 위험에 대한 염려를 갖게 하며 이러한 염려는 불편한 감정을 유발한다. 이런 유의 셀 수 없이 많은 예로부터 우리는 아름다움은 다름이 아니라 즐거움을 자아내는 형태이며 추함은 부분들이 결합되어 드러나는 어떤 대상의 형태가 고통을 자아내는 경우라고 결론 내릴 수 있을 것이다. 위트처럼 아름다움도 정의될 수 없고 오직 취미나 감각(sensation)을 통해서 분간될 수 있을 뿐이라는 사실에 대한 고려로부터도 우리는 마찬가지 결론을 이끌어낼 수 있을 것이다. 또 고통이나 즐거움을 자아내는 능력이 이런 방식으로 아름다움과 추함의 본질을 구성하기 때문에 이런 성질들이 자아내는 모든 효과는 감각으로부터 도출되는 것이 틀림없다. […] 즐거움이나 고통을 불러일으키는 능력이 아름다움이나 추함의 본질을 이루지 않는다고 해도, 적어도 감각들은 그러한 성질과 분리될 수 없으며, 그것들을 따로 떼어 고찰하기가 무척 어렵다는 것은 분명한 사실이다. 자연의 아름다움이나 도덕적인 아름다움의 공통점은 […] 즐거움을 자아내는 이러한 능력 이외에는 아무것도 없다. […]

섬세한 취미와 섬세한 정념에 대하여

어떤 사람들은 **섬세한 정념**에 쉽게 빠진다. 그들은 그러한 정념으로 인해 삶 속에서 일어나는 모든 사건에 극도로 민감하게 반응한다. 일이 순조롭게 풀릴 때면 언제나 생생한 기쁨을 느끼며 불행이나 역경을 만나게 되면 그에 못지않게 가슴이 찢어지는 듯한 슬픔을 느낀다. 다른 사람들의 친절과 호의를 느끼면 그들과 쉽게 우정을 맺지만, 조금이라도 상처를 입으면 그들에게 분노한다. 사람들이 자신에게 경의를 표하거나 탁월하다는 평가를 내리면 어떤 경우든 엄청나게 들떠 한다. 하지만 경멸을 당하면 그만큼 확실하게 상처를 입는다. 이런 성격을 지닌 사람이 냉정하고 차분한 기질을 지닌 사람보다 기쁨도 더 생생하게 누릴 뿐 아니라 슬픔의 예리한 고통도 더 강하게 느낀다는 데는 의심의 여지가 없다. 그런데 내 생각으로는 모든 일이 안정되어 있고 자신의 마음가짐을 온전히 제어할 수 있는데 후자의 [냉정하고 차분한] 성격을 갖고 싶어 하지 않을 사람은 아무도 없다. 행운이나 불행은 우리 마음대로 할 수 있는 것이 아니다. 그런데 이런 민감한 기질을 지닌 사람은 불행을 만나면 슬픔이나 분노에 완전히 사로잡혀버려서 인생에서 흔히 일어나는 일로는 어떤 즐거움도 느끼지 못한다. 우리가 누리는 행복의 대부분이 그런 일들을 제대로 즐기는 데서 나오는데도 말이다. 큰 즐거움은 큰 고통보다는 훨씬 덜 자주 일어난다. 따라서 민감한 기질을 지닌 사람이 즐거움으로 인해 어려움을 겪는 경우가 고통으로 인한 경우보다는 드물 것이 틀림없다.[1] 너무도 격렬한 정념에 사로잡힌 사람들은 신중함과 분별력을 완전히 잃어버리기 쉽고, 행동 면에서도 실수를 저지르기 쉬우며, 그런 실수들은 돌이킬 수 없는 경우가 흔하다는 사실은 더 말할 나위도 없다.

어떤 사람들에게서는 **섬세한 정념**과 아주 유사한 **섬세한 취미**가 관찰된다. 모든 일이 잘 풀릴 때든 역경에 처할 때든, 은혜를 입든 피해를 입든 섬세한 정념[을 지닌 사람]이 거기에 언제나 민감하게 반응하는 것과 마찬가지로 이러한 취미를 지닌 사람은 온갖 종류의 아름다움과 추함에 민감하게 반응한다. 이러한 재능을 지닌 사람에게 어떤 시나 그림을 보여주면 그의 섬세한 감정은 그로 하여금 그 시나 그림의 모든 부분에 민감하게 반응하게 한다. 대가의 솜씨를 감지하면 매우 강렬한 기쁨과 만족을 느끼며 부주의로 인해 드러난 실수나 불합리한 점을 감지하면 그에 못지않게 혐오감과 불쾌감을 느낀다. 정중하면서도 사려 깊은 대화는 그에게 최고의 오락이지만, 무례하고 건방진 말은 그에 못지않은 심한 형벌이다. 요컨대 섬세한 취미는 섬세한 정념과 동일한 효과를 가진다. 우리 행복과 불행의 범위를 모두 넓혀주며 우리로 하여금 기쁨 못지않게 슬픔에 대해서도 민감하게 반응하게 만드는 것이다. [섬세한 정념이나 취미를 지니지 못한] 다른 사람들에게는 이런 일이 일어나지 않는다.

하지만 나는 누구라도 다음과 같은 나의 의견에 동의하리라 믿는다. '이렇듯 서로 비슷한 점이 있기는 하지만 섬세한 정념은 [그것을 소유하고 있음을] 애석해해야 할 것이며 가능하면 개선되어야 하는 것인 반면, 섬세한 취미는 [섬세한 정념을 애석해하는 것만큼이나] 더 갖기를 바라고 [가졌다면] 갈고닦아야 하는 것이다.' 좋건 나쁘건 삶에서 일어나는 사건들은 우리 마음대로 되는 것이 거의 없다. 하지만 어떤 책을 읽고 어떤 오락에 참여할지, 어떤 사람과 친구가 될지는 거의 우리 마음대로 선택할 수 있다. 철학자들은 행복을 우리 바깥에 존재하는 사물들과는 아무 상관이 없는 것으로 만들려고 노력해왔다. 그 정도로 완벽하게 독립적인 상태를 **획득하기란** 불가능하다. 하지만 지혜로운 사람이라면 누구나 자신이 제어할 수 있는 대상에서 행복의 주된 근거를 찾으려 할 것이다. 다른 어떤 수단으로도 섬세한 정감을 통해서 만큼 **그것**[자기가 제어할 수 있는 대상]을 많이 **획득할** 수는 없다. 그런 재능을 소유한 사람은 자신의 욕구를 충족시켜주는 것보다는 자신의 취미를 즐겁게 해주는 것 때문에 더 행복해하며, 가장 값비싼 사치품이 제공해줄 수 있는 것보다 훨씬 더 많은 즐거움을 한 편의 시나 하나의 논리적 추론으로부터 얻을 테니까 말이다.

인간 정신의 원래 구조 안에서 섬세한 취미와 섬세한 정념이 얼마나 밀접하게 연관되어 있는가를 밝혀내기는 쉽지 않다. [어쨌든] 내게는 둘 사이에 아주 중요한 관계가 존재하는 것처럼 보인다. 남성보다 섬세한 정념을 더 많이 지니고 있는 여성이 의복, 장신구, 신분에 어울리는 품위 있는 행동과 같이 삶을 장식해주는 것에 대한 섬세한 취미도 더욱 많이 지니고 있다는 사실을 확인할 수 있으니까 말이다. 이 중 어떤 방면에서 탁월함이 나타나든 남성들보다 그녀들의 취미를 더 빨리 작동시켜 만족시켜주면 여러분은 곧 그녀들에게 사랑받게 될 것이다.[2]

이러한 두 종류의 섬세함 사이에 원래 어떤 관계가 존재하든 간에, 섬세한 정념을 없애고 고상하고 세련된 취미를 갈고닦는 것보다 더 옳은 일은 없다고 나는 확신한다. 이러한 취미는 우리로 하여금 사람들의 성격에 대해, 천재의 작품에 대해 그리고 고상한 기술(nobler arts)[3]의 산물들에 대해 판단할 능력을 갖게 해준다. [그것들 안에] 분명하게 드러나 우리의 감각을 자극하는 아름다움을 더 많이 혹은 더 적게 향유하는가는 전적으로 우리가 더 민감한 기질을 소유하고 있는가 아니면 덜 민감한 기질을 소유하고 있는가에 달려 있다. 하지만 학문과 인문 교양(sciences and liberal arts)**4**에 있어서 섬세한 취미는 어느 정도 뛰어난 감관과 같은 것이거나, 적어도 그것에 아주 많이 좌우되어 그것과는 떼려야 뗄 수 없는 관계를 갖는다. 천재의 작품을 제대로 판단하려면 그 작품을 아주 많이 감상해보아야 하며, 아주 많은 상황들을 비교해보아야 하고, 인간의 본성에 대한 많은 지식을 획득해야 한다. 따라서 아주 건전한 판단력의 소유자가 아니라면 누구도 천재의 작품에 대해 그럭저럭 봐줄 만한 비평조차도 쓰지 못할 것이다. 이것이 인문 교양에 대한 취미를 갈고닦아야 하는 또 하나의 새로운 이유다. 이러한 훈련을 통하여 우리의 판단력은 더욱 강해질 것이며, 우리는 인생에 대해 더 올바른 생각을 갖게 될 것이다. 다른 사람을 기쁘게 하거나 괴롭히는 많은 것이 우리의 주의를 끌기에는 너무나 보잘것없는 것처럼 보이게 될 것이다. 그러면 우리는 그토록 우리를 불쾌하게 만들던 민감하고 섬세한 정념을 서서히 잃어버리게 될 것이다.

하지만 세련된 기술(polite arts)을 위해 갈고닦은 취미가 정념들을 소멸시켜버리며 다른 사람들은 너무나 좋아해서 얻으려 애쓰는 대상들에 대해 무관심해지게 만든다고 말한다면, 그건 아마도 너무 지나친 말일 것이다. 더 나아가 생각해보면 나는 그것이 [세련된 취미가] 오히려 부드럽고 쾌적한 모든 정념에 대한 우리의 감수성을 향상시켜주는 동시에 우리의 마음이 그보다 더 거칠고 난폭한 감정들을 갖지 못하게 만든다는 사실을 발견한다.

충실하게 인문 교양을 배우면
성격이 부드러워지고 야만적이지 않게 된다.[5]

나는 이런 일이 발생하게 되는 매우 자연스러운 이유로 두 가지를 들 수 있다고 생각한다. **첫째로** 시나 웅변, 음악 혹은 회화 중 하나를 골라 아름다움을 연구하는 것보다 기질을 개선하는 데 더 나은 방법은 없기 때문이다. 그것들은 [그렇게 하지 않는] 다른 사람에게는 낯선, 어떤 고상한 정감을 부여해준다. 그것들이 불러일으키는 감정은 부드럽고 섬세하다. 그것들은 우리의 마음을 바쁜 업무와 이해관계로부터 벗어나 그와는 다른 어떤 곳으로 향하도록 돌려놓는다. 깊이 사색에 빠지게 만들며, 마음을 평온하게 해주고, 우리 마음의 모든 정서 중에서 사랑과 우정을 느끼게 하기에 가장 적합한 기분 좋은 멜랑콜리를 불러일으킨다.

둘째로 섬세한 취미는 우리로 하여금 선택의 폭을 좁혀 소수의 사람들에게 집중하게 하며, 많은 사람과의 동행이나 대화에 무관심하게 만듦으로써 사랑이나 우정을 쌓는 데 유리하게 작용하기 때문이다. 사람들은 눈에 띄지 않는 차이나 서서히 일어나는 변화를 주의 깊게 살피는 능력이나 성격을 분간해내는 능력을 소유한 사람을 그렇지 않은 사람보다 더 좋아한다. 단순한 세상 사람들은—아무리 훌륭한 감관을 부여받았다 하더라도—이런 능력이 아주 뛰어난 경우가 매우 드물다. 능력 있는 감관(competent sense)을 지닌 사람이라면 누구나 충분히 그들을 즐겁게 해 줄 수 있다. 그들은 다른 사람에게 하듯 그에게도 자신들이 즐거워하는 일과 사업에 대해 솔직하게 말할 것이다. 하지만 그의 자리를 대신하기에 적합한 사람을 많이 찾을 수 있기에 그들은 그가 없더라도 그의 빈자리를 전혀 느끼지 못한다. 어떤 유명한 프랑스 저술가에 의하면 그런 판단은 몇 시인지를 알려주기에는 충분한 아주 평범한 시계에 비유할 수 있다. 하지만 아주 정교한 시계만이 분과 초를 가리킬 수 있으며 아주 작은 시간 차이도 분간해낼 수 있다.[6] 책이나 사람들에 대한 지식을 잘 소화해낸 사람은 소수의 엄선된 벗들과 동행할 때가 아니면 즐거움을 거의 느끼지 못한다. 자신이 품고 있는 생각들이 [그러한 벗들 외의] 다른 모든 인간에게는 얼마나 결핍되어 있는지를 너무도 민감하게 느끼기 때문이다. 또 그가 호감을 느끼는 대상이 이렇듯 좁은 범위 안에 한정되어 있기에, [호감의 대상이] 더 일반적이어서 [누구인지 정확하게] 구별이 되지 않는 경우보다는 그가 그러한 호감을 더 오래 간직하는 건 놀라울 게 전혀 없는 일이다. 술자리의 유쾌함과 흥겨움이 발전하여 굳건한 우정으로 나아가며, 젊은이다운 열정적 욕구가 고상한 정념이 되는 것이다.[7]

글쓰기의 소박함과 세련됨에 대하여

애디슨에 따르면 훌륭한 글은 자연스럽기는 하지만 분명하게 드러나지는 않는 정감들로 구성되어 있다.[1] 훌륭한 글에 대해 이 보다 더 적절하면서도 간결한 정의는 있을 수 없다.

    그저 자연스럽기만 한 정감들은 사람의 마음을 즐겁게 해주지 않으며 주목할 만한 가치도 없어 보인다. 뱃사공이 건네는 농담이나 농부가 자신의 경험에 비추어 제기하는 의견, 짐꾼이나 마부가 지껄이는 음담패설은 모두 자연스러운 것이지만 우리를 불쾌하게 만든다. 차를 마시면서 지껄인 잡담을 아주 자세하게 충실히 옮겨놓는다면 얼마나 무미건조한 연극[대본]이 되겠는가? 온갖 우아함과 화려한 장식을 갖춘 자연, 즉 아름다운 자연(la belle nature)을 묘사해야만 심미안을 가진 사람을 즐겁게 해줄 수 있는 법이다.[2] 그렇지 않고 비천한 삶을 모방하게 되면 [그러면서도 읽는 사람에게 즐거움을 주려면] 그 필치는 힘이 넘치고 비범하여야 하며, 생생한 이미지를 우리 마음에 전달해주어야 한다. 세르반테스는 산초 판자[3]가 지닌 어리석을 정도의 순진함[4]을 누구도 흉내 낼 수 없을 정도로 아주 개성 있게 묘사하였다. 그의 이러한 묘사는 매우 기품 있는 영웅이나 아주 상냥한 연인을 묘사한 것만큼이나 우리를 즐겁게 해준다.

웅변가나 철학자, 비평가의 경우도 마찬가지다. [자신을 대신해줄] 다른 연설가나 배우를 끌어들이지 않고 스스로 말하는 작가의 경우도 그렇다. 그가 사용하는 언어가 고상하지 않고 그가 제시하는 견해가 아주 비상한 것이 아니며 그의 감관이 강하고 남성답지 못하다면, 그가 자신[이 쓴 글]의 자연스러움과 소박함을 아무리 자랑한다 해도 전혀 소용없을 것이다. 그가 쓴 글은 정확할 수는 있겠지만 결코 즐거움을 주지는 못할 것이다. 이런 작가들의 불행은 그들의 글이 비난이나 혹평[조차]도 전혀 받지 못한다는 사실이다. 어떤 책에게 닥칠 수 있는 행운과 어떤 사람에게 닥칠 수 있는 행운은 동일한 것이 아니다. 호라티우스가 말했던, 다른 사람들의 눈에 띄지 않는 삶의 비밀스러운 여정(fallentis semita vitae)[5]은 어떤 이에게는 최고의 행운일 수 있겠지만 다른 사람에게는 그가 겪을 수 있는 가장 커다란 불행일 수도 있다.

다른 한편 자연스럽지 않고 단순히 사람을 놀라게만 하는 작품들은 절대로 사람의 마음을 지속적으로 기쁘게 해줄 수 없다. 엄밀히 말해서 괴물을 그리는 것은 모방이 아니다. 재현의 정확성은 사라지고 원본과 전혀 비슷하지 않은 그림을 보게 되면 사람의 마음은 불쾌감을 갖게 된다. 지나치게 세련된 묘사는 서간체의 글이나 철학적 글쓰기에 사용한다고 해도 서사시나 비극에 사용될 때보다 더 많은 즐거움을 제공해주지는 않는다. 어떤 종류의 작품에 있어서나 지나치게 많은 장식은 결함이 된다. 비상한 표현이나 위트의 강렬한 번득임, 가시 돋친 비유나 풍자적인 표현들은—특히 그것들이 너무 자주 반복될 때는—글을 장식하기보다는 망쳐버리게 된다. 고딕풍의 건물을 바라볼 때면 수많은 장식들 때문에 눈이 혼란스러워지고 부분들에 세세하게 집중하다가 전체를 놓치게 된다. 이와 마찬가지로 위트가 지나치게 많이 사용된 작품을 읽게 되면 독자에게 놀라움을 선사하고 [스스로를] 돋보이려는 [작가의] 끊임없는 노력 때문에 [독자의] 마음은 [오히려] 피곤해지고 혐오감을 느끼게 된다. 이것이 위트가 지나치게 많은 작가에게서 일어나는 일이다. 비록 그러한 위트가 자체로는 적절하고 즐거움을 주는 것이라도 말이다. 그런데 이런 일은 그런 작가들이 주제는 그것을 허락하지 않는 데서조차도 자신이 좋아하는 장식 어구들을 억지로 찾아내려 할 때면 흔히 일어난다. 그렇게 이들은 정말 아름다운 단 한 가지 생각을 묘사하기 위해, 기발하기는 하지만 재미는 없는 표현을 스무 개씩이나 사용하게 되는 것이다.

    비평에 관한 연구에서 글쓰기의 소박함과 세련됨의 적절한 조합보다 더 방대한 고찰 대상은 없다. 따라서 너무 광활한 벌판에서 길을 잃고 헤매지 않기 위해 여기서는 이 주제에 대해 그저 몇 가지 개괄적인 의견을 제시하는 것으로 그치도록 하겠다.

나의 첫 번째 견해는 다음과 같다. 두 가지 종류의 지나침을 모두 피해야 하고 모든 작품을 살펴보고는 적절한 중용이 무엇인가 연구해야 한다. 하지만 이러한 중용은 하나의 지점에 위치해 있는 것이 아니라 상당히 넓은 폭을 가질 수 있다. 이 점과 관련해서는 포프[6]와 루크레티우스[7] 사이에 존재하는 먼 거리를 생각해보라. 이 두 사람의 글은 비난받아 마땅할 정도로 지나치지는 않으면서도 시인이 빠질 수 있는 세련됨과 소박함의 양극단을 대변한다. 이 둘 사이의 모든 간극은 각자 특유의 기법이나 양식을 가지고 있기에 서로 다르기는 하지만 똑같이 찬탄의 대상이 될 만한 시인들[의 작품들]로 채워질 수 있을 것이다. (이렇게 아주 종류가 다른 시인들이 함께 비교될 수 있다면) 코르네유[8]와 콩그리브[9]는 자신들의 위트와 세련된 문체를 포프보다는 좀 더 멀리 밀고 나갔으며, 소포클레스와 테렌티우스[10]는 루크레티우스보다 훨씬 문체가 담백하다. 하지만 이로써 이들은 가장 완벽한 작품들이 그 안에서 발견되는 중용으로부터 벗어났으며, 서로 대립되는 이 특징들[즉 소박함과 세련됨 중 하나]에 있어서 어느 정도 지나친 감이 있어 보인다. 내 견해로는 모든 위대한 시인 가운데 베르길리우스와 라신[11]의 글이 가장 중앙에 가까우며 양극단에서 가장 멀리 떨어져 있다.

    이 주제에 대한 내 두 번째 견해는 다음과 같다. 적절한 중용이 극단적인 소박함과 세련됨 사이 어디쯤에 있는지를 몇 마디 말로 설명하기란, 혹은 잘못된 글과 아름다운 글 사이의 경계를 정확하게 알 수 있게 해주는 어떤 규칙을 제시하기란 불가능하지는 않더라도 매우 어려운 일이다. 어떤 비평가는 독자들을 가르치려 들지 않으면서도 이 주제에 대해 매우 분별력 있게 자신의 주장을 펼칠 수 있을 뿐만 아니라 심지어는 그 문제를 완벽하게 이해하지 않은 채로도 그렇게 할 수 있다. 퐁트넬이 쓴 『전원시론』[12]만큼 훌륭한 비평서는 없다. 그 책에서 그는 많은 성찰과 철학적 논증을 통하여 그런 종류의 글에 적합한 적절한 중용이 어디에 있는지를 알아내려 노력하고 있다. 하지만 그의 전원시들을 읽게 되면 누구든지 바로 이 분별력 있는 비평가가 훌륭한 논증들에도 불구하고 잘못된 취미를 소유하고 있으며, 전원시가 허락하게 될 것보다 훨씬 더 세련됨의 극단 쪽에 가깝게 완벽한 중용의 자리를 설정하고 있음을 확신하게 될 것이다. 그의 [시에 등장하는] 양치기들은 아르카디아[13]의 숲속보다는 파리의 화장실에 더 잘 어울린다. 하지만 그의 비평에 관한 논증으로부터 이런 사실을 발견하기란 불가능하다. 저 위대한 시인 베르길리우스가 이런 종류의 시에 대해 논문을 썼더라면 그렇게 했을 것만큼 그도 모든 지나친 채색이나 장식을 비난하니까 말이다. 사람들의 취미가 아무리 다르더라도 이런 주제들에 대한 일반적 담론은 일치하는 경우가 흔한 법이다. [따라서] 개별적인 부분들을 세세히 살펴 제시한 온갖 사례와 본보기로 가득 차 있지 않는 한 어떤 비평도 유용한 것일 수 없다. 도덕적인 선과 마찬가지로 아름다움도 언제나 중용에서 찾을 수 있다는 것은 누구나 인정한다. 하지만 이러한 중용이 어디에 있는지는 엄청난 문제이며 일반적 논증을 통해서는 결코 충분하게 해명될 수 없다.

이 주제에 대한 내 세 번째 견해는 다음과 같다. **우리가 더욱 경계해야 하는 것은 소박함이 아니라 세련됨의 과잉이다. 그것은 후자가 전자보다 덜 아름다울 뿐만 아니라 더 위험하기 때문이다.**

위트와 정념이 전적으로 양립불가능하다는 것은 확고한 원칙이다. 감정이 움직이면 상상력의 자리는 더 이상 존재하지 않는 법이다. 인간의 정신은 본성적으로 한계가 있기 때문에 그 모든 능력이 동시에 작동되는 것은 불가능한 일이다. 하나의 능력이 우위를 점하게 되면 다른 능력이 자신의 힘을 발휘할 여지가 줄어들게 된다. 이런 이유로 사람들이나 행동들 그리고 정념들을 묘사하는 모든 글에서는 글의 소박함의 정도가 심사숙고와 관찰로 이루어진 글에서보다 더 커져야 한다. 전자의 글쓰기 유형이 더 아름답고 사람의 마음을 끌어당기기 때문에 극단적인 세련됨보다는 극단적인 소박함을 선호하는 것이 안전할 것이다.[14]
또 우리는 다음과 같이 말할 수 있다. 사람들이 아주 자주 읽는,

[게다가] 취미 능력을 갖춘 사람이라면 누구나 줄줄 외는 작품들에는 소박함이라는 장점이 있다. 그 글에 덧입혀진 우아한 표현이나 조화로운 운율을 빼고 나면 그 안에 담겨 있는 사상에는 놀라운 것이 전혀 없다.[15] 작품이 가진 장점이 위트에 있다면 그 작품은 처음에는 강한 인상을 남길 것이다. 하지만 두 번째 음미하면서 읽을 때면 독자의 마음은 그 안에 담겨 있는 사상을 [발견하기를] 기대하는데 [그것을 발견하지 못하기 때문에] 더 이상 그 작품에서 감동을 느끼지 못한다. 마르티알리스[16]의 경구를 읽을 때면 첫 행이 전체를 생각나게 해준다. 나는 이미 알고 있는 것을 되풀이해서 읽는 데서는 아무런 즐거움도 느끼지 못한다. 하지만 카툴루스[17]의 글은 한 줄, 한 단어가 각자의 가치를 지니고 있다. 그래서 그의 글을 음미하며 읽으면서 내가 싫증을 느끼는 적은 전혀 없다. 카울리[18]의 글은 한 번 쭉 훑어보는 것으로 충분하다. 하지만 파넬[19]은 수십 번을 읽은 뒤에도 처음처럼 신선하다. 또한 책은 여자와도 같다. 겉만 번지르르한 치장이나 젠체하는 태도, 옷차림은 눈이 부시게 화려할 수는 있지만 감동을 주지는 못한다. [오히려] 여자의 옷이나 몸가짐에 나타나는 소박함이 그보다는 더 사람의 마음을 끄는 법이다. 테렌티우스의 글은 겸손하고 수줍은 아름다움을 지니고 있다. 아무것도 [자기가 가진 것인 양] 가장하지 않기에 우리는 그의 글이 [훌륭한 글의] 모든 특징을 지니고 있음을 인정한다. 그의 글의 순수함과 자연스러움은 우리에

게 강렬하지는 않지만 오래 지속되는 인상을 남긴다.

하지만 세련됨은 [소박함보다] 덜 아름답기에 훨씬 더 위험한 극단이며, 우리가 가장 빠지기 쉬운 극단이다. 소박한 글은 아주 우아하고 적절한 표현이 동반되지 않으면 지루해진다. 반면 위트와 기발함의 광채 안에는 우리를 놀라게 하는 무언가가 있다. 보통의 독자들은 그것에 아주 강한 인상을 받게 되며 그것이 가장 어려울 뿐만 아니라 가장 훌륭한 글쓰기의 방식이라 잘못 생각하게 된다. 퀸틸리아누스[20]는 세네카[21]의 글에는 사람을 즐겁게 해주는 오류들이 넘쳐난다(abundat dulcibus vitiis)고 말한다. 그리고 바로 그 이유 때문에 그의 글은 더 위험하며, 사려 깊지 못한 젊은이들의 취미를 왜곡시킬 가능성이 훨씬 더 많다.

[마지막으로] 덧붙이고 싶은 말은 바로 지금이 그 어느 때보다도 더 극단적인 세련됨을 경계해야 할 때라는 것이다. 왜냐하면 [요즘처럼] 학문이 많이 발전하고 거의 모든 글쓰기 분야에서 뛰어난 작가들이 등장하고 난 이후에 사람들이 가장 빠져들기 쉬운 [잘못된] 극단이 바로 이것이기 때문이다. 새로움을 통해 즐거움을 제공하고자 하는 노력은 사람들로 하여금 소박함과 자연스러움으로부터 멀리 벗어나게 하며, 기발하기는 하지만 효과적이지 못한 표현이나 뽐내는 듯한 문장으로 그들의 글을 가득 채우게 만든다. 아티카적 웅변술[22][의 소박함과 자연스러움으]로부터 너무나 많이 벗어나 [극단적인 세련됨을 추구함으로써] 아시

아적 웅변술[23]이 등장하게 되었던 것도 이런 과정을 통해서였다. 그래서 클라우디우스와 네로[24]의 시대가 아우구스투스[25]의 시대보다 취미나 천재의 면에서 훨씬 더 열등한 시대가 되었던 것이다. 오늘날 이와 유사한 취미의 타락의 징후가 영국뿐만 아니라 프랑스에서도 나타나고 있는 것 같다.

해제

아름다움과 감정의 관계를 탐구한
새로운 미학이론

1. 흄 미학이론의 선구적 의미

추상화의 선구자 바실리 칸딘스키는 아주 오랜 세월 동안 이어져 내려온 서양 회화의 전통을 뒤집은 일대사건의 주인공이었다. 우리가 세상에서 접하게 되는 어떤 사물이나 동물, 인간의 모습 없이 오로지 색과 면, 선, 도형으로만 그림을 그렸기 때문이다. 게다가 그는 자신이 왜 추상화를 그리는지 설명하기 위해 『예술에서의 정신적인 것에 대하여』라는 저서를 펴내기도 했다. 이 책에서 우리는 새로운 시대를 여는 천재들이 겪게 되는, 행복하면서도 동시에 고통스러운 상황에 대한 매우 흥미로운 묘사를 접하게 된다.

    칸딘스키에 따르면 인류의 정신적 삶은 앞으로 그리고 위를 향해 천천히 나아가는 거대한 삼각형과 같다. 오늘 삼각형의 맨 꼭대기가 있던 곳에는 내일이면 그 밑에 있던 사람들이 와 있을 것이다. 이렇게 해서 언젠가는 가장 밑바닥에 있던 사람들도 예전에는 오직 한 사람만이 서 있던 바로 그 자리에 오게 될 것이다. 그렇다면 이 한 사람은 모두의 추앙을 받게 되고 그래서 언제나 기쁘고 행복할까? 꼭 그렇지는 않다. "삼각형의 가장 꼭대기에는 종종 오직 한 사람만이 서 있다. 그의 즐거운 시선은 내면의 측량할 길 없는 슬픔과도 같다."[1]

왜 그의 즐거움은 동시에 극한의 고통과 슬픔을 동반해야만 할까? 그것은 삼각형의 꼭대기로 올라갈수록 과거에 우리가 당연하다고 알고 있던 모든 것이 갑자기 흔들리기 시작하기 때문이다. 좀 더 나아가면 절대로 무너지지 않을 것 같았던 모든 것이 무너지기 시작한다. 많은 이가 여기서 공포에 질려 더 나아가지 못하고 주저앉고 만다. 그래서 이들은 스스로 새로운 것에 귀먹고 눈이 멀게 된다. 반면 이런 공포를 극복하고 더 높이 올라가는 이들은 그동안 자신을 비롯한 모든 이들의 삶을 지배하던 원리에 의문을 제기하고 결국에는 그전에는 아무도 제시하지 못했던 새로운 원리를 제시하게 된다.

새로운 진리를 발견했다는 기쁨, 그것이야말로 인간이 누릴 수 있는 가장 큰 기쁨 중 하나일 것이다. 하지만 바로 그 때문에 그는 이제 아무도 그를 이해하지 못하고 오직 혼자 모든 것을 감당해야 하는 자리에 서게 된다. 심지어 다른 이들의 분노를 사서 비참한 죽음을 맞이하기도 한다. 미래에 모든 이가 인정하게 될 새로운 진리를 발견한 기쁨과 극소수의 사람을 제외하고는 아무에게도 인정받지 못하는 고통이 동시에 존재하는 것이다.

　　이런 자리에 서 있던 사람들이 바로 한 시대의 학문이나 예술의 패러다임을 바꾼 위대한 천재들이다. 다빈치, 베토벤, 쇤베르크 등 예술가들은 물론이고 코페르니쿠스나 갈릴레이, 아인슈타인이나 하이젠베르크 같은 과학자들이 이러한 위치에 서 있던 사람들이다. 물론 칸딘스키 자신도 이 범주에 속하는 사람이었다. 이 책을 통해서 그의 미학 사상을 살펴보고자 하는 영국 철학자 데이비드 흄도 이런 종류의 천재였다.

흄이 서양 철학사상 가장 위대한 철학자들의 반열에 속한다는 데는 의심의 여지가 없다. 오늘날 그의 철학사상이 미학뿐만 아니라 인지과학이나 인식론, 윤리학 등 여러 분야에 미치는 영향력을 확인하기란 그리 어렵지 않다. 그의 사상은 존 로크의 철학과 함께 영미권 철학사상의 곳곳에 스며들어 있어 그를 빼고는 서양철학을 지배하는 커다란 두 흐름 중 하나인 영미철학을 설명하기가 매우 힘들다.

　　칸트는 독일과 프랑스를 중심으로 하는 대륙철학과 영미철학의 대립을 극복하고 모두에게 타당한 새로운 철학 방법론을 제시하고자 했다. 그런 그가 자신의 주저인 『순수이성비판』에서 가장 많이 인용하는 경험론 철학자가 바로 흄이다. 칸트는 흄이 자신을 독단론의 깊은 잠에서 깨어나게 했다고 고백하기도 했다. 이외에도 흄의 영향을 받은 학자는 매우 많다. 찰스 다윈은 흄의 철학사상이 자신의 진화론에 매우 중요한 영향력을 행사했다고 고백했다. 쇼펜하우어는 헤겔이나 슐라이어마허와 같은 독일 철학자들의 책을 모두 합쳐놓은 것보다 데이비드 흄의 책에서 훨씬 더 많은 것을 얻을 수 있다고까지 주장했다.

이들에게 영향을 준 흄의 주요 철학 저술로는 『인간본성론』(1739~1740), 『인간 오성에 관한 탐구』(1748), 『도덕의 원리들에 관한 탐구』(1751), 『자연 종교에 관한 대화』(1779; 사후 출간) 등을 꼽을 수 있다. 그의 천재성이 발휘된 곳은 철학 분야만이 아니었다. 그는 『영국사』(1754~1762)의 저자로 철학자로 누렸던 것 못지않은, 아니 어쩌면 그 이상의 명성을 누렸으며, 에세이 작가, 경제학자로도 활동하였다. 어떤 장르에서든 그는 훌륭한 문체가 돋보이는 글로 수많은 사람의 찬탄의 대상이 되었다.

그러나 마지막 저서인 『자연 종교에 관한 대화』는 사후에 출간되어야만 했다. 무려 20여 년에 걸쳐 쓰며 죽기 직전에야 완성했기 때문이기도 하지만, 책 안에 담긴 그의 사상이 당시에도 여전히 종교에 관한 한 거의 절대적인 권위를 가지고 있던 기독교의 신관(神觀)을 뿌리부터 흔드는 내용을 담고 있었기 때문이다. 그의 조카에 의해 사후에 출간된 이 책의 표지에는 저자 이름도, 출판사 이름도 적혀 있지 않았다고 한다.

그의 생전에도 많은 이가 그를 무신론자로 의심하고 심지어는 그를 불신앙의 죄목으로 고발하려고까지 했다. 에든버러 대학의 도덕철학 담당교수직에 임명될 수 없었던 것도 그의 첫 저서인 『인간본성론』으로 인해 그가 무신론자라는 의심을 받았기 때문이다. 그렇다고 그가 대놓고 무신론을 설파한 것은 아니었다. 인간은 이성적 논증을 통해서는 신에게 도달할 수 없다고 주장했을 뿐이다. 지금은 너무나 많은 사람이 당연하다고 여기는 이 견해가 그때는 엄청난 비난을 감수해야 하는 이론이었다. 당시 그는 칸딘스키가 말한 정신의 삼각형 맨 앞 꼭짓점 위에 서 있었던 것이다.

예술에 관한 철학적 성찰의 영역에서도 흄은 수천 년 동안 너무나 당연하게 여겨져온 생각들에 이의를 제기했고 그것이 이후 사람들의 예술관을 엄청나게 뒤흔들어놓았다. 가장 대표적인 예가 아름다움은 대상의 객관적 성질이 아니라 인간의 내면에서 발생하는 즐거움의 감정이라는 그의 주장이다. 물론 이런 주장을 했던 사람이 전혀 없지는 않았다. 이미 고대 그리스에서 데모크리토스나 소피스트들이 이런 주장을 내놓았다. 하지만 그들의 이론은 대다수 사람이 아름다움을 조화, 균형, 통일성 등 대상의 객관적 성질로 파악했기에 거의 아무런 영향을 끼치지 못했다. 에드먼드 버크나 프랜시스 허치슨 같은 흄의 동시대 학자들도 이런 전통적 정의에서 완전히 벗어날 생각을 하지 못하고 있었다.

따라서 흄의 주장은 일반인에게는 물론이고 동시대 학자들에게도 대단히 충격적인 것이었다.

그의 주저라 할 수 있는 『인간본성론』, 『인간 오성에 관한 탐구』, 『도덕의 원리들에 관한 탐구』 등에는 미학 관련 문제에 대한 서술이 여기저기 등장한다. 하지만 흄의 미학 사상이 가장 잘 드러나 있는 글은 앞으로 상세히 다루게 될 「취미의 기준에 대하여」라는 논문이다. 이 글은 그리 길지 않지만 이후의 서양미학 논의에 큰 영향을 미쳤고 지금도 미치고 있다. 앞서 언급한 아름다움에 대한 충격적인 주장 역시 이 글에서 찾아볼 수 있다.

하지만 이 글의 주된 주제는 훌륭한 예술 작품을 분간해내는 기준을 어떻게 확정할 수 있는가 하는 문제다. 어떤 작품은 쓰레기이고 어떤 작품은 걸작인지, 어떤 것은 아예 예술 작품이라 불릴 가치도 없는 반면 어떤 것은 모두가 우러러 마지않아야 하는 위대한 예술적 천재의 작품인지 분간하는 방법이 있을까? 아름다움이 우리 안에서 느껴지는 일종의 즐거움일 뿐 대상의 객관적 성질이 아닌데도 어떻게 예술 작품이 훌륭한지 그렇지 않은지를 평가할 수 있단 말인가? 「취미의 기준에 대하여」에서 흄은 이렇듯 꼬리를 물고 이어지는 여러 물음에 대해 매우 설득력 있는 설명을 제시하고 있다.

흄 미학 사상의 정수를 엿볼 수 있는 또 하나의 글은 비극이 관객의 내면에 미치는 영향을 분석한 「비극에 대하여」라는 논문이다. 그는 이 글에서 저 유명한 비극의 역설(paradox of tragedy)을 해명하려 시도한다. 왜 사람들은 실제로 일어나면 매우 큰 고통이나 불쾌감을 안겨주었을 사건에 대한 묘사를 좋아하고 심지어는 거기서 일종의 기쁨이나 감동을 얻게 되는 것일까?

아리스토텔레스의 『시학』은 이천 년도 넘게 비극에 관한 한 성서에 거의 맞먹는 권위를 누렸다. 거기서 그가 훌륭한 비극은 카타르시스를 선사한다고 말했기에 독자들은 그가 관객의 내면에서 어떻게 카타르시스가 발생하는지 설명해주리라 기대할 것이다. 하지만 『시학』 어디서도 그에 대한 설명은 찾아볼 수 없다. 어떻게 훌륭한 희곡을 쓰고 그것을 잘 공연에 옮겨낼 것인지에 대한 서술만 있을 뿐이다.

사실 비극뿐 아니라 거의 모든 장르의 예술 논의는 예술가의 삶이나 예술론에 대한 소개나 해설 아니면 그의 작품에 관한 평가나 해석이 대부분이었다. 감상자에 대한 관심은 거의 존재하지 않았다. 「비극에 대하여」에서는 바로 이 감상자의 영역에서 발생하는 문제에 대한 매우 그럴듯한 이론이 제시되고 있다. 이로써 흄은 20세기 중반에 들어서야 본격적으로 등장하게 되는, 이른바 수용미학이라고 불리는 학문분과의 연구 영역을 선취하고 있다.

2. 미학이론과 관련된 흄의 철학사상 개관

1) 인상과 관념

흄 철학사상의 핵심은 경험론과 회의주의로 요약될 수 있다. 경험론은 보고, 듣고, 만지고, 냄새 맡고, 맛보는 등의 감각작용을 통해 머릿속에 저장된 정보들만이 인간이 획득할 수 있는 지식의 궁극적 원천이라고 주장하는 철학사상이다. 흄은 프랜시스 베이컨, 토머스 홉스, 존 로크 등과 함께 초기 영국 경험론의 가장 중요한 대변자 중 한 사람이다. 『인간본성론』에서 흄이 제기하는 다음과 같은 주장이 그의 경험론적 경향을 분명하게 보여준다.

> 인간 정신이 지각하는 모든 것은 두 가지로 나뉜다. 나는 그것들을 **인상**(impression)과 **관념**(idea)이라 부를 것이다. […] 나는 인상이라는 명칭을 우리 정신 속에 처음으로 등장하는 모든 감각, 정념과 감정을 포괄하는

것으로 이해한다. **관념**은 내게 사유나 이성적 추론 안에 나타나는 인상들의 희미한 이미지를 뜻한다. […] 단순한 인상은 언제나 그에 해당하는 관념보다 먼저 나타난다. 그 반대 순서로는 결코 나타나지 않는다. 어린아이에게 진홍색이나 오렌지색의 관념을 제시하려면 나는 먼저 그런 색채를 지닌 대상을 보여준다. 다른 말로 하자면 나는 그에게 이 색채의 인상을 제공하지, 관념을 불러일으킴으로써 인상을 만들어내려는 시도처럼 터무니없는 일은 하지 않는다. […] 인상이 이렇듯 [관념에] 선행한다는 사실은 인상이 관념의 원인이지 관념이 인상의 원인이 아니라는 사실을 증명해준다.[2]

인용문에서 볼 수 있듯 지각(perception)이라는 단어는 감각이든 이성적 추론을 통해서든 여러 정보를 받아들여 파악하는 행위나 그러한 정신작용의 결과물을 가리킨다. 이렇듯 광범위한 의미로 정의된 지각은 한편으론 감각이나 정념, 감정을 포괄하는 인상, 다른 한편으론 관념으로 구분된다. 하나는 직접 대상에게서 얻는 생생한 이미지와, 다른 하나는 그것으로부터 여러 단계의 추상화 과정을 거쳐 형성된 희미한 이미지와 관련이 있다. 따라서 언제나 인상이 관념에 선행한다. 태어날 때부터 장님이거나 귀머거리인 아이에게는 시각이나 청각과 관련된 인상이 주어지지 않기 때문에 그와 관련된 관념도 만들어지지 않는다. 파인애플을 실제로 맛보지 않고서는 그 맛에 대한 정확한 관념을 가질 수 없다.

그런데 흄에게 인상은 감각을 통해 받아들인 외부 사물이나 사태에 관한 정보들이 바깥으로부터 우리 안에 새겨 넣어진(in+press) 결과물만이 아니라 감각작용을 통해 우리가 느끼게 되는 감정까지도 포함한다. 이것은 흄의 미학 사상에서 감정이 얼마나 핵심적인 역할을 하는가를 암시한다. 실제로 흄은 아름다움이나 추함을 판단하는 가장 중요한 기준을 감정에서 찾고 있다.

2) 감각적 인상과 반성적 인상

흄은 인상을 두 가지로 나눈다. 하나는 감각으로부터 발생하는 인상이고 다른 하나는 반성으로부터 발생하는 인상이다.

> 감각들을 통하여 먼저 하나의 인상이 발생하면 우리는 열이나 냉기, 목마름이나 배고픔, 즐거움이나 고통과 같은 것을 지각하게 된다. 우리의 정신은 이러한 인상의 복사본을 취하게 되는데 이것이 인상이 사라진 뒤에도 남아 있게 된다. 우리는 이것을 관념이라 부른다. 즐거움이나 고통의 이런 관념이 다시 우리 마음에 나타나게

되면 욕망이나 혐오, 희망과 공포와 같은 새로운 인상들을 만들어낸다. 반성으로부터 얻어진 것이기에 이런 인상들은 반성적 인상이라고 부르는 것이 적절하다.[3]

반성으로 번역된 영어 단어 reflection은 원래 '다시'를 뜻하는 접두어 레(re)와 '굽히다, 방향을 바꾸다'는 뜻을 지닌 동사 플렉토(flecto)가 합성해서 만들어진 라틴어 동사 레플렉토(reflecto)에서 유래했다. 이 동사는 문자 그대로 옮기자면 '다시 방향을 바꾸다' 정도의 뜻을 지닌다. 여기서 '반사하다, 반영하다', '(거울이나 유리, 물에 비추어 어떤 사물의 이미지를) 보여주다'는 뜻이 파생되었다. 더 나아가 내 바깥에 존재하는 사물에게 향해진 나의 관심을 나의 내면으로 되돌린다는 뜻으로 '성찰하다'는 뜻을 갖게 되었고, 성찰이 대개 진지한 사유를 동반하기에 '숙고하다, 곰곰이 생각하다'는 뜻도 지니게 되었다. 앞의 인용문에서 reflection이라는 단어는 레플렉토 동사의 원래 의미를 토대로 감각적 인상 혹은 그로부터 형성된 관념이 방향을 바꾸어 다시 우리에게 어떤 인상을 제공한다는 뜻으로 사용된다.

흄이 제시한 예에서처럼 즐거움과 고통의 관념으로부터 우리가 욕망과 혐오의 감정을 갖게 되면 그것이 바로 반성적 인상이다. 원래 인상은 감각의 내용뿐만이 아니라 그로부터 즉각적으로 느끼게 되는 욕망, 정념, 감정도 가리킨다. 뾰족함의 감각뿐만 아니라 뾰족함으로 인해 느끼는 고통도 인상인 것이다. 그런데 반성적 인상의 경우는 전적으로 감정이나 정념의 형태로 나타난다. 반성적 인상의 경우에는 감각의 내용에 더 덧붙여질 것이 없기 때문이다.

반성적 인상은 감각적 인상으로부터 직접 생겨날 수도 있다. 예를 들자면 통풍에 의해 유발된 육체적 고통은 감각적 인상이다. 이로부터 직접 슬픔이나 공포와 같은 정념이 발생하기도 한다. 이러한 정념은 반성적 인상이지만 관념이 아니라 직접적 인상인 육체적 고통으로부터 얻어진다. 이렇듯 반성적 인상은 감각적 인상이나 그로부터 형성된 관념이 다시 우리에게 제공하는 어떤 인상을 말한다.

반성적 인상은 그 정도에 있어서 다음과 같이 두 가지로 구분된다. "반성적 인상은 **차분한** 것과 **격렬한** 것 두 종류로 나뉠 수 있다. 첫 번째 종류에는 행위, [예술] 작품, 외부 대상들에서 얻게 되는 아름다움과 추함의 감정(sense)[4]이 속한다. 두 번째 종류에는 사랑이나 미움, 슬픔이나 기쁨, 자부심이나 모욕감 같은 정념이 속한다."[5] 이로써 아름다움은 전통적 이론에서처럼 대상의 속성이 아니라 인간의 내면에서 발생하는 차분한 감정의 일종이 된다.

3) 완화된 회의주의

흄에 따르면 우리는 인상의 원천에 대해서는 온전히 알 수가 없다. 감각으로부터 발생하는 인상은 "알려져 있지 않은 원인으로부터 인간의 내면에서 발생"⁶하기 때문이다. 감각적 자료들이 인식의 대상에 대해 완벽한 정보를 제공해주지 않기에 인간은 자신에게 감각적 정보를 제공하는 대상 자체에 대한 완전한 지식을 얻을 수 없다. 문제는 그럼에도 불구하고 우리가 얻은 그 대상에 관한 지식을 믿을 만한 것이라고 주장할 수 있는 근거가 어디에 있느냐 하는 것이다.

경험론적 입장에서 이 문제에 답하는 방식에는 두 가지가 있을 수 있다. 하나는 극단적 회의주의 혹은 상대주의로, 어떤 대상에 대한 지식은 전혀 믿을 만한 것이 못 된다고 주장하는 것이다. 다른 하나는 완화된 회의주의 혹은 상대주의로 흄이 취하는 방식이다. 이 입장을 취하는 사람들은 지식의 상대성과 변화 가능성을 인정하지만, 그럼에도 불구하고 지식 획득의 과정을 이끄는 보편적으로 타당한 인식의 원리나 기준의 체계가 제시될 수 있다고 주장한다. 또 이런 과정을 통해 획득된 지식은 그 타당성을 심각하게 훼손할 만한 반례가 등장하기 전에는 믿을 만한 것으로 추정되어야 한다.

사실 극단적 회의주의 혹은 상대주의는 우리가 아무것도 알 수 없다는 불가지론으로 귀결될 가능성이 크며, 그 정도가 되면 설득력을 지니기가 매우 어렵다. 따라서 경험론자 대부분은 완화된 회의주의 혹은 상대주의적 입장을 택한다. 그렇다면 완화된 회의주의자 흄은 어떻게 인간의 인식과정을 설명하고 거기에 어느 정도의 확실성을 부여할 수 있다고 주장할까?

흄은 이성적 추론이나 탐구의 대상을 관념들의 관계(relations of ideas)와 사실(matters of fact)로 구분한다.[7] 전자는 기하학, 대수학, 산술학 등 수학과 관련이 있다. 여기서는 참인 명제가 직관적으로 혹은 논증적으로 확실하다. 다른 말로 하자면 항상 참이다. 직각삼각형의 빗변의 길이의 제곱은 다른 두 변의 길이의 제곱의 합과 언제나 같으며, 3 곱하기 5는 15라는 명제는 항상 참이다.

이와는 달리 사실의 경우에는 반대 명제가 언제나 성립 가능하다. 바람이 이번엔 동쪽에서 불었다가 다음엔 서쪽에서 불어도 아무런 상관이 없다. 거기에는 아무런 모순도 존재하지 않는다. 따라서 그것이 언제나 맞거나 틀리다는 것을 증명하려는 시도는 헛된 일이다. 해가 내일 떠오를 것이라는 명제도 아무리 수백만 년 동안 한 번도 예외 없이 해가 떴다 하더라도 논증적인 것이 아니며 그럴 수도 있고 그렇지 않을 수도 있다는 의미에서 개연적인 것일 뿐이다. 태양계에 엄청난 대격변이 일어나 지구가 자전을 멈춘다면 해가 떠오르지 않을 수도 있다.

그렇다면 매일 보고 듣고 만지며 냄새 맡고 맛보는 이 세계에 대해 우리는 어떤 믿을 만한 지식도 얻을 수 없단 말인가? 이런 의문에 대한 흄의 대답은 이렇다. 내일 해가 뜰 것이라는 명제는 바람이 동쪽에서 불 것이라는 명제보다는 훨씬 더 믿을 만하고 반박할 여지가 거의 없다. 이런 주장을 뒷받침하기 위해 그는 다음과 같이 말한다.

> 로크는 모든 명제를 논증적인 것과 개연적인 것으로 나눈다. 이런 관점에서 보자면 모든 인간이 죽는다거나 해가 내일 떠오를 것이라는 명제는 개연적인 것일 뿐이라고 말해야 한다. 하지만 우리가 사용하는 언어를 일반적 용례에 맞추기 위해서는 명제를 논증과 [사실에 관한] **증명**, 그리고 **개연적 명제**로 나누어야 할 것이다. [사실에 관한] 증명이라는 말을 나는 경험으로부터 온 것이면서, 어떤 의심이나 반론의 여지도 남겨두지 않는 명제라는 뜻으로 사용한다.[8]

이로써 흄은 우리가 만나게 되는 사물이나 사태에 대해 언제나 참일 수는 없더라도 상당히 믿을 만한 기준을 확립할 수 있으리라 믿었다. 「취미의 기준에 대하여」에도 이러한 그의 태도가 잘 드러나 있다. 예술 작품에 대한 절대적 판단 기준은 존재하지 않는다. 따라서 어떤 예술 작품에 대한 절대적 평가도 존재하지 않는다. 그렇다고 예술 작품 평가의 객관적 기준이 전혀 존재하지 않는다고 주장하기는 어렵다. 실제로 사람들은 매일 위대한 작품과 쓰레기 같은 작품에 대해 이야기한다.

    이런 평가가 믿을 만한 것이 되려면 어떤 조건을 충족해야 할까? 흄의 말처럼 "경험으로부터 온 것이면서, 어떤 의심이나 반론의 여지도 남겨두지 않는" 기준을 발견하고 그 기준에 따라 작품을 평가하면 된다. 하지만 유한한 인간이 경험을 통해 모든 경우의 수를 확인한다는 것은 불가능하기 때문에 이 기준도 절대적인 것은 될 수 없다. 이런 문제를 흄이 어떻게 해결해나가는지 궁금해진 독자가 있다면 이미 데이비드 흄 미학 사상의 세계 속으로 한 발을 내디딘 것이다.

3. 데이비드 흄 미학 사상의 미학사적 맥락

자신의 미학이론을 정립해나가는 과정에서 흄은 동시대 철학자였던 조지프 애디슨, 섀프츠베리, 프랜시스 허치슨 등의 영향을 많이 받았다. 이제 그가 어떻게 이들의 사상을 받아들여 자신의 미학 사상을 발전시켰고 그것이 이후의 미학 논의 전개에 어떤 영향을 미쳤는가를 살펴보기로 하자.

1) 상상력과 예술

18세기 근대 영국 철학자 조지프 애디슨은 계몽주의 사상을 전파하기 위해 자신이 발행했던 『관객』이라는 일간지에 미학의 핵심적 고찰 대상들에 대한 자신의 견해를 "상상력의 즐거움"이라는 제목으로 여러 차례에 걸쳐 발표하였다. 플라톤이나 아리스토텔레스로부터 근대에 이르기까지 서양철학자들은 미학의 문제를 다른 철학적 주제를 다루면서 곁가지로 함께 고찰하는 방식으로만 취급했을 뿐 저술의 주요 논제로 삼은 적이 거의 없다. 이 때문에 애디슨의 "상상력의 즐거움"을 엄밀한 의미로 최초의 미학적 저술이라고 평가하는 학자들도 있다. 게다가 그는 자연 사물이나 예술 작품을 감상하는 사람이 얻게 되는 즐거움을 주요 고찰 대상으로 삼았다는 점에서 예술가나 예술 작품에만 집중한 이전 예술 철학 논의와 뚜렷하게 구별되는 새로운 흐름을 이끌어내기도 했다. 이러한 그의 시도는 당시 새롭게 등장하여 세련된 취미를 추구하던 중산층의 열렬한 지지를 받았다. 흄은 그의 간결하면서도 깔끔한 문체를 매우 높이 평가하였을 뿐만 아니라 자신의 미학 논의를 전개하면서 애디슨이 "상상력의 즐거움"에서 제시한 여러 주장들을 자주 인용하기도 했다.

애디슨에게 상상력은 자연 사물이나 예술 작품의 아름다움을 지각하고 그를 통해 우리에게 즐거움을 제공하는 정신 능력이었다. 이러한 그의 생각은 조화나 균형 같은 아름다움의 본질적 특성을 파악하려면 이성의 작동이 필요하다고 생각했던 전통적 견해와는 확연하게 다른 것이었다. 17세기 서구의 미학 관련 논의를 주도한 프랑스의 합리론 철학자들에게 상상력은 그렇게 믿을 만한 것이 못 되었다. 데카르트의 수제자였던 니콜라 말브랑슈에게 상상력은 심지어 온갖 환상과 미망의 원천이었으므로, 철저하게 이성의 통제 아래 두고 엄격하게 사용을 삼가야 하는 것이었다. 그에게 상상력은 기껏해야 이성의 활동을 보조하는 기능밖에 갖지 못하는, 상당 부분 신뢰하기 어려운 정신 능력이었다.[9]

반면 영국의 경험론 철학자들에게 상상력은 예술과 관련하여 나름의 역할을 지닌 정신 능력이었다. 감각적 자료들을 모아 심상(心象)을 만들어내는 능력인 상상력이 순수한 이성적 사유만으로도 진정한 지식에 도달할 수 있다고 믿었던 합리론자보다는 감각을 통해 획득된 자료만이 지식의 궁극적 원천이라고 여긴 경험론자에게 훨씬 더 긍정적인 의미를 지니고 있었기 때문이다. 프랜시스 베이컨에게 상상력은 역사를 담당하는 기억, 철학을 담당하는 이성과 마찬가지로 시, 즉 예술을 담당하는 능력이었다. 토머스 홉스는 상상력은 유사성을 식별하는 데, 판단력은 차이점을 식별하는 데 쓰이는 능력이라고 생각하고 이 둘 모두가 시를 쓰는 데 필수적이라고 생각하였다. 반면 경험론을 체계적으로 집대성한 로크는 상상력에 대해—특히 예술과 관련해서는—별로 관심을 보이지 않았다.[10] 하지만 그의 철학을 따르면서도 상상력이 주는 즐거움을 중요시하는 학자들이 등장했는데, 그중 한 사람이 바로 애디슨이었다.

그에 따르면 상상력은 예술 작품이나 자연의 아름다움을 감지하고 그로부터 고상한 즐거움을 얻게 해주는 능력이다. 그러므로 상상력을 통해 얻게 되는 즐거움은 도덕적인 결함이 없는 즐거움이다. 이렇듯 상상력을 통하여 아름다움으로부터 느끼는 즐거움이나 만족은 우리에게 그런 감정을 제공하는 관념이 많이 결합되면 될수록 더욱 커질 수 있다.

상상력은 거대하고 기이하거나 아름다운 모든 사물에서 기쁨을 느끼며 이런 완벽한 속성들을 동일한 대상 안에서 더 많이 느끼면 느낄수록 [상상력의] 즐거움도 배가된다. 마찬가지로 상상력은 다른 감각의 도움을 통해 새로운 만족감을 얻을 수 있다. 따라서 새들의 노랫소리나 폭포의 물소리처럼 지속적으로 울려 퍼지는 소리는 매순간 그것을 듣는 이의 마음을 일깨워 자기 앞에 펼쳐진 광경이 제공하는 여러 가지 아름다움에 더욱 주의를 기울이게 만든다. 마찬가지로 아름다운 향기가 피어나면 상상력의 즐거움이 더욱 배가되며 [이미 그 자체로도 많은 즐거움을 선사하는] 다채로운 초록빛 풍경도 더욱 쾌적한 것이 된다. 두 가지 감각을 통해 형성된 관념들이 서로를 더 돋보이게 해주며, 따로따로 우리의 마음속에 들어올 때보다는 함께 들어올 때 훨씬 더 많은 즐거움을 제공하기 때문이다. 마찬가지로 하나의 회화작품에 사용된 서로 다른 색깔들도 [화폭에] 잘 배치되었을 경우에는 서로를 더 돋보이게 해주며 [그것들이 배치된] 위치로 인해 얻게 되는 장점에 의해 추가

되는 아름다움을 갖게 된다.[11]

물론 애디슨도 사유의 즐거움이 더 잘 정제되어 있고 새로운 지식이나 정신의 발전을 토대로 삼고 있기에 상상력의 즐거움보다 바람직하다고 생각했다. 하지만 상상력이 주는 즐거움은 사유의 즐거움만큼이나 훌륭하고 사람을 몰입하게 하는 한편, 사유의 즐거움에 비해 명백하고 얻기 더 쉽다는 강점을 지닌다. 게다가 상상력으로 인한 즐거움은 육체에 쾌적한 영향을 미침으로써 사유로 인해 얻는 즐거움보다 건강을 더 증진하는 효과를 지닌다.

> 전체적으로 살펴보면 상상력의 즐거움은 감각의 즐거움처럼 거칠지도, 오성의 즐거움처럼 세련되지도 않다. 실제로 오성의 즐거움이 더 선호할 만한 것이다. 새로운 지식이나 인간 정신의 개선에 그 근거를 두고 있기 때문이다. 하지만 상상력의 즐거움은 오성의 즐거움만큼이나 훌륭하며 우리를 황홀하게 한다. 아름다운 전망은 어떤 명제의 증명만큼이나 영혼에 기쁨을 준다. 호메로스의 작품 속에 묘사된 사건은 아리스토텔레스 저서의 한 장(章)보다 더 많은 독자를 매혹시켰다. 게다가 상상력의 즐거움은 오성의 즐거움에 비해 다음과 같은 이점을 지니고 있다. 그것들은 훨씬 더 분명하게, 훨씬 더 수

월하게 얻을 수 있다. 눈을 떠서 보기만 하면 풍경이 눈에 들어온다. […] 어떻게 인지는 모르지만 우리는 우리가 보는 어떤 사물의 균형 잡힌 모습에 감동을 받으며, 어떤 대상의 특정한 원인을 탐구하지 않고도 즉각 그 아름다움을 인정한다.[12]

이처럼 애디슨은 상상력의 즐거움은 즉각적으로 얻을 수 있으며 따라서 이성적 사유를 필요로 하지 않는 것처럼 말한다. 하지만 상상력이 다른 감각들을 결합해서 더 큰 즐거움을 선사할 때 이성 혹은 오성이 전혀 함께 작동하지 않을 수 있을까? 회화작품의 잘 짜인 구도는 이성으로 파악하지 않고 상상력만으로도 지각할 수 있는 것일까? 그렇지는 않을 것이다. 흄은 많은 점에서 애디슨을 따르면서도 전적으로 상상력만을 토대로 아름다움의 현상을 설명하려 하지 않았다. 「취미의 기준에 대하여」에서 그는 아름다움을 제대로 판단하기 위해서는 상상력뿐만이 아니라 뛰어난 감관, 심지어는 이성적 능력이 필요하다고 주장한다.

2) 내적 감관론의 수용과 극복
섀프츠베리는 아름다움이나 추함을 즉각적으로 지각하는 일종의 "내면의 눈"(inward eye)이 있다고 주장하였다.

어떤 감정이나 정념이 포착되고 (그것들은 대부분 포착되자마자 느껴진다) 인간의 어떤 행동들이 관찰되자마자 곧바로 어떤 내면의 눈이 어여쁘고 맵시 있는 것, 사랑스럽고 감탄할 만한 것을 보고는 그것들과 추하고 더러운 것, 밉살스럽고 경멸한 만한 것을 구별해낸다.**13**

외적 감각 기관과는 다르지만 직접적으로 아름다움과 추함을 포착한다는 점에서 이러한 내면의 눈도 일종의 감각 기관이라 여길 수 있다. 하지만 섀프츠베리는 더 이상 자세하게 그것을 다루지 않았다. 섀프츠베리의 이러한 생각을 더 멀리 밀고 나가서 아름다움을 지각하는 내적 감각 기관(internal sense)이 존재한다고 주장하고 그 특성을 상세하게 다룬 이는 허치슨이었다. 그는 시각이나 청각과 같은 외적 감각을 통해 받아들여진 정보 안에서 다양성 속의 통일이라는 속성이 확인되면 그 속성에 즉각적으로 반응하는 일종의 감각 기관이 우리 내면에 존재한다고 주장하였다. "우리 안에 아름다움의 관념들을 자아내는 형태들 안에는 다양성 속의 통일성이 존재하는 것처럼 보인다."**14**

이러한 특성은 다양성과 통일성이 맺는 상호관계에 따라 강화되거나 약화된다. 따라서 다양성이 동일한 경우 통일성이 강화되면 아름다움도 커지며 반대로 통일성이 약화되면 아름다움도 작아진다. 통일성이 동일한 경우도 마찬가지다. 그래서 그는 이렇게 주장한다. "어떤 물체들의 통일성이 똑같은 곳에서는 아름다움이 다양성과 같다. 그리고 다양성이 동일한 곳에서는 아름다움이 통일성과 같다."[15] 『아름다움과 덕에 대한 우리의 관념의 기원에 관한 탐구』에서 그는 온 우주의 어느 곳에서나 발견될 수 있는 이러한 아름다움의 다양한 예들을 제시한다. 이렇게 아름다움을 파악하고 즐거움을 느낄 수 있는 능력을 그는 아름다움의 내적 감관이라고 불렀다.

    섀프츠베리나 허치슨처럼 흄도 아름다움을 지각하는 일을 담당하는 것은 외적 감각 기관이 아니라고 주장한다. 아름다움을 지각하는 능력을 내적 감관이라는 용어로 지칭하지는 않지만, 취미의 기준을 확립할 자격이 있는 진정한 심판관이 갖춰야 할 자질 중 하나로 훌륭한 감관을 제시한다. 하지만 외부의 사물이 전해주는 정보를 감각을 통해 수동적으로 받아들이기만 한다면 우리가 어떻게 다양성뿐만 아니라 통일성까지 확인할 수가 있단 말인가? 우리 안에서 무언가를 종합하는 기능은 보통의 경우 언제나 이성의 능동적 작용을 전제하는데 말이다. 그러므로 다양성 속의 통일이라는 특성을 확인하기 위해서는 단순한 감각 작용을 넘어서는 오성적, 이성적 활동이 전제되어야 하는 것이 아닐까? 흄은 예술 작품 평가에 있어 훌륭하고 뛰어난 감관이 필수불가결한 전제조건임을 인정하면서도 그것만으로는 충분치 않으며 이성적 능력의 도움이 더 필요하다고 주장한다.

3) 숭고와 아름다움의 관계

흄에 따르면 반성적 인상에는 두 가지 종류가 있는데 하나는 차분한 인상이며 다른 하나는 격렬한 인상이다. 이미 살펴본 바 있듯 아름다움은 이 중 차분한 인상에 속한다. 그런데 흄은 반성적 인상에 대한 자신의 구분이 정확한 것과는 거리가 멀다는 사실을 스스로 인정한다. 문학이나 음악작품에서 우리가 극도의 황홀한 느낌을 얻게 되는 경우가 있는데, 이것은 감정이 아니라 정념이라 부르는 것이 옳다는 것이다.

> 반성적 인상은 차분한 것과 격렬한 것 두 종류로 나뉠 수 있다. 첫 번째 종류에는 행위, [예술] 작품, 외부 대상들에게서 얻게 되는 아름다움과 추함의 감정이 속한다. 두 번째 종류에는 사랑이나 미움, 슬픔이나 기쁨, 자부심이나 모욕감 같은 정념이 속한다. 이런 분류는 정확한 것과는 거리가 멀다. 시나 음악이 주는 황홀감은 자주 극도로 치솟는다. 엄밀하게 말하자면 정념이라 불러야 할 이런 다른 인상들은 아주 부드러운 감정으로 퇴화되어 어떤 면에서는 감지할 수 없을 정도가 되기도 한다. 하지만 일반적으로 정념은 아름다움이나 추함으로부터 발생하는 감정보다는 더 격렬하기 때문에 이런 인상들은 보통 서로 다른 것으로 구분되어왔다.[16]

이 인용문에서와 같이 예술 작품으로부터 격한 감동이나 황홀함과 같은 격렬한 감정을 느끼게 될 때 그것을 사람들은 보통 숭고라고 부른다. 흄은 전통적인 견해에서처럼 숭고를 단순히 아름다움의 하위개념으로 다루어서는 이 두 현상을 정확하게 분석할 수 없다는 것을 이미 파악하고 있었다. 예술 작품이 단순히 즐거움이나 잔잔한 감동을 주는 차원을 훨씬 뛰어넘어 엄청나게 격렬하고 열정적인 감정을 느끼게 한다면 그것도 그저 아름다움과 똑같이 다룰 수는 없다는 것이다.

사실 흄의 미학 논의는 초기의 『인간본성론』에서 후기의 「취미의 기준에 대하여」에 이르기까지 아름다움에 초점이 맞춰져 있다. 그는 애디슨이나 섀프츠베리 이래 미학 연구의 매우 중요한 고찰 대상으로 떠올랐던 숭고에 대해 직접적으로는 전혀 다루지 않았다. 얼핏 보기에 이러한 태도는 「취미의 기준에 대하여」와 같은 해인 1757년에 출간된 『숭고와 아름다움의 관념의 기원에 대한 철학적 탐구』의 저자인 에드먼드 버크가 숭고를 아름다움과 본질적으로 다른 것으로 파악하고는 그 특징을 집중적으로 고찰했던 것과 극명한 대조를 이룬다.

하지만 예술 작품에서 우리가 느끼는 감정이 아름다움과 같이 차분한 감정만은 아니라는 사실을 흄은 이미 알고 있었다. 「비극에 대하여」에서 그가 다루었던 감정, 비극을 관람한 관객의 마음속에서 일어나는 감정의 변화 역시 부드러움만으로는 설명할 수 없을 만큼 격렬한 것이었다. 이런 점에서 숭고에 그가 전혀 관심이 없었다고 보기는 어렵다. 물론 흄이 이 문제를 명시적으로 숭고와 관련하여 다루지 않고 있기 때문에 그가 숭고를 어떤 방식으로 접근했는지 체계적으로 파악하여 재구성하기는 매우 어렵다. 하지만 『인간본성론』과 「비극에 대하여」 등에서 숭고에 대한 그의 생각을 어느 정도는 엿볼 수 있다.

흄에게 아름다움과 숭고는 구분될 수는 있지만 그렇다고 절대적으로 별개의 현상은 아니다. 사랑이나 미움, 슬픔과 환희와 같은 정념이 거의 지각조차 되지 않을 정도로 부드러워져서 감정으로 퇴화할 수 있기 때문이다. 반면 아름다움으로 인해 유발되는 감정도 정념이라 할 수 있을 정도로 강화될 수 있다. 『인간본성론』의 제2권 『정념론』은 그런 현상이 어떻게 발생하는지에 대한 논의로 가득 차 있다. 뒤에 상세하게 설명되겠지만 「비극에 대하여」는 비극작품에 의해 자아내어진 아름다움의 감정이 어떻게 격렬한 감동으로 증폭되는지를 밝혀내고 있다.

이렇듯 흄은 숭고의 현상을 아름다움으로 인해 유발되는 감정의 고양과 관련하여 고찰한다. 이런 점에서 그는 아름다움과 숭고를 본질적으로 다른 현상으로 구분한 버크와는 다른 입장을 취하고 있다고 할 수 있다. 과연 버크처럼 둘을 별개의 현상으로 여길 것인가, 아니면 흄처럼 서로 밀접한 관계를 맺으며 심지어는 상호 영향을 주고받는다고 해석할 것인가? 이 물음에 대한 답은 숭고론에 대한 상세한 논의가 필요하므로 이 글에서 다루고자 하는 주제의 범위를 벗어난다. 여기서는 간략하게 이 문제를 짚고 넘어가는 것으로 만족하고자 한다.

현대예술에서 숭고는 더 이상 전통적 이론에서처럼 긍정적 감정을 유발하지 않는 경우가 비일비재하다. 이럴 경우 숭고는 긍정적 감정으로 간주되는 아름다움과는 별개의 고찰 대상이 되어야 한다. 하지만 많은 경우 여전히 긍정적으로 느껴지는 숭고의 감정도 존재하는데 이럴 경우 아름다움과 숭고는 서로 밀접한 관련을 맺게 된다. 「비극에 대하여」에서 흄이 제시한 관점에서 파악하자면 아름다움이 비극이 유발하는 다른 부정적 감정들과의 결합을 통하여 차분한 긍정적 감정의 차원을 넘어 황홀하고 격렬한 정념의 차원으로 고양될 수 있기 때문이다. 물론 버크도 숭고의 경우 처음에 발생했던 부정적 감정이 긍정적 감정으로 변환된다고 보았다. 하지만 버크는 자신은 그러한 부정적 감정을 제공하는 현상으로부터 안전하게 벗어나 있다는 데서 느끼는 일종의 안도감(delight)이 그러한 변환의 계기를 제공한다고 파악한 반면, 흄은 작품의 아름다움이 부정적 감정을 긍정적 감정으로 전환시키고 그를 통해 다시금 아름다움의 긍정적 감정이 더욱 강화된다고 주장한다.

한편 흄은 아름다움을 숭고의 감정보다 더 높이 평가한다. 이 책에 번역되어 있는 「섬세한 취미와 섬세한 정념에 대하여」

(1742)에서 그는 섬세한 취미가 섬세한 정념보다 더 바람직하다고 주장한다.

> 섬세한 정념은 [그것을 소유하고 있음을] 애석해해야 할 것이며 가능하면 개선되어야 하는 것인 반면, 섬세한 취미는 [섬세한 정념을 애석해하는 것만큼이나] 더 갖기를 바라고 [가졌다면] 갈고닦아야 하는 것이다.[17]

정념에 사로잡히기 쉬운 사람은 그 때문에 일상의 삶에서 불행해지기가 쉽다. 정념은 격렬하고 우리의 통제를 자주 벗어나버리기에 그로부터 고통을 당할 수밖에 없는 경우가 많다. 그렇게 되면 우리는 "신중함과 분별력을 완전히 잃어버리기 쉽고, 행동 면에서도 실수를 저지르기 쉬우며, 그런 실수들은 돌이킬 수 없는 경우가 흔하다".[18] 심지어 그는 "섬세한 정념을 없애고 고상하고 세련된 취미를 갈고닦는 것보다 더 옳은 일은 없다"[19]고까지 주장한다. 섬세한 취미는 우리로 하여금 천재의 작품에 대해 제대로 판단할 수 있는 능력을 갖게 해주기 때문이다.

그렇다고 섬세한 취미가 섬세한 정념을 완전히 없애버린다고 말하는 것은 지나친 감이 있다고 그는 말한다. 취미는 부드럽고 쾌적한 정념들에 대한 우리의 감수성을 향상시켜주므로 계속 격렬한 상태로만 남아 있는, 흄의 표현을 따르자면 "거칠고 난폭한 감정들"20을 제거해줄 수 있다. 하지만 부드럽게 완화된 정념은 오히려 취미에 의해서 더욱 강화될 수 있으며 그렇게 되는 것이 바람직하다. 섬세한 취미는 섬세한 정념보다 바람직할 뿐만 아니라 그것을 고상하게 만들어주기까지 하는 것이다.

이렇듯 흄에게 숭고는 여전히 아름다움에 의해 제어되어야 하는 것이었으며 따라서 그 자체로 독립적인 지위를 부여받기는 어려웠다. 그가 자신의 미학 논의에서 숭고를 따로 다루지 않은 것도 이러한 믿음 때문이었을 것이다. 다른 점에서는 매우 혁명적이었던 그도 이 문제에 있어서만큼은 숭고를 아름다움과 본질적으로 다른 것으로 구분했던 버크나 칸트에 비해 전통적인 견해에 더 가까웠다. 그러나 앞서 살펴본 것처럼 숭고의 체험 속에서 벌어지는 감정의 변화과정 자체에 대한 분석만큼은 흄이 버크보다 더 선구적이었다고 볼 수 있다.

버크가 숭고의 체험에서 우리가 느끼게 되는 감정을 가리키는 데 사용한 영어 단어는 delight이다. 버크 자신이 이 단어를 "고통이나 위험의 소멸에 수반되는 감정"21이라 정의하였기에 '안도감'으로 번역된 이 단어로 비극에서 관객이 느끼는 매우 강렬한 감동과 같은 정념을 설명하기에는 부족한 감이 있다. 단순히 고통이 소멸된다고 해서 과연 우리가 비극에서 느끼는 그토록 열정적인 감정을 경험할 수 있을까? 흄은 그렇지 않다고 주장하면서 「비극에 대하여」에서 관객이 그런 감정을 경험하게 되는 원인에 대해 매우 그럴듯한 설명을 제시한다. 이 논문이 흄의 미학 사상에서 중요한 이유이자, 이 번역판에 포함된 까닭이기도 하다.

4. 데이비드 흄의 미학이론 해설

1) 『인간본성론』에 나타난 아름다움

흄이 불과 28세였던 1739년 발표한 『인간본성론』에는 그가 아름다움을 대상의 객관적 속성으로 간주하는 전통적 견해와 아름다움을 인간의 내면에서 발생하는 긍정적 감정으로 파악하는 새로운 견해 사이에서 갈등하고 있음을 짐작하게 해주는 여러 구절이 등장한다. 그 가장 대표적인 예가 『인간본성론』 제2권에서 아름다움과 추함을 다루는 부분이다.

> 아름다움은 인간의 영혼에 즐거움이나 만족을 주기에
> 적합한 부분들의 질서와 구조다.[22]

또 아름다움은 "즐거움을 자아내는 형태"[23]다. 이런 정의들을 문자 그대로 받아들이자면 아름다움은 대상에서 확인할 수 있는 형태나 질서, 구조, 즉 어떤 대상이 갖는 성질이다. 아름다움이 대상 안에 존재하는 속성인 것처럼 흄 자신이 서술하고 있는 것이다. 심지어 그는 아름다움이 대상의 속성이라는 표현까지도 사용한다. 아름다운 집을 소유한 사람은 그것을 매우 자랑스럽게 여긴다. 그런데 아름다운 집은 두 가지 구성 요소를 갖는다. 하나는 집주인에게 자부심이라는 감정을 갖게 하는 어떤 성질로서의 아름다움이다. 다른 하나는 그런 성질이 그 안에 존재하는 어떤 대상인데, 그것은 바로 집이다. 승마도구, 농기구, 가구 등도 이런 의미로 아름답다고 말해진다.[24] 아름다움은 어떤 대상 안에 존재하는 속성인 것이다. 또 "동물이나 다른 대상 안에서 발견하고 경탄해 마지않는 적합성이나 유용성으로부터 도출"[25]된 아름다움이라는 표현을 우리 내면에서 일어나는 긍정적인 감정으로 해석하기는 매우 어렵다.

이런 표현들만 보면 그가 전통적인 견해에서 벗어났다고 할 수 없을 정도다. 하지만 그가 아름다움을 대상의 속성으로만 파악하지 않고 있다는 증거 역시 같은 책 여기저기서 발견된다. 예컨대 즐거움을 자아내는 질서와 구조는 인간의 본성에 따라 결정되거나 관습, 심지어는 변덕에 따라 생겨난다.

> 아름다움은 인간의 영혼에 즐거움이나 만족을 주기에
> 적합한 부분들의 질서와 구조다. 그러한 질서와 구조는

우리 본성의 **원래** 성질에 따라서가 아니면 **관습**이나 **변덕**에 따라 형성된다. 이것이 다른 모든 것과 구별되는 아름다움의 특징이며 그것과 추함 사이에 존재하는 다른 모든 차이가 이로부터 생겨난다. [반면] 추함은 자연적으로 불편한 감정을 자아내는 경향이 있다. 따라서 즐거움과 고통은 아름다움과 추함에 필연적으로 수반되는 것일 뿐만 아니라 그것들의 본질을 구성한다.[26]

어떤 대상에게서 나타나는 객관적인 질서나 구조와 같은 성질 그 자체가 바로 아름다움의 본질은 아닌 것이다. 인간의 정신적 본성이나 관습, 심지어는 변덕에 따라 그러한 성질이 인간에게 즐거움을 제공할 때 아름다움이 발생한다. 질서나 구조, 형태라는 대상의 성질이 여전히 언급되기는 하지만 흄은 그것이 즐거움을 주는 궁극적 원인을 이렇듯 인간 정신의 내면에서 찾고 있다. 아름다움의 본질은 바깥 대상의 객관적 성질이 아니라 우리 내면에서 일어나는 어떤 과정인 것이다.

흄에 따르면 어떤 아름다움은 인간의 정신적 본성에 의해서 느껴진다. 그렇다면 이런 아름다움은 일정한 조건이 충족되면 언제나 인간의 내면에서 발생할 수밖에 없다. 반면 관습이나 변덕에 따르는 아름다움은 정도의 차이는 있겠지만 언제나 발생하는 것은 아니다. 아름다움에도 급수가 있는 것이다. 앞으로 더욱 분명해지겠지만 인간적 본성에 따르는 아름다움이야말로 흄이 취미의 객관적 기준과 직접 연관시키는 것이다. 관습이나 변덕에 따르는 아름다움은 그보다는 상대적으로 열등한 지위를 지닐 수밖에 없다.

아름다움이 우리 내면에서 발생하는 과정은 어떤 특징을 갖는가? 흄은 유용성의 예를 통하여 이를 설명한다. "어떤 동물에게는 힘을 자아내는 어떤 형태가 아름다우며, 다른 동물에게는 날렵함의 표지가 아름답다. 어떤 궁전이 보여주는 질서나 적합성도 그것의 단순한 형태나 외관 못지않게 그 아름다움의 본질적 구성 요소다."[27] 유용성을 처음으로 아름다움의 속성으로 제시했다고 알려진 있는 사람은 고대 그리스 철학자 소크라테스다. 그에 따르면 달리기 선수와 레슬링 선수의 몸이 지니는 아름다운 형태는 서로 다를 수밖에 없다.[28] 그들의 신체가 아름다운가는 그것이 그들의 직업에 적합한 모습을 지니는가에 좌우되기 때문이다. 그가 이런 주장을 편 뒤로 오랫동안 유용성 혹은 적합성은 아름다움의 중요한 속성 중 하나로 여겨져왔다.

    그렇다고 흄이 대상이 지닌 유용성이라는 성질이 곧 아름다움의 본질적 성격이라는 주장을 답습한 것은 아니다. 유용성이 즐거움의 감정을 유발할 때 그 즐거움의 감정이 바로 아름다움이기 때문이다. 그의 다음과 같은 주장도 같은 맥락에서 이해될 수 있다. "어떤 대상이 그것을 소유한 사람에게 즐거움을 선사하는 경향이 있다면 그것은 아름답다고 간주된다."[29] 여기서도 대상이 아름답다고 말해지기는 하지만 대상이 아름다운 이유는 대상의 성질 때문이 아니라 궁극적으로는 즐거움의 발생이라는 효과 때문이다.

물론 그렇다고 해도 유용한 것이 모두 즐거움을 제공하는지, 그렇게 유발되는 즐거움은 언제나 아름다움인지 등의 의문은 여전히 남는다. 사실 당대의 많은 학자가 유용성이나 적합성을 아름다움의 속성에서 제외하려고 했다. 에드먼드 버크 같은 이가 대표적인 예다. 그는 멧돼지의 코가 땅을 파서 식물의 뿌리를 캐서 먹기에 적합하다고 해서 사람들이 돼지 코를 아름답다고 여기지 않는다는 사실을 그 반례로 든다.[30] 반면 흄은 유용성을 아름다움의 매우 중요한 구성 요소로 제시했다.

흄에 따르면 아름다움은 즐거움의 제공을 그 본질적 특성으로 한다. 그런데 어떤 대상이 우리에게 즐거움을 제공하는 가장 중요한 원인 중 하나가 그것이 지닌 유용성이다. 따라서 유용성은 아름다움의 중요한 원인 중 하나인 것이다. 물론 이렇게 설명하더라도 해결해야 할 문제는 여전히 남는다. 앞서 언급한 버크의 반론은 여전히 유효하다. 또 장미가 아름답다고 느낄 때 과연 장미의 어떤 유용함이 우리로 하여금 아름다움을 느끼게 하는 것일까?

이렇듯 우리가 아름답다고 여기는 어떤 대상들이 유용하지 않으면서도 즐거움을 선사한다면 유용성을 아름다움의 본질적 특성이라고 주장하기에는 무리가 따른다. 이러한 문제의식을 끝까지 몰고 가서 아름다움의 본질적 특징을 무관심성(disinterestedness)으로 파악하는 것은 칸트의 『판단력비판』에 이르러서다. 칸트는 이로써 도덕적 선이 우리에게 불러일으키는 즐거움이나 본능적 욕구의 충족이 야기하는 쾌감과 아름다움이 불러일으키는 즐거움을 명확하게 구분하는 데 성공한다.[31]

앞서 보았듯 흄은 대상이 아름답다고 말해지는 것은 그것이 즐거움을 주는 경향이 있기 때문이라고 주장했다. 하지만 그는 여기서 그치지 않고 한 걸음 더 나아가 "즐거움과 고통은 아름다움과 추함에 필연적으로 수반되는 것일 뿐만 아니라 그것들의 본질을 구성"[32]한다고 말한다. 즐거움은 아름다운 대상이 주는 효과가 아니라 아름다움 그 자체다. 그런데 이렇게 상반되는 견해들이 따로따로 제시되기만 했다면 『인간본성론』에서 제시된 아름다움에 대한 흄의 이론은 모순이라는 비난을 피할 수 없었을 것이다.

흄도 이런 상황을 분명히 인식하고 있었다. 그래서 그는 두 가지 이론 사이의 절충을 시도한다. 아름다움의 본질을 이루는 것은 즐거움을 자아내는 능력이다.[33] 하지만 그는 이것이 특정한 성질을 갖춘 대상의 능력인지, 아니면 인간의 정신적 능력인지에 대해서는 분명하게 밝히고 있지 않다. 전통적 견해와 새로운 견해가 불분명하게 봉합된 채로 『인간본성론』의 아름다움에 대한 논의는 끝을 맺는다.

이러한 상황 때문에 오늘날 흄의 미학이론 해석을 두고 견해가 분분하다. 어떤 이들은 『인간본성론』에 나타난 아름다움에 대한 견해를 흄의 미학 사상이 성숙하기 이전의 형태로 해석하고 후기에 가서는 이러한 미성숙함이 극복되었다고 주장하는 반면, 다른 이들은 전적으로는 아니지만 전기 사상과 후기 사상 사이에 상당한 수준의 연속성을 발견할 수 있다고 주장한다. 필자가 보기에 후기로 갈수록 흄이 더욱 분명하게 아름다움을 정감으로 파악하는 것은 사실이다. 그렇다고 흄이 아름다움과 대상의 속성을 연결시키고 유용성을 아름다움의 중요한 원인으로 파악했던 전기의 견해들을 전적으로 폐기한 것은 아니다.

「취미의 기준에 대하여」에서도 아름다움은 여전히 "신체 기관 혹은 정신 능력들과 대상 사이에 어떤 관계가 존재하거나 그것들이 상응한다는 사실"[34]과 밀접하게 관련되어 있다. 또 흄은 예술 작품을 평가할 때 작품의 창작 의도를 고려하는 것이 매우 중요하다는 사실을 다음과 같이 강조하고 있다.

> [인간의 다른 산물들과 마찬가지로] 모든 예술 작품도 어떤 목적이나 의도를 지니며 이러한 목적을 성취하기

에 얼마나 적합한가에 따라 그것이 얼마나 완벽한가가 판단될 수 있다. 연설의 목적은 설득하는 것이며, 역사의 목적은 가르치는 것이고, 문학의 목적은 정념들과 상상력을 통해서 즐거움을 제공하는 것이다. 어떤 작품을 읽을 때 우리는 이러한 목적을 계속해서 염두에 두어야 한다.[35]

유용성이 어떤 대상에게 부여된 목적과 밀접하게 관련이 있는 만큼 흄이 여전히 아름다움을 대상의 객관적 속성과 결부시켜 해석하고 있다고 말할 수 있다. 따라서 아름다움의 본질을 정감으로 파악한다는 점에서 흄의 견해가 혁명적이기는 했지만 그렇다고 해서 대상의 객관적 성질이나 유용성으로부터 완전히 벗어난 것은 아니었다.

2) 전통적인 견해에서의 이탈

전통적인 견해와 뒤섞여 있던 아름다움에 대한 새로운 정의는 이후 점점 더 분명하게 흄의 미학 논의 전면에 등장하게 된다. 『인간본성론』이 출간되고 3년 후에 발표한 「회의주의자」라는 글에서 그는 다음과 같이 주장한다.

> 그 자체로 가치 있거나 비천한 것, 탐낼 만하거나 싫어할 만한 것, 아름답거나 추한 것은 아무것도 없다. 이런 속성들은 인간의 정감이나 감정의 특수한 성격이나 구조로부터 발생한다. […] 인간의 정신이 비난이나 승인의 정감을 느끼면서 어떤 대상은 추하거나 혐오스럽고 다른 대상은 아름답거나 사랑스럽다고 선언할 때조차도 그런 속성들은 실제로 대상 안에 존재하는 것이 아니다. 그것들은 비난하거나 칭찬하는 정신이 느끼는 정감에만 속한다.[36]

이제 어떤 대상은 자신 안에 있는 속성 때문이 아니라 그것이 인간의 내면에 특정한 긍정적 감정을 불러일으킨다는 사실 때문에만 아름답다고 여겨진다. 그런데 왜 사람들은 아름다움을 대상의 객관적 속성이라고 생각하는 것일까? 아름다움의 경우 사람들이 느끼는 긍정적 감정의 정도가 그것을 대상에 대한 지각으로부터 구분하게 만들 정도로 강하지 않기 때문이다. 만일 내 안에서 격렬한 증오의 감정이 솟구쳐 오른다면 그 원인을 제공한 것이 무엇이든 간에 그것이 내 안에서 발생한 감정이라는 사실을 부인할 사람은 아무도 없을 것이다. 그러나 장미꽃을 보고 기분이 좋아질 경우에는 그 정도가 그렇게 강하지 않기 때문에 사람들은 장미꽃 자체의 어떤 속성이 아름다움이라고 생각하지 내 안에 떠오른 안온한 즐거움의 감정을 아름다움이라 생각하지 않는다는 것이다.

그런데 내 안에 떠오른 감정 자체를 꼭 아름다움이라고 판단해야 할 이유가 있을까? 대상의 객관적 속성이 아름다움이고 그 효과로 일종의 긍정적 감정을 자아낸다고 하면 되는 것 아닐까? 이런 물음에 대해 흄은 결연하게 아니라고 대답한다. 아주 시력이 뛰어나서 어떤 경치의 모든 구성 요소를 정확하게 구분할 수 있는 사람이라고 모두 거기서 아름다움을 느끼지는 않기 때문이다. 그러한 구분을 통해 얻을 수 있는 것은 기껏해야 새로운 지식으로 인한 즐거움이거나 구분을 잘 해냈다는 성취감에서 오는 기쁨일 뿐 아름다움의 감정은 아니다. 유클리드는 원의 기하학적 성질에 대해 상세하게 설명했지만 그의 책 어디에도 원의 아름다움에 대한 서술은 등장하지 않는다. 대상의 성질 자체만으로는 아름다움이라고 말할 수 없는 이유가 여기에 있다. 엄밀하게 말해 아름다움은 자연 사물이나 예술 작품이 아니라 그것을 감상하는 사람의 감정 안에 존재한다.

1748년 출간된 『인간 오성에 관한 탐구』에 이르면 아름다움은 "더 정확하게 말하자면 [대상의 성질로] 지각되는 것이 아니라 [감정으로] 느껴지는 것이다."[37] 1757년 발표된 「취미의 기준에 대하여」에서 아름다움은 심지어 "사물들 자체 안에 존재하는 성질이 아니다. 그것은 오직 사물들을 관찰하는 정신 안에만 존재"[38]

한다. 이렇게 아름다움은 대상의 객관적 성질이 아니라 인간의 내면에서 발생하는 긍정적 감정으로 확고히 자리 잡게 된다.

3) 아름다움의 고유한 특징들

흄에게 아름다움은 궁극적으로는 우리 내면에서 느껴지는 긍정적 감정이다. 물론 모든 긍정적 감정이 다 아름다움은 아니다. 배가 고플 때 밥을 먹으면 기분이 좋아진다. 이런 경우 아름다움을 느낀다고 말할 사람은 아무도 없을 것이다. 새로운 지식을 획득하거나 새로운 물건을 얻게 되었을 때 느끼는 즐거움도 아름다움이라고 할 수는 없다. 내가 미워하는 어떤 사람이 힘든 일을 당했을 때 느끼는 고소한 느낌도 마찬가지다. 이처럼 아름다움은 그것을 다른 모든 긍정적 감정들과 구분할 수 있게 해주는 고유한 특징을 지니고 있어야 한다.

흄에 따르면 아름다움은 우선 평온한 감정이다. 앞서 살펴보았듯 아름다움은 반성적 인상의 일종이다. 반성적 인상은 크게 차분한 것과 격렬한 것의 두 종류로 나뉜다. 아름다움은 그중 전자에 속한다.[39] 꽃을 보고 아름답다고 느낄 때 우리가 열광적이 되는 경우는 매우 드물다. 그저 잔잔하게 우리 안에 퍼지는 기쁨의 감정을 느낄 뿐이다.

또 아름다움은 신체적 즐거움이 아니라 정신적 즐거움이다.

부드러운 물건을 만졌을 때 즉각 기분이 좋아진다면 이때 우리는 촉각을 통해서 신체적 즐거움을 느낀 것이다. 그러나 아름다움은 이런 식으로 느껴지지 않는다. 만일 내가 어떤 음악소리를 듣고 아름다움을 느꼈다면 그것은 음악을 구성하는 각각의 소리로부터 얻게 되는 감각적 인상 때문이 아니다. 여러 개의 소리에 대한 관념들이 합쳐져서 하나의 복합 관념을 형성하고 그 관념이 조화로움이라는 특징을 통해 내 안에서 반성적 인상으로서의 즐거움을 제공하기 때문이다.

마지막으로 아름다움은 일종의 가치평가와 밀접하게 관련되어 있다. 아름다움을 느낄 때 우리의 내면에는 그러한 감정을 불러일으키는 대상에 대한 승인 혹은 존중의 감정이 나타난다. 자연 사물뿐만 아니라 인간이 고안해낸 여러 산물들에 대해서도 그렇다. "어떤 종류의 아름다움, 특히 자연적인 아름다움은 처음 나타나자마자 우리의 애정과 승인의 감정을 이끌어낸다."[40] "어떤 기계나 가구 한 점, 의복 한 벌이나 집 한 채가 그 용도에 적합하도록 잘 고안되어 있다면 그만큼 아름다우며 그것을 관조하게 되면 즐거움과 승인의 감정을 느끼게 된다."[41] 또 어떤 예술 작품에서 아름다움을 느끼는 경우에도 그 작품에 대한 승인이나 존중, 경탄의 감정을 느끼게 된다. 물론 자연 사물이나 도구로부터 아름다움과 승인의 감정을 느끼는 것과는 다른 방식으로 느끼게 되기는 하지만 말이다. "고상한 예술에서 제대로 된 정감을 느끼려면 많은 이성적 추론을 동원하는 것이 필요하다."**42**

흄이 이러한 구분에 대해 더 상세한 논의를 펼치지 않기에 체계적인 이론으로 정립되기는 어렵다. 하지만 그가 다른 감정들과 구분되는 아름다움만의 특징을 제시하였고, 자연 사물, 도구, 예술 작품에서 느끼는 세 가지 아름다움을 구분하였으며 그 공통적 특징으로 승인의 감정을 들고 있다는 것은 분명한 사실이다. 「취미의 기준에 대하여」는 아름다움에 대한 이런 이해의 토대 위에서 예술 작품 평가의 문제를 다룸으로써 이후의 서양 미학이론 전개 과정에 매우 중요한 영향을 끼쳤고 지금도 끼치고 있다.

4) 아름다움에 대한 흄 이론의 미학사적 의미

흄과 동시대 학자들이었던 섀프츠베리나 애디슨, 허치슨이나 버크도 모두 아름다움이 대상의 객관적 속성이며 즐거움은 그것이 우리 안에 불러일으키는 효과라고 생각하였다. 그런 상황에서 인간의 내면으로부터 아름다움을 정의하려는 혁명적 발상을 실행에 옮긴 사람이 바로 흄이었다. 물론 흄의 후기 사상에서도 아름다움이 대상과 완전히 분리되어 생각된 것은 아니었다. 심지어 그는 「취미의 기준에 대하여」에서도 여기저기서 대상을 아름답다고 지칭한다. "아름다운 글", "어떤 작품이나 이야기 속에 나타나는 모든 아름다움"[43]과 같은 표현들은 물론 글 혹은 작품이나 이야기로부터 느끼는 아름다움이라는 뜻으로 해석할 수는 있겠지만 그가 대상을 아름답다고 표현하는 언어습관에서 완전히 벗어나지 못한 예라 할 수 있다. 심지어 "유쾌한 정감들을 불러일으키기에 본성적으로 적합한 아름다움"[44]이라는 표현은 아름다움을 여전히 대상의 속성으로 보는 것 아니냐는 의심을 불러일으킬 만하다.

게다가 흄은 아름다움을 비롯한 모든 정감은 "오직 신체 기관 혹은 정신 능력들과 대상 사이에 어떤 관계가 존재하거나 그것들이 상응한다는 사실만을 보여준다. [물론] 그러한 상응관계가 실제로 존재하지 않는다면 그 정감은 아마 절대로 존재할 수 없을 것"[45]이라고 말하기까지 한다. 그렇다면 흄도 아직 아름다움을 유발하는 원인이 대상의 객관적 속성이라는 생각으로부터 완전히 벗어났다고 말할 수는 없다. 그렇게 되려면 미적 태도론(theory of aesthetic attitude)의 등장을 기다려야 했다. 이 이론을 주장하는 학자들은 대상의 성질에 거의 주목하지 않고 인간이 취하는 어떤 특정한 태도에 의해 아름다움의 감정이 불러일으켜진다는 사실을 집중적으로 고찰함으로써 대상의 성질과 아름다움의 상관관계를 완전히 끊어버리거나 적어도 최소화하려 시도한다.

그렇다고 아름다움에 대한 흄의 정의가 지닌 혁명적 의미가 퇴색되는 것은 아니다. 그 전에는 어느 누구도 아름다움의 본질적 속성을 대상의 객관적 속성이 아니라 우리 안에서 일어나는 긍정적인 감정의 변화라고 주장하고 그것에 입각해서 모든 논의를 전개하지는 않았기 때문이다. 그 당시 아름다움은 대부분의 사람들, 심지어는 철학자들에게도 여전히 대상의 객관적 성질이었다. 즐거움은 그것이 불러일으키는 효과일 뿐이었다. 고대 그리스 이래 이천여 년 동안 서양의 미학 사상을 지배해왔으며 흄의 동시대 철학자들에게도 여전히 많은 영향력을 행사하고 있었던 견해에 반기를 들면서 아름다움을 정감으로 파악한 흄의 중요성은 아무리 강조해도 지나침이 없을 것이다.

물론 앞에서 언급한 대로 그조차도 완전히 그러한 용어 사용으로부터 벗어나지 못했다. 게다가 「취미의 기준에 대하여」에서도 그러한 즐거움을 불러일으키는 대상의 속성을 우리가 객관적으로 확인할 수 있다고 생각하는 듯한 인상을 주는 서술들이 여기저기 등장한다. 취미의 기준을 찾는다는 생각도 여기에서 비롯되었다고 할 수 있다. 물론 취미의 기준이 체계적으로 제시되지는 않지만 취미의 기준으로 불릴만한 여러 가지 특징들이 여기저기서 제시되고 있는 것 또한 사실이다. 여기저기 흩어져 언급되는 이런 특징들을 열거해보자면 다음과 같다. 힘 있고 명확한 표현방식, 재치 있고 다채로운 이야기들, 쾌활하고 사랑스러운 감정들에 대한 자연스러운 묘사, 광채 나는 색, 정확한 모방, 조화, 자연스러움.

　따라서 거의 전적으로 우리의 마음 상태나 태도에 따라 아름다움의 체험, 현대적 용어로 말한다면 미적 체험(aesthetic experience)이 발생한다고 주장하는 미적 태도론의 입장과 흄의 입장 사이에는 분명히 차이가 존재한다. 심지어 미적 태도론자들에 따르면 미적 체험의 대상은 아름다움만이 아닐 수도 있다. 숭고나 추함, 새로움이나 매력 같은 것도 미적 체험의 대상이 될 수 있다. 그래서 이들은 이러한 다양한 미적 체험의 심리적 특징에 더욱 많은 관심을 가지게 되고, 어떤 대상을 아름답다고 느끼게 하는 대상의 객관적 특성은 그들의 관심에서 점점 멀어지게 된다. 하지만 흄이 감행한 시도가 태도론으로 가는 매우 중요한 징검다리를 놓았다는 사실을 부인할 수는 없다. 아름다움의 본질적 특성이 우리 건너편에 있는 대상에 의해 이미 결정되어 있다면 그에 대해 우리의 태도가 어떻게 바뀌든 아무런 상관이 없는 일일 테니까 말이다.

　그런데 과연 미적 태도론이 전적으로 옳고 흄의 태도는 시대에 뒤떨어진 것일까? 꼭 그렇지는 않다고 여겨질 만한 현상들이 오늘날에도 너무나 많다. 여전히 우리는 어떤 사람, 광경이나 어떤 소리가 아름답다는 말을 어디서나 듣는다. 이런 말을 하면서 사람들이 그 순간 느낀 자신의 마음 상태만을 가리킨다고 해석하기가 쉽지는 않다. 오늘날에도 어떤 작품을 보고 감동을 받은 사람들은 그저 내 마음에 이러저러한 감정이 느껴졌으니까 그 작품이 훌륭하다고 말하기보다는 작품 속에서 확인할 수 있는 여러 가지 특징을 들어 그 작품이 왜 훌륭한지 열심히 설명하려고 노력하는 경우가 많다. 어떤 작품을 위대하다거나 훌륭하다고 지칭하고 그 이유를 작품 속에서 찾으려는 경향이 21세기에도 여전히 남아 있는 것을 보면 예술의 아름다움이라는 표현도 여전히 작품의 어떤 특성을 가리키는 데 사용되고 있다고 할 수 있지 않을까? 이런 점에서 보자면 아름다움을 우리의 내면에서 일어나는 긍정적인 감정의 변화로 설명하면서도 자연 대상이나 예술 작품과의 관계를 완전히 부정하지 않으려는 흄의 문제의식은 오늘날에도 여전히 유효하다고 할 수 있다.

5. 「취미의 기준에 대하여」 해설

1) 취미란 무엇인가?

한국어에서 취미는 주로 '즐겨 하는 여가활동'을 뜻한다. 하지만 흄의 논문 「취미의 기준에 대하여」에 등장하는 취미(taste)라는 단어는 그와는 전혀 다른, '예술 작품의 아름다움을 평가하는 능력'이라는 의미로 사용된다. 용어의 혼란을 피하기 위해 어째서 이런 차이가 생겨났는지 먼저 살펴보기로 하자.

한국어에 취미라는 말은 예전부터 있었지만 거의 쓰이지 않았다. 『조선왕조실록』을 통틀어 겨우 여섯 번 사용된 이 단어는 기호(嗜好), 의향, 분위기, 가치관 등을 가리키는 데 사용되었다. 18세기 문헌에 등장하는 수석취미(水石趣味)나 유객취미(遊客趣味) 등의 표현에는 수석을 좋아한다, 놀기를 좋아한다는 뜻이 담겨 있다. 어떻게 이런 의미로 사용하게 된 것일까? 우선 취미(趣味)의 한자어를 풀이해보자. 취(趣)는 빨리 달려가(走) 취하는(取)

행위다. 미(味)는 미각, 맛을 가리킨다. 따라서 취미는 원래 '맛있는 것이나 자신이 좋아하는 음식을 빨리 달려가 취하는 행위나 그러한 경향'이라는 뜻을 지녔을 것이다. 그 대상이 점차 확장되어 자연의 아름다움을 즐기거나 가무를 비롯한 예술활동을 즐기는 일이라는 의미로도 사용된 것으로 보인다. 하지만 이 단어는 한국에서는 근대 유럽에서처럼 아름다움을 평가하는 능력을 지시하는 용도로는 거의 사용되지 않았다.

취미가 '즐겨 하는 여가활동'으로 이해되기 시작한 것은 일본에서 taste를 번역하기 위해 채택한 이 용어가 일제강점기에 유입되면서부터다. 일본은 취미라는 번역어를 채택하면서 서양의 문화적 전통 속에서 taste가 가졌던 의미를 그대로 받아들이기보다, 자신들의 근대화 과정에서 발생한 문제점을 극복하기 위한 대안으로, 고급문화와 저급문화 사이에 존재하는 중간문화를 가리키는 데 사용하였다. "러일전쟁 직후 일본에서는 메이지의 문명개화가 물질적인 유신(維新)을 이루어냈지만 국민 전체의 정신 구조까지 변화시키지는 못했다는 반성이 일고 있었고 사회의 모든 면에 걸쳐 새로운 문화를 만들려는 움직임, 정신적 유신을 향한 운동들이 생겨났다. 이 정신적 유신의 목표는 고급문화의 보급과 저급문화의 향상이었는데 그 양자의 중간에 있는 문화를 취미라 불렀다."[46]

이런 과정을 거쳐 한국에 수입된 취미라는 번역어는 누구나 즐길 수 있는 중간 수준의 문화활동에 대한 취향과 기호를 지시하는 말이 되었다. 난해한 학술서 읽기를 좋아하는 것은 취미가 아니다. 심오한 현대음악을 깊이 이해하고 평가하려는 노력도 역시 취미 생활이 아니다. 취미는 누구나 읽을 수 있는, 적당히 건전하면서 적당히 높은 수준을 지닌 책 읽기를 즐기는 것이며, 누구나 어느 정도는 이해할 수 있는 회화나 음악작품, 더 손쉽게는 영화를 감상하기를 좋아하는 것이다. 취미가 무엇이냐는 물음에 독서나 영화 감상이 빠지지 않는 이유일 것이다. 이렇게 되면서 취미는 '즐겨 하는 여가활동'이라는 생각이 우리의 뇌리에 깊이 자리 잡게 되었다.

그런데 이는 근대 유럽의 미학 논의에서 taste가 가졌던 의미와는 거리가 멀다. 이 단어는 원래 맛, 미각을 가리켰다. 미각이라는 감각이 매우 섬세하기 때문에 정확한 맛을 알기 위해 소량의 음식이나 음료를 시식하거나 시음하는 행위를, 그렇게 사용되는 소량의 음식이나 음료를 지시하기도 했다. 그런데 어떻게 여기서 아름다움을 판정하는 능력이라는 뜻이 파생될 수 있었을까? 아마도 시식하는 행위가 맛을 판정하는 능력을 보여줄 수 있다고 생각했기 때문일 것이다.

어원을 좀 더 거슬러 올라가 보면 taste는 '양모나 옷감의 품질을 알기 위해 만지다'를 뜻하는, 따라서 평가행위 자체를 가리키는 라틴어 동사 탁사레(taxare)에서 유래했다. 현대 프랑스어의 타테(tâter)에는 이런 의미가 그대로 남아 있다. 이런 용례들은 처음에는 맛, 미각을 가리켰던 taste라는 단어가 어떻게 '아름다움을 판정하는 능력'을 지시하게 되었는가를 보여주는 중요한 어원적 근거다.

그런데 외부 대상에 관한 정보를 수집하는 데 사용되는 다섯 가지 감각 중에서 질병이나 기타 이유로 감각 기관에 문제가 생긴 경우가 아니라면 우리가 가장 믿을 만하다고 생각하는 것은 시각과 청각이다. 나머지 감각들은 그에 비해 상당히 불안정하다. 그럼에도 불구하고 왜 미각이나 촉각이 어떤 대상의 품질을 평가하는 데 사용된 것일까? 음식물이나 음료의 질을 평가하고자 할 때는 눈에 보이는 모습이나 두들겨서 나는 소리보다 직접 맛을 보는 것이 더 정확하기 때문이다. 옷감이나 양탄자의 경우에도 눈으로 보는 것보다는 직접 만져보는 것이 품질을 확인하는 더 좋은 방법이다.

감각에 대한 이런 비유가 주로 눈과 귀에 관련이 있는 자연 사물이나 예술 작품의 아름다움을 평가하는 능력을 가리키는 데도 사용된 까닭은 아마도 다음과 같을 것이다. 맛이나 촉감의 경우 매우 섬세한 감각을 지닌 사람과 그렇지 않은 사람 사이에 아주 큰 차이가 존재한다. 물론 단맛과 신맛을 구별하거나, 매우 딱딱한 물체와 물렁물렁한 물체를 구분하는 일은 누구나 할 수 있다. 하지만 훌륭한 품질을 지닌 포도주들의 섬세한 맛 차이를 감별한다든가, 특등품 양모들의 미묘한 품질 차이를 평가하는 것은 아무나 할 수 있는 일이 아니다. 후각의 경우도 마찬가지다. 달콤한 냄새와 고약한 냄새는 누구나 구별할 수 있다. 하지만 아주 훌륭한 향기들의 미세한 차이를 분간해내는 일은 아무나 할 수 없다. 파트리크 쥐스킨트의 소설『향수』의 주인공을 생각해보라.

시각과 청각의 경우도 사정은 비슷하다. 눈으로 보거나 귀로 듣는 것은 누구에게나 거의 동일한 형태로 감각된다. 하지만 단순한 시각적 형태나 소리가 아니라 아름다운 형태나 소리를 분별하는 것은 그와는 전혀 다른 문제다. 이 경우에는 단순한 시각이나 청각 외에 아주 섬세한 어떤 능력이 더 필요하다. 적어도 taste에 아름다움을 평가하는 능력이라는 의미를 첨가했던 사람들은 그렇게 생각했을 것이다. 이렇게 해서 역설적이게도 서구인들이 신뢰하기 어렵다고 여긴 감각 능력이 가장 믿을 수 있다고 생각하는 능력과 관련된 일을 가리키는 데 사용되었던 것이다.

그런데 맛이나 촉감의 감별과 자연 사물이나 예술 작품의 아름다움의 평가 사이에는 결코 간과할 수 없는 중요한 차이가 존재한다. 미각이나 촉각의 경우는 거의 전적으로 해당 감각의 우수함만이 필요한 반면, 시각이나 청각의 경우는 그렇지 않다. 물론 어떤 대상에 대한 시각적 혹은 청각적 경험을 아름답다고 평가할 수 있으려면 좋은 시력이나 청력, 대상들에게서 나타나는 시각적 이미지나 소리들 간의 미세한 차이를 느낄 줄 아는 능력이 필요하기는 하다. 하지만 그것만으로는 부족하다. 시력이 아주 좋고 대상의 세부를 매우 정확하게 분석할 줄 아는 사람이라도 어떤 대상의 아름다움에는 무신경한 경우가 너무나 많기 때문이다. 아름다움을 느끼려면 그와는 다른 어떤 능력이 필요한데 유럽인은 그것을 가리키는 데 taste라는 단어를 사용했던 것이다.

이런 새로운 의미가 구체적으로 문헌상에 나타나는 것은 16세기 이후부터다. 이탈리아 철학자 베네데토 크로체에 따르면, 취미라는 단어가 은유적으로 판단이라는 뜻으로 사용된 예를 이미 16세기 문헌들에서 자주 발견할 수 있다. 당대의 유명한 작가 아리오스토의 작품 『광란의 오를란도』에 나오는 "시에 대한 훌륭한 취미"(in poesia buon gusto)[47]라는 표현이 그 한 예다. 하지만 처음으로 취미를 무언가를 판정하는 능력을 가리키는 데 사용한 이는 17세기 중엽 활동한 스페인 철학자 발타사르 그라시안으로 알려져 있다. 그에 따르면 이런 능력으로서의 취미는 지성적 능력과 마찬가지로 훈련하고 개선할 수 있다. 하지만 그는 취미를 예술과 관련된 능력으로는 제시하지 않았다. 그가 말하는 취미는 주로 세상을 살아가는 실천적 지혜와 관련 있는 능력이다.

무언가를 판정하는 능력으로 이해된 취미가 예술에 적용되는 데는 그리 많은 시간이 필요하지 않았다. 17세기 말 프랑스 문헌들을 살펴보면 취미가 예술의 아름다움과 관련된 판정 능력이라는 뜻으로 사용되고 있음을 확인할 수 있다. 대표적인 예로, 철학자 장 드 라브뤼예르의 『성격들』에 나오는 구절을 들 수 있다. "자연 안에 훌륭함과 성숙함이 존재하는 것처럼 예술 안에도 완전한 상태가 존재한다. 그것을 느끼고 사랑하는 사람은 완벽한 취미를 지닌 반면, 그것을 느끼지 못하는 사람은 결함이 있는 취미를 지닌 것이다. 따라서 좋은 취미와 나쁜 취미가 존재하며 사람들이 취미에 관해 논쟁하는 것은 나름의 이유가 있게 마련이다."[48] 이후 18세기에 이르면 거의 모든 서유럽 지역에서 취미가 예술의 아름다움을 판정하는 능력을 가리키는 데 사용된다.

영국에서 취미라는 용어를 이런 의미로 사용한 최초의 학자는 조지프 애디슨과 섀프츠베리다. 애디슨은 계몽주의 일간지인 『관객』에 기고한 한 글에서 취미를 "어떤 저자의 [작품의] 아름다움을 알아보고 즐거워하며, 그 불완전함을 알아보고는 싫어하는 영혼의 능력"[49]으로 정의하고 감각으로서의 미각과 구분하기 위해 정신적 미각(mental taste)이라고 이름 붙였다. 이리하여 취미는 우리의 외적 감각과는 직접적으로 상관없는 내면적, 정신적 능력의 일종이 된다.

섀프츠베리에게 취미는 예술 작품의 아름다움과 추함뿐만 아니라 어떤 행위의 선악을 구분하고 거기에 대해 긍정적 혹은 부정적 감정을 가질 줄 아는 능력이다. 취미는 미적 능력일 뿐만 아니라 윤리적 능력이기도 한 것이다. 또 인간은 누구나 훌륭한 취미를 발전시킬 수 있는 능력을 타고난다. 하지만 능력을 계발하지 않으면 취미는 저급한 것으로 남고, 참된 취미를 획득하려면 아주 오랜 시간이 필요하다. 그러려면 오랜 과정을 거쳐 잘못된 취미를 바로잡는 것이 필요하다.[50] 흄은 「취미의 기준에 대하여」를 집필하면서 취미에 관한 애디슨과 섀프츠베리의 이러한 견해를 참조하였다.

2) 취미에 관한 논쟁은 부질없는가?

역사가 플루타르코스에 따르면 고대 로마의 영웅 율리우스 카이사르는 친구들과 함께 밀라노에 있는 한 지인의 초대를 받아 그의 집을 방문하게 되었다. 때가 되어 저녁 식사가 나왔는데 카이사르의 친구들이 음식에 대해 불평을 늘어놓았다. 당시 로마에서는 아스파라거스를 요리해 먹을 때 언제나 올리브유에 담가 먹었다. 그런데 제공된 아스파라거스는 몰약 기름에 재워져 나왔던 것이다. 로마에서의 식도락 풍습만이 고상한 것이고 다른 풍습은 야만적이라고 생각했던 카이사르의 친구들이 불평을 늘어놓았던 것이다. 그러자 카이사르는 이렇게 자신의 친구들을 책망했다고 한다. "마음에 들지 않으면 안 먹으면 그만이라네. 하지만 그걸 고상하지 못하다고 책망한다면 그렇게 책망하는 사람이 오히려 고상하지 못한 걸세."[51] 이 일화는 후세 사람들에 의해 맛에 관해서는 각자의 취향이 존중되어야 한다는 뜻으로 해석되었다.

"취미에 관해서는 논쟁이 부질없다"는 속담이 생겨난 것도 이와 유사한 상황들이 반복되면서 같은 생각이 많은 사람에게 공유되었기 때문일 것이다. 언제 이 말이 쓰이기 시작했는지는 명확하지 않다. 아마도 중세부터였을 것이라고 사람들은 추측한다. 처음에는 라틴어 문장의 형태로, 나중에는 유럽 각 나라의 언어로 번역되어 사용되었다. 처음에는 주로 미각에 적용되었지만 점차 다른 취향에도 확장되어 나중에는 어떤 종류든 각자의 취향은 존중되어야 한다는 뜻을 지니게 되었다. 그러던 것이 근대 유럽에서 취미가 아름다움에 대한 판정 능력을 가리키게 되자, 다른 사람이 아름답다고 느끼는 것에 대해 왈가왈부할 이유가 없다는 의미를 갖게 되었다.

그렇다면 모든 사람이 공유할 수 있는 아름다움에 대한 판정의 기준은 어떤 경우에도 발견될 수 없는 것일까? 이것이 「취미의 기준에 대하여」에서 흄이 집중적으로 다루는 질문이다. 그런데 그는 사람들의 취미가 너무나 다양하다는 사실을 지적하면서 마치 취미의 기준은 제시될 수 없다는 듯이 이야기를 시작한다.

> 세상 어디서든 사람들의 견해뿐만 아니라 취미도 무척이나 다양하다는 것은 너무나 명백해서 누구나 다 아는 사실이다. 아주 지식이 짧은 사람이라도 자신이 알

고 있는 좁은 테두리 안에서도—같은 나라에서 교육 받고 일찌감치 같은 선입견을 받아들인 사람들인데도—사람마다 취미가 서로 다르다는 사실을 알아차릴 수 있다. 시야를 넓혀 먼 나라들과 먼 시대들을 살펴보면 사람들은 [거기서] 엄청난 불일치와 모순을 발견하고 훨씬 더 많이 놀라게 된다.[52]

자신의 취미에서 어긋난 것, 즉 자기가 아름답다고 생각하지 않는 것을 누군가가 아름답다고 느끼는 것을 발견하면 사람들은 그가 잘못된 취미를 지니고 있다고 생각하지만, 반대로 자신도 그러한 비난의 대상이 되는 일이 심심치 않게 발생한다는 것이다.

특히 미각의 경우 이런 일이 자주 일어난다. 내가 정말 맛있다고 생각하는 음식이 다른 이에게는 다시는 입에 넣기 싫은 음식인 경우가 종종 있다. 2002년 한일 월드컵이 개최될 무렵 한 프랑스 여배우가 개고기를 먹는 풍습을 야만적이라고 비난하자 많은 한국인이 거위 간 요리인 푸아그라가 더 잔인한 요리라며 반박했던 사례는 흄의 주장에 무척 적합하다. 예술 작품의 평가에 있어서도 흄의 주장을 뒷받침해주는 듯이 보이는 예를 심심치 않게 발견할 수 있다. 2007년 「디워」라는 영화를 한 평론가가 신랄하게 비판하자 많은 누리꾼이 그 평론가를 원색적으로 비난했던 경우가 대표적인 예이다. 일상적으로도 우리는 '너는 무슨 그런 영화를, 음악을, 그림을, 소설을 좋아하니?'라는 친구의 힐난에 '네가 무슨 상관이야?', '네가 좋아하는 건 어떻고?' 같은 말로 반박하는 경우를 매우 자주 경험하거나 목격한다. 취미의 다양성은 일상에서 흔하게 겪는 것이기에 긴 설명이 필요 없다.

학문적 영역에서도 취미의 다양성은 확실하게 입증되는 듯이 보인다. 흄 자신이 속한 경험론적 회의주의의 입장에 따르면 모든 감정은 옳다.

> 같은 대상에 의해 환기되는 수천 가지 정감은 모두 옳다. 어떤 정감도 대상 속에 실제로 존재하는 것을 나타내지는 않기 때문이다.[53]

내가 슬프거나 기쁜 감정을 느꼈다면 그것은 내 안에 실제로 존재하는 감정을 그대로 느낀 것이므로 언제나 참이다. 물론 대상이 어떠하든 언제나 내 마음대로 느끼면 되는 것은 아니다. 그렇다면 굳이 대상에 대해 이야기할 필요 없이 감정에 대해서만 이야기하면 되기 때문이다. 하지만 그것은 감정에 관한 이야기일 뿐 취미에 관한 판단은 아니다. 내가 어떤 영화를 보거나 소설을 읽고 아름다움을 느꼈다면 분명 그 작품 안에 우리에게 아름다움의 감정을 유발한 어떤 내용이 존재할 수밖에 없다.

하지만 같은 대상이라도 사람마다 다른 감정을 불러일으킬 수 있다는 사실 또한 부인할 수 없다. 흄이 아름다움은 대상의 객관적 성질이 아니라는 주장을 한 이유다. 미각의 경우도 마찬가지다. 단맛이나 쓴맛은 대상 안에 실재하는 성질이 아니다. 어떤 사람에게는 쓴맛이 다른 사람에게는 그렇지 않을 수도 있다. 그 정도는 아니라도 어떤 이에게는 엄청나게 쓴맛이 다른 이에게는 그저 약간 쓴 정도인 경우가 비일비재하다. 단맛도 마찬가지다. 단맛에 아주 오래도록 길들여진 미각을 지닌 사람은 다른 사람들은 아주 달다고 느끼는 음식을 별로 달지 않다고 느낄 수 있다. 아름다움도 이와 같은 특성을 지닌다. 어떤 사람이 아름답다고 느끼는 대상을 다른 사람은 추하다고 느낄 수 있다. 그 정도는 아니라도 다른 사람은 엄청나게 아름답다고 생각하는 대상에 대해 또 다른 사람은 그저 그렇다고 느낄 수도 있다.

> [따라서] 취미에 관해서는 논쟁이 부질없다는 어떤 격언의 결론은 정당하다. 이러한 공리를 신체적 미각(bodily taste)과 마찬가지로 정신적 취미(mental taste)에까지 확장시켜 적용하는 것은 너무나 자연스러운 일이고 심지어 아주 필요하기까지 하다. 그리고 이렇게 해서 우리는 철학, 특히 회의적인 종류의 철학과 그토록 자주 충돌하는 일반 상식이 적어도 한 가지 경우에서는 그것과 견해가 일치하여 동일한 결론을 내리는 것을

보게 된다.[54]

이렇듯 다양한 예를 들어가며 취미의 다양성을 옹호하는 듯하던 흄은 갑자기 논조를 바꿔 취미의 기준을 찾는 것이 당연한 일이라고 주장한다. 지금까지 살펴본 것이 경험론적 회의론자의 입장이었다면 이제부터는 극단적 회의론을 비판하면서 적절한 아름다움의 판정 규칙을 정하고자 하는 완화된 회의론자 흄의 모습이 드러난다. 그가 발견하고자 하는 취미의 기준이란 어떤 것일까? "사람들의 다양한 정감들이 그것을 통해 화해될 수 있는 규칙, 적어도 그것이 제시될 경우 하나의 정감은 승인하고 다른 하나는 비난하는 결정"[55]을 내릴 수 있게 해주는 그런 기준이다. 도대체 이런 기준을 어디에서 발견할 수 있을까? 경험론자인 흄은 그 역시 경험적 관찰로부터 얻어질 수 있고, 얻어져야 한다고 주장한다.

    비슷비슷한 수준의 작품들 사이에는 취미의 다양성이 존재할 수밖에 없고 따라서 그것들 사이의 우열을 판정할 기준을 찾아내기란 매우 어렵다. 하지만 수준이 확연히 차이가 날 때에는 걸작과 형편없는 작품으로 구분할 확실한 기준을 발견할 수 있다는 것이 흄의 주장의 요점이다. 그에 따르면 『실낙원』의 저자 존 밀턴과 그와 동시대인이면서 『이솝우화』나 호메로스의 『일리아스』의 번역가로 활동하던 존 오길비 사이에는 엄청난 수준 차이가 존재한다. 따라서 둘 사이의 우열을 금세 발견할 수 있다. 실제로 당시 밀턴은 거의 모든 지식인에게 엄청난 찬사를 받았고 호메로스나 소포클레스에 비견될 만한 훌륭한 시인으로 추앙받았다. 하지만 오길비의 번역은 당대의 유명한 문필가였던 존 드라이든이나 알렉산더 포프의 신랄한 비판의 대상이었다. 흄도 이러한 당대의 평가에 동의했다.

흄은 또 『천로역정』의 저자 존 번연과 계몽주의 잡지인 『관객』에 글을 기고하면서 문필가로 명성을 날렸던 조지프 애디슨 사이에도 마찬가지로 커다란 수준 차이가 존재한다고 주장한다. 잘 알려져 있듯 『천로역정』은 기독교 신자가 신앙의 여정에서 겪게 되는 일들을 알레고리의 형식을 빌려 서술한 책이다. 오늘날에는 서양 문학의 고전으로 인정받지만 당시에는 조야한 문체를 사용했다는 비난을 많이 받았다. 그것은 그 시대에는 알레고리보다는 은유나 상징이 훨씬 더 고상한 문체로 인정받았던 사정과 밀접한 관련이 있다. 이후로도 오랫동안 이런 흐름이 이어졌고 백여 년이 지난 뒤에도 괴테나 쇼펜하우어 같은 이들은 여전히 알레고리를 은유나 상징에 비해 열등한 문체로 여겼다. 번역의 작품에 대한 흄의 평가도 이런 사정에 기인했을 가능성이 크다. 반면 애디슨에게 사상적으로 많은 영향을 받았던 흄은 애디슨의 간결하면서도 깔끔한 문체를 매우 높이 평가했다.

따라서 그의 평가는 네 사람의 글을 모두 읽었을, 상당한 교양 수준을 갖추고 있었던 당대의 독자들에게는 당연한 것으로 받아들여졌을 것이다. 오늘날에도 이 글들을 모두 읽은 사람들이 동일한 평가를 내릴지는 섣불리 말하기가 어렵다. 하지만 분명한 사실은 있다. 많은 이가 훌륭하다고 인정하는 세계적인 문호의 작품과 무명의 풋내기 작가가 써낸 완성도가 전혀 높지 않은 글 사이에는 문학작품을 읽기 좋아하는 사람이면 거의 누구나 인정할 수밖에 없는 커다란 차이가 존재한다. 흄은 이런 차이를 인정하지 않는 것은 "두더지가 파놓은 흙 두둑이 테네리페[56] 산처럼 높으며 연못이 대양처럼 광대하다는 주장만큼이나 터무니없는 생각을 옹호한다고 여겨질 것"[57]이라고 주장하기까지 한다. 물론 이러한 평가가 언제나 절대적으로 참인 것은 아니다. 그런 일은 기하학이나 산술학과 같은 영역에서는 가능해도 예술에서는 불가능하다. 그러나 무명의 풋내기 작가의 글이 훗날 위대한 걸작으로 인정받는 경우가 없지는 않지만 상당히 높은 확률로 그런 일은 일어나지 않을 것이라고 주장할 수는 있다. 그리고 결국에는 대부분의 사람이 그 주장에 동의하게 될 것이다. 그런데 과연 이것이 정말로 태양이 언제나 다시 떠오른다는 명제만큼이나 확실성이 있을까? 또 그렇듯 확실한 기준이 있다면 어떻게 그것을 발견할 수 있을까?

3) 참된 비평가가 갖추어야 할 자질

「취미의 기준에 대하여」에서 흄은 그 이전에 훌륭한 예술 작품의 판정 기준을 제시하고자 했던 이들과는 다른 독특한 방식을 채택한다. 아름다움을 느끼게 해주는 작품의 객관적 성질을 제시하기보다는 작품이 아름다운가 여부를 결정할 수 있는 자격을 인정받기 위해 비평가가 갖추어야 할 자질들을 열거한다. 그런 자질을 갖춘 심판관들이 입을 모아 훌륭하다거나 형편없다는 판정을 내리게 되면 그것이 곧 취미의 기준이라는 것이다.

오랫동안 대부분의 서구인은 아름답다고 일컬어지는 대상의 객관적 성질에 비추어 아름다움을 판정하는 방식이 옳다고 믿어왔다. 피타고라스학파나 플라톤, 아리스토텔레스 등 이런 견해를 대변한 사람들의 목록은 고대로부터 근대 유럽에 이르기까지 끝없이 길게 이어진다. 흄과 동시대 학자였던 허치슨이나 버크도 같은 부류에 속한다. 소수 의견이기는 했지만 아름다움의 본질을 우리 안에 불러일으켜지는 긍정적인 감정에서 찾아야 한다고 말한 이들도 있었다. 고대 그리스에서는 데모크리토스나 소피스트가 유사한 주장을 펼쳤지만 많은 호응을 이끌어내지는 못했다. 더욱이 이들은 아름다움은 사람에 따라 다르게 느껴진다고 생각했기 때문에 그것을 판정하는 기준에 대해서는 거의 아무런 이야기도 하지 않았다.

앞에서 여러 번 밝혔듯 흄에게 아름다움은 대상의 성질이 아니라 우리 안에서 발생하는 긍정적 감정이다. 따라서 전통적인 견해를 따르던 이들은 그가 취미의 상대성을 인정하고 취미의 기준을 찾는 것을 포기해야만 한다고 생각했을 것이다. 하지만 그는 그것을 발견할 수 있다고 믿었고 그것을 찾는 방법을 제시하고자 했다. 이 기준은 "어느 나라 어느 시대에서나 보편적으로 사람들에게 즐거움을 선사한다는 사실이 발견된 대상에 대한 일반적 관찰 결과"[58]여야 한다. 물론 그는 이 모든 것이 경험적 관찰을 통해서 확증될 수 있을 뿐 기하학의 명제처럼 영원불변하는 이성적 원리로부터 연역되는 것은 아니라고 말한다. 게다가 예술 작품은 상상력의 산물이기에 순전히 기하학적 진리나 정확성만을 가지고 만들어진 작품은 너무나 무미건조하고 심지어는 거의 모든 사람에게 불쾌감을 주게 될 것이다. 그럼에도 예술 작품을 아름답게 만드는 규칙은 존재하며 예술가는 그것을 준수해야 한다.

> 비록 정확한 진리에는 결코 종속될 수 없다고 하더라도, 시는 — 천재적 재능에 의해서든 관찰을 통해서든 — 작가가 발견하게 된 예술 규칙의 통제를 받아야만 한다. 규칙을 소홀히 여기거나 규칙을 아예 지키지 않는 작가들이 독자를 즐겁게 했다면, 그들은 규칙이나 질서를 어겼기 때문이 아니라 어겼음에도 불구하고 즐거움을 준 것이다. 그들은 정당한 비평에 상응하는 다

른 아름다움을 소유했다. 그리고 이러한 아름다움의 힘이 [작품에 쏟아지는] 비난을 이겨내고, [작품의] 결함으로 인해 생겨나는 혐오감보다 월등히 강한 만족감을 [독자의] 마음에 제공할 수 있었던 것이다.[59]

흄은 다음과 같이 예를 들어 자신의 입장을 뒷받침한다. 르네상스 시대 이탈리아 작가 루도비코 아리오스토의 서사시 『광란의 오를란도』는 훌륭한 작품이다. 그런데 이 작품은 기괴하고 있을 법하지 않은 이야기들을 꾸며내며, 진지한 문체와 코믹한 문체를 기이하게 뒤섞어놓았고, 그 스토리에는 일관성이 결여되어 있다. 서술이 자꾸 중단되어 독자를 헷갈리게도 한다. 이것은 작품을 아름답게 만들기 위해 따라야 할 일반적 원칙을 위반한 사례다. 그러나 그러한 특성들이 즐거움을 주는 것은 아니다. 다른 면에서 규칙을 잘 따랐기 때문에 발생하는 즐거움이 그것을 어겼기 때문에 그 작품이 자아내는 불쾌감을 상쇄하고도 남기 때문이다. 반면 독자에게 즐거움을 제공하는 작품의 긍정적 특징으로는 힘 있고 명확한 표현방식, 다채로운 이야기들, 쾌활하고 사랑스러운 감정들의 자연스러운 묘사 등이 거론된다.

여기까지만 보면 마치 흄이 작품의 특정한 객관적 특성을 예술 작품을 평가하는 기준이라고 주장하는 것처럼 보인다. 그런데 그는 아리오스토가 오류를 범했다고 자신이 지적한 대목에서 독자들이 바로 그 오류(?) 때문에 정말로 즐거움을 느낄 수도 있음을 인정한다. 많은 독자가 지속해서 느끼게 되는 즐거움은 경험론자인 흄에게는 오류일 수가 없다. 이렇듯 예기치 못했고 설명할 수 없는 즐거움이 예술 작품의 감상에서는 자주 발생한다. 사실 일관성의 결여, 서술의 간헐적인 중단 등은 훌륭하다고 평가받는 많은 현대문학에서 우리가 심심치 않게 발견하는 특징이기도 하다. 그러므로 지금까지 확립된 개개의 비평 원칙이 모두 영원불변하고 절대적일 수는 없다. 궁극적으로 예술 작품 평가에 관한 모든 규칙은 경험적으로 확립된 것이며, 반례가 나타나면 언제든지 수정되거나 폐기될 수 있다. 물론 그렇다고 지금까지 확립되어온 모든 규칙이 일거에 아무런 가치도 없는 것으로 전락하지는 않는다. 새로운 일반적 원칙이 발견될 때까지 그 특정한 규칙만 효력이 정지될 뿐이다. 흄은 이를 취미의 기준이 존재할 수 있는 중요한 근거로 든다.

> 그렇다면 취미가 무척이나 다양하고 시대에 따라 변덕스럽게 변화함에도 불구하고, 그것을 칭찬하거나 비난하는 데 적용될 수 있는 어떤 일반적 원리들이 존재하는 것처럼 보인다. 주의 깊게 살펴보면 정신의 모든 활동 안에서 그 원리들이 행사하는 영향력을 추적하여 확인할 수 있을 것이다.[60]

그럼에도 아름다움과 관련된 인간의 섬세한 감정들은 매우 연약하고 민감하기에 일반적인 비평의 원리들이 제대로 작동하는 경우는 매우 드물다. 예술 작품의 아름다움을 제대로 평가하려면 따라서 여러 상황이 잘 맞아떨어져야 한다. 우선 작품을 감상할 적절한 시간과 장소를 선택하고 상상력이 알맞은 반응을 보일 수 있도록 알맞은 상황을 선택해야 한다. 그러려면 "완전히 평온한 마음, 정신 집중, 대상에 대한 적절한 관심"[61]이 필요하다. 그러나 이것들은 취미의 기준이라기보다는 그것을 제대로 확정할 수 있기 위해 필요한 전제라고 할 수 있다. 물론 이런 조건들조차 쉽게 충족되는 경우가 드물기에 어떤 작품에 대한 평가가 제대로 이뤄지려면 오랜 시간이 필요하다. 그러므로 수천 년 전에 고대 그리스인과 로마인을 감탄시켰던 어떤 작품이 근대 유럽의 프랑스나 영국인에게도 여전히 감동적이라면 그 작품은 취미의 기준을 만족시키는 진정으로 위대한 작품이다. 형편없는 작품이 일시적으로 인기를 얻는 경우가 있을 수 있지만 오랜 세월이 지나고 다른 문화권의 사람들도 번역을 통해 그 작품을 감상하게 되면 점차 그 진짜 모습이 드러날 것이다. 반면 진정한 천재의 작품은 처음에는 사람들의 시기나 질투, 무지 등으로 인해 인정받지 못할 수도 있지만 그런 장애물들이 제거되면 언젠가는 많은 이에게 감동을 줄 것이며 이후 오래도록 찬탄의 대상이 될 것이다.

그렇다면 세월의 시험을 이겨낼 위대한 작품을 알아보고 거기에 감동하게 만드는 취미의 기준은 어떻게 발견될 수 있는 것일까? 이 물음에 대한 해답을 제시하는 방식에서 흄의 사상적 독창성이 분명하게 드러난다. 그는 대상의 객관적 속성에서 아름다움의 판정 기준을 찾지 않는다. 앞서 보았듯 그에 반대되는 경험적 관찰 결과가 등장하면 그것이 더 이상 일반적으로 타당할 수 없기 때문이다. 이것이 흄이 구체적인 취미의 규칙보다는 그것을 발견하기 위해 필요한 원칙의 제정방식을 제시하려 시도하는 이유다. 그가 내린 결론에 따르면 작품 평가의 일반적 원칙은 일정한 자격을 갖춘 비평가 집단의 공통된 의견에 따라 정해질 수 있다.

취미의 기준을 확정할 수 있는 훌륭한 비평가가 갖추어야 할 자질로 가장 먼저 흄이 제시하는 것은 섬세한 상상력이다. 흄에게 상상력은 단순관념들을 결합시켜 복합 관념을 만들어내는 능력이며 아름다움도 복합 관념에 속한다. 특히 예술과 관련된 상상력은 우리의 감각적 경험 그대로 관념을 재생하는 것이 아니라 창조적 능력을 발휘하여 전혀 다른 관념들을 만들어내는 능력이다. 그런데 문제는 예술 작품의 아름다움을 판정할 수 있다고 믿는 사람은 누구나 자신이 이러한 능력을 소유하고 있다고 생각한다는 사실이다. 그러나 흄에 따르면 실제로는 그렇지 않다. 그는 그 근거를 『돈키호테』에 등장하는 유명한 일화에서 끌어온다. 주인공 돈키호테의 시종인 산초가 우연히 함께 대화를 나누게 된 어떤 사람에게 다음과 같이 말했다고 한다.

내가 포도주의 좋고 나쁨에 대해 판단할 능력이 있다고 주장하는 데에는 그럴 만한 이유가 있어요. 그건 우리 가문에 대대로 전해져 내려오는 능력이니까요. 내 친척 두 사람이 어느 날 큰 통에 담긴 포도주를 평가해달라는 부탁을 받았었죠. 그 포도주는 오래 묵은 데다 생산연도도 좋은, 그래서 아주 뛰어나다고 여겨지는 것이었어요. 그중 한 사람이 그것을 맛보고 음미한 뒤 충분히 심사숙고한 다음 그 포도주가 훌륭하다고 선언했죠. 그가 그 안에서 감지한 약간의 가죽 맛만 빼고 말이죠. 다른 한 사람은 앞사람과 똑같은 준비과정을 거친 다음 그와 마찬가지로 그 포도주에 우호적인 판결을 내렸어요. 그가 쉽사리 분간해낼 수 있었던 쇠 맛만 빼고 말이죠. 자신들이 내린 판결로 인해 그들이 둘 다 얼마나 비웃음을 샀는지 당신은 상상조차 할 수 없을 겁니다. 하지만 마지막에 누가 웃었을까요? 포도주 통을 비우자 바닥에서 가죽끈이 묶인 오래된 열쇠 하나가 발견되었답니다.[62]

이 일화에서 우리가 분명하게 확인할 수 있는 것은 섬세한 맛의 차이를 감별하는 데는 타고난 능력이 매우 중요하다는 사실이다. 그렇다면 신체적 미각이든 아름다움을 감별하는 취미 능력이든 선천적으로 타고난 재능을 필요로 한다는 뜻으로 이 인용문을 해석할 수 있을까? 만약 그렇다면 그것을 어떻게 확인할 수 있을까? 앞의 예에서는 포도주 통을 비워 열쇠를 발견하면 누구도 산초의 두 친척의 미각에 대해 이의를 제기할 수가 없을 것이다. 예술 작품의 경우에도 그 정도로 확실한 증거를 제시할 수 있을까? 흄은 그렇다고 말한다. "이러한 일반적 규칙들이나 공공연하게 인정된 창작의 본보기들을 만들어낸다는 것은, 산초의 친척들이 내린 판단을 정당화해주고 그들을 비난했던 자칭 심판관들을 당혹스럽게 만들었던 가죽끈이 달린 열쇠를 찾는 일과 비슷하다."[63] 어떻게 그는 이토록 대담한 주장을 할 수 있었던 것일까?

흄에 따르면 "신체 기관들이 너무나 섬세해서 아무것도 거기에서 벗어날 수 없고 동시에 그것들이 너무나 정확해서 혼합물 가운데에서 각각의 구성 요소를 분간해낼 수 있을"[64] 경우 그것이 섬세한 취미다. 이와 같은 섬세함은 일종의 재능이며 사람들이 지닌 이런 재능의 차이는 크다. 신체 기관들이 아주 섬세하다는 표현은 섬세한 취미가 아무나 가질 수 없을 만큼 특별한 선천적 능력이라는 해석에 힘을 실어주고 있는 것처럼 보인다. 그러나 흄은 반대로 해석될 수 있는 말도 하고 있다. 어떤 대상이든 처음 접할 때는 그로부터 발생하는 감정이 모호하고 혼돈스럽다. 따라서 처음부터 어떤 작품이 갖는 탁월한 점들을 분간해내고 그것이 지닌 특성이 무엇인지, 탁월함의 정도는 어떠한가를 알아내는 것은 어려운 일이다. 이때 우리가 보일 수 있는 최선의 반응은 작품이 전체적으로 아름답거나 추하다는 판단을 내리는 정도다. 그렇다면 매우 섬세한 취미 능력을 가진 사람이 내린 예술 작품에 대한 판정이라 하더라도 처음부터 완전하지는 않다는 해석이 가능하다. 사람들 사이에 나타나는 취미의 차이는 작품을 보고 처음에 느끼는 모호하고 혼돈스러운 감정을 가다듬어 분명하게 파악하는 정도에 따라 발생하는 것이지 선천적인 능력에 따라 생겨나는 것이 아닐 수도 있는 것이다.

선천적인 섬세한 능력을 타고났든 그렇지 않든 취미의 기준을 확립할 수 있기 위해 이상적 비평가가 갖추어야 할 첫 번째 자질은 처음에는 모호하고 혼돈스럽기만 한 감정을 잘 가다듬어 명료한 것으로 느낄 수 있는 섬세한 상상력을 갖는 일이다. 그럴 수 있다면 우리는 포도주 통 속의 열쇠를 찾아내어 어떤 사람의 미각 수준을 확인하는 것처럼 어떤 작품의 수준을 판정할 수 있게 해주는 중요한 특징들을 찾아낼 수 있을 것이다.

흄이 제시하는 두 번째 자질은 특정 예술 분야 안에서 부단한 연습을 통해서 쌓은 풍부한 경험이다. 아무리 섬세한 취미나 상상력을 지닌 사람이라도 처음부터 작품의 훌륭한 점들을 낱낱이 포착하여 정확하게 평가하지는 못한다. 따라서 어떤 작품이 제공하는 아름다움을 제대로 판정할 능력을 갖추려면 해당 예술 분야에 대한 다채로운 경험이 필요하다. 그러려면 훌륭한 작품을 많이 접하면서 그 작품들의 뛰어난 점이 무엇인지 파악하는 훈련을 하는 것이 무엇보다 중요하다. 이를 통해 경험이 축적되면 처음에는 자신 없이 유보적인 판단만을 내리던 사람도 "각각의 부분이 지닌 아름다움이나 결함을 감지할 뿐만 아니라 다른 것과 구별되는 각 종류의 특성을 확인하고 거기에 합당한 찬사나 비난을 보내게 된다."[65] 경험 축적을 위한 또 다른 방법은 해당 예술 분야에서 아름다운 작품을 만들어내는 기술을 실제로 연마하는 일일 것이다. 실제로 창작에 사용되는 기술을 접하고 이해하게 되면 그렇지 않은 사람보다 그 분야의 작품을 훨씬 더 잘 판단할 수 있을 것이기 때문이다. 이런 사실을 염두에 둔 듯 흄은 다음과 같이 말한다. "한마디로 말하자면, 어떤 작품이든 작품을 창작할 때 연습으로 얻게 되는 바로 그 솜씨나 재주가 그것을 판단하는 데 있어서도 동일한 수단에 의해서 [즉, 연습에 의해서] 획득된다."[66]

이런 경험을 쌓기 위한 훈련은 어떻게 진행되어야 할까? 문학의 경우라면 평가의 대상이 된 작품을 "한 번 이상 정독하고 신중하게 주의를 기울여 다각도로 검토"[67]해야 한다. 그래야만 처음 접할 때 갖게 되는 마음의 동요나 조급함을 벗어나서 작품의 여러 구성 요소들 간의 관계나 문체의 특성을 적절하게 포착할 수가 있기 때문이다. 이런 과정을 계속하다 보면 자연스럽게 여러 종류의 작품들 사이에 존재하는 다양한 차이에 주목하게 되고 그것들을 비교 검토해보게 된다.

> 어떤 종류의 아름다움이든 그것을 관찰하는 연습을 계속하게 되면, 어쩔 수 없이 그 종류와 정도가 서로 다른 여러 탁월한 특성들을 자주 **비교**해보게 되고 그것들이 서로 어떻게 조화를 이루는가를 자주 평가하게 될 수밖에 없다. 서로 다른 종류의 아름다움을 비교할 기회를 전혀 갖지 못했던 사람은 그에게 제시된 어떤 대상에 관해서든 자신의 견해를 제시할 자격을 전혀 가질 수가 없다. 비교만으로도 우리는 [비교되는 작품들에] 칭찬이나 비난을 뜻하는 형용사들 중 어떤 것을 사용할지 결정하게 되며, 어떻게 그에 합당한 정도의 칭찬이나 비난을 부여할 것인지 배우게 된다.**68**

이런 이유로 흄은 여러 작품을 비교해보고 거기서 서로 다른 종류의 아름다움을 분간해내는 능력을 갖추게 되는 것이 훌륭한 비평가가 갖추어야 할 세 번째 덕목이라고 주장한다. 경험이 적은 사람들은 아주 수준이 낮은 작품이라도 어느 정도의 특징만 갖추고 있으면 아름다움을 느끼는 경우가 많다. 흄이 직접 드는 이런 작품의 예는 조잡하게 색칠이 되어 있지만 그 안에 어느 정도 광채 나는 색들과 묘사되는 대상에 대한 정확한 모방이 담겨 있는 경우와 천박한 발라드 음악이지만 그 안에 조화나 자연스러움이 약간은 담겨 있는 경우다. 이외에도 위대한 예술 작품의 특성을 차용한 키치적인 작품을 문외한이 아주 아름답다고 느끼는 경우도 여기에 해당할 것이다. 이런 작품들을 보고 처음에는 감탄해 마지않던 사람들도 점차 그 분야의 훌륭한 작품을 많이 접하고 그것들을 이전에 자신이 좋아했던 작품과 비교하다 보면 처음의 판단에 의문을 가지게 되고 결국에는 그 작품이 이전에 선사했던 감동을 더 이상 느끼지 못하게 될 것이다. 그러므로 "서로 다른 시대와 민족들에게서 찬사를 받은 여러 작품을 보고 음미하고 비교 평가하는 데 익숙한 사람만이 그의 시야에 들어온 어떤 작품의 장점들을 평가할 수 있으며, 그것에 천재의 작품들 가운데에서 어느 정도의 지위를 부여하는 게 적합한지 판단할 수 있다."[69]

물론 이것만으로는 충분하지 않다. 참된 비평가가 되려면 자신이 지니고 있던 모든 편견에서 벗어나야 한다. 흄에 따르면 "모든 예술 작품이 [비평가의] 마음속에 그에 합당한 효과를 불러일으킬 수 있으려면 […] 실제든 상상 속에서든 그 작품을 감상하는 데 필요한 것과는 맞지 않는 상황 속에 있는 사람이 그것을 음미해서는 안 된다."[70] 어떤 웅변가가 쓴 강연 원고를 읽을 경우 우리는 다음과 같은 상황을 고려해야만 한다. 언제나 웅변가는 특정한 청중에게 연설을 해야 한다. 따라서 그 청중이 갖고 있는 이해관계나 견해, 심지어는 편견까지도 고려해야 한다. 그러므로 그가 쓴 웅변 원고가 훌륭한지 아닌지 적절하게 평가할 수 있으려면 그가 처해 있던 상황과 청중의 특성을 고려하여 그것을 읽어야 한다. 그렇지 않고 자신의 관점에서만 읽게 되면 이 원고의 훌륭함을 제대로 판단할 수 없게 된다. 또 어떤 작품을 감상할 때 저자와 내가 친구관계인지 적대관계인지 상관없이 일반적인 감상자의 입장에서 그 작품을 대해야 한다. 그렇게 하지 못할 경우 나의 "취미는 참된 기준으로부터 명백하게 벗어나며, 그 결과로 모든 신뢰와 권위를 상실한다".[71]

편견이 취미에 미치는 이러한 부정적 영향을 통제하는 역할을 수행하는 것이 훌륭한 감관(good sense)이다. 이것이 참된 비평가가 갖추어야 할 다섯 번째이자 마지막 자질이다. 모든 위대한 작품은 그 부분들이 서로 긴밀한 관계를 맺으며 조화를 이룬다. 이러한 모든 부분을 일일이 파악하면서 동시에 전체의 일관성과 통일성을 포착해내려면 그것들을 서로 비교하고 다시 통합하는 능력을 갖춰야 한다. 그렇지 못할 경우 그 작품이 지닌 아름다움을 적절하게 파악하지 못하게 된다. 이렇듯 부분들의 조화와 통일성을 파악하는 능력은 감성이나 상상력이 아니라 이성이다. 흄은 "이성은 취미의 본질적인 부분은 아니라 할지라도 적어도 그것이 작동하기 위해서는 필수불가결한 것"[72]이라고 말한다.

작품 평가에 왜 이성이 중요한가를 또 다른 관점에서 살펴보기로 하자. 모든 작품은 나름의 목적과 의도를 지닌다. 모든 작품에 공통되는 목적이나 의도의 내용은 한마디로 말하자면 "정념들과 상상력을 통해서 즐거움을 제공하는 것"[73]이다. 따라서 작품을 감상할 때에는 이러한 목적을 계속해서 염두에 두어야만 작품에 사용된 수단이 훌륭한 것인지 아닌지 판단할 수 있다. 그런데 특히 문학작품은 어떤 종류든 "명제들과 이성적 논증의 연속"이게 마련이다. "물론 명제와 논증이라고 언제나 매우 적절하고 아주 정확한 것은 아니지만—아무리 상상력이 거기에 색깔을 덧입혀 그 모습이 변질되었다 하더라도—여전히 그럴듯하고 진짜 같은 것들이다."[74] 그러므로 비극이나 서사시 같은 경우 거기에 등장하는 인물들은 "그들의 성격이나 주위 상황에 적합하게 이성적으로 추론하고 사유하며 결정하고 행동"[75]하도록 묘사되어야 한다. 그렇지 않다면 그 작품은 자신의 목적을 성취하지 못할 것이다. 사람들이 그것을 읽으면서 인물이나 사건을 제대로 묘사하지 못한다고 생각하거나 심지어는 내용이 뭐가 뭔지 잘 모르겠다고 생각하게 될 것이고 따라서 불쾌감을 느끼게 될 것이기 때문이다. 이러한 흄의 논증은 약간의 변형을 거친다면 시각예술이나 음악 같은 장르에도 적용될 수 있다. 적어도 흄의 시대까지는 시각적 이미지나 음의 배열의 경우에도 부분들의 조화와 통일성을 아름다움의 기준으로 삼았으며, 묘사되는 시각적 이미지나 음의 배열이 어느 정도는 합리적이어야 한다고 생각했으니까 말이다.

이렇듯 예술 작품의 평가에서 이성이 담당하는 중요한 역할과 훌륭한 감관은 어떤 관계일까? 보통의 경우 sense라는 단어는 이성과는 상관없는 감각을 뜻하거나 감각 능력 혹은 감각 기관, 즉 감관을 가리킨다. 그런데 흄은 심지어 "훌륭한 감관이 결여된 경우 […] 가장 고상하고 탁월한 아름다움인 디자인과 이성적 추론의 아름다움을 파악할 자격이 없다"[76]고까지 주장한다. 얼핏 보기에 모순처럼 보이는 이런 주장을 이해하려면 sense라는 단어가 지니는 여러 의미와 그 의미들이 형성된 과정을 주의 깊게 살펴볼 필요가 있다.

이 말의 어원은 원래 '느끼다, 지각하다'라는 뜻을 지닌 라틴어 동사 센티오(sentio)다. 이 라틴어 동사는 '견해를 지니다, 판단하다'라는 뜻도 지닌다. 무언가를 감각을 통해서 반복해서 지각하고 이를 통해 경험이 쌓이면 그것에 관해 나름의 견해를 지니게 되고 제대로 판단할 수 있게 된다는 생각이 그 배후에 깔려 있을 것이다.

흄과 동시대에 활동했던 섀프츠베리나 허치슨을 비롯한 여러 영국 철학자에 따르면 도덕적인 옳고 그름은 이성적 판단의 대상이 아니다. 대신 시각이나 청각처럼 외부 사물과 직접 관련된 감각은 아니지만 옳고 그름을 직관적으로 판단하게 해주는 일종의 감각 능력이 존재한다. 그것을 이들은 도덕적 감관(moral sense)이라고 불렀다. 이런 생각이 미학 논의에도 영향을 끼쳐 허치슨은 아름다움을 지각하는 일종의 내적 감관(internal sense of beauty)이 존재한다고 주장하게 된다.**77** sense가 감각이라는 원래 뜻 말고 이성적 사고 작용과 구별되면서 외적 감각과도 구별되는 지각의 한 형태를 가리키는 용어로 사용되었던 이유이기도 하다.

흄은 이 점에서 허치슨의 영향을 많이 받았다. 실제로 「취미의 기준에 대하여」에서 흄도 내적 감각 기관(organs of internal sensation)이라는 표현을 사용하고 있다. 그러므로 sense는 이 대목에서는 이성적 추론을 통한 판단도 아니고 그렇다고 감각적 지각도 아닌, 감각과 관련이 있지만 그에 대한 판단이나 평가도 함께 포함하는 인간 정신의 능력 혹은 활동이나 그 산물로 해석되어야 한다. 그런데 왜 흄은 이것을 이성적인 활동과 연결시키는 것일까? 앞에서 본 것처럼 예술 작품을 통해서 즐거움을 제공하려면 전적으로는 아니라도 어느 정도는 작품에 부분들의 조화와 통일성을 부여하고 사건이나 성격을 합리적으로 묘사해야 하기 때문이다. 어떤 작품이 훌륭한가 여부를 판단하려면 감각을 통해 얻어진 경험을 토대로 갖추게 된 판단력을 가지고 작품 안에 존재하는 이성적 요소들을 잘 파악할 수 있어야 하는 것이다. 이러한 능력을 흄은 훌륭한 감관 혹은 뛰어난 감관(strong sense)이라고 불렀다. 그래서 흄은 다음과 같이 주장할 수 있었다.

[훌륭한] 감관을 소유한 사람이 예술에 대한 경험이 있으면서도 그 아름다움에 대해 판단하지 못하는 일은 드물게 일어나거나 전혀 일어나지 않는다. 건전한 오성을 소유하지 않고도 적절한 취미를 소유한 사람을 만나는 것도 그에 못지않게 드문 일이다.[78]

그런데 왜 그는 앞서 본 바와 같이 "디자인의 아름다움과 이성적 추론의 아름다움"을 가장 고상하고 탁월한 것이라고 주장하는 것일까? 오성적 혹은 이성적 추론의 아름다움은 취미, 특히 예술 작품의 아름다움을 판정하는 능력으로서의 취미와 매우 밀접한 관계를 지닌다. 따라서 이성적 추론의 아름다움이 고상하고 탁월한 것이라는 주장을 이해하기가 그렇게 어렵지는 않을 것이다. 하지만 대부분의 독자는 처음에는 디자인의 아름다움도 그러하다는 주장을 이해하기가 쉽지 않을 것이다. 실제로 이를 이해하려면 당시에 디자인이라는 단어가 어떤 의미를 지니고 있었는지를 알아볼 필요가 있다.

디자인이 예술의 이성적 특성을 가리키는 단어가 된 것은 르네상스 시대 이탈리아에서였다. 회화 예술에서 작품을 구성하는 두 가지 요소는 디자인과 색채다. 그중 디자인은 드로잉이나 화면 구성과 관련이 있다. 여기에는 두 가지 요소가 중요하다. 하나는 화면을 잘 구성할 수 있는 화가의 능력과 그것을 잘 수행하기 위해 부단한 연습을 통해 향상시킨 드로잉 능력이다. 다른 하나는 그것을 상상력을 통해 구성해낼 수 있는 천재적 능력이다. 이런 의미에서 디자인은 단순히 눈에 보이는 것을 그대로 모방하는 것이라기보다는 그전에는 존재하지 않았던 것을 창조하는 능력과 밀접한 관련이 있다.

르네상스 시대의 화가나 예술사가는 심지어 디자인을 뜻하는 이탈리아어 디세뇨(disegno)를 세뇨 디 디오(Segno di Dio), 즉 신의 표징으로 해석하기도 하였다. 르네상스 화가들은 신의 창조적 능력과 맞먹는 화가의 창조적 능력을 강조하여 회화를 단순한 기술이 아니라 문학이나 음악과 같은 고상한 인문적 교양의 지위까지 높이려 했다. 그들이 디자인을 회화 예술의 본질로 파악하고 색채보다 더 중시하였던 이유가 여기에 있다.

한편 화면 구성 능력에는 언제나 단순한 감각을 넘어서서 이성적으로 대상들을 파악하고 그것들을 조합하여 화면 안에 배치하는 능력이 포함된다. 따라서 디자인은 언제나 한편으로는 창조적 상상력과 관련되지만 다른 한편으로는 이성적인 능력과 밀접한 관련이 있는 것으로 여겨졌다. 그런데 흄은 이것을 훌륭한 감관과 직접 연결시키고 있다. 이런 면에서도 훌륭한 감관은 단순히 감각 혹은 감정과만 관련이 있는 것이 아니라 이성적인 것과도 관련을 맺는 이중적 성격을 지니게 된다. 또 앞서 보았듯 위대한 천재의 창조적 능력과 밀접한 연관을 지니기 때문에 디자인과 이성적 추론의 아름다움은 "가장 고상하고 탁월"한 것이 될 수 있다.

이렇게 해서 예술 작품의 아름다움을 평가할 수 있는 참된 심판관이 지녀야 할 다섯 가지 자질에 대해 살펴보았다. 흄에 따르면 이러한 다섯 가지 자질을 모두 갖춘 비평가가 드물기는 하지만 존재한다면, 그들을 다른 사람들로부터 구분해 예술 작품 평가의 임무를 맡기기가 어렵지는 않다. 이렇게 검증받은 비평가들이 한목소리로 내리는 판단이 예술 작품 평가의 기준이 된다. 혼자라면 여러 가지 한계와 제약으로 인해 판단을 잘못할 수도 있지만 이런 능력을 갖춘 비평가가 모두 같은 판결을 내린다면 그들의 판단에 이의를 제기하기란 거의 불가능하다는 것이다. 참된 비평가의 자질에 대해 상세하게 논의를 전개한 후 흄은 취미의 기준이 어떻게 발견될 수 있는지에 대한 자신의 주장을 다음과 같이 정리한다.

> 섬세한 정감과 결합되고, 연습에 의해 개선되며, 비교를 통해 완전해지고, 모든 편견으로부터 벗어난 뛰어난 감관(strong sense)만이 비평가들에게 이러한 [참된 심판관으로서] 가치 있는 특성을 부여할 수 있다. 그리고 이러한 비평가들이 발견되는 곳에서는 어디서나 이들의 공통된 판단이 취미와 아름다움의 참된 기준이 된다.[79]

4) 취미의 다양성

"섬세한 정감과 결합되고, 연습에 의해 개선되며, 비교를 통해 완전해지고, 모든 편견으로부터 벗어난 뛰어난 감관을 갖춘" 비평가들의 공통된 판단이 취미와 아름다움의 참된 기준이 된다는 흄의 주장은 오늘날까지도 예술 작품의 평가 기준 확립이 문제가 될 경우에는 언제나 거론되는 매우 중요한 이론이다. 물론 그의 주장에 대한 반론도 만만치 않다. '그런 자격을 갖춘 비평가를 어떻게 발견할 수 있는가? 그가 그런 자격을 갖추었는지를 누가 결정하는가? 만일 누군가가 실제로는 그렇지 못하면서도 자신이 이 모든 자격을 갖추고 있다고 주장할 경우 그를 어떻게 진정한 비평가로부터 구분해낼 수 있는가?' 이 물음들은 무척 대답하기 어려워 보이며, 흄이 많은 노력을 기울여 제시한 취미의 기준 확립 방법을 다시 미심쩍은 것으로 만들어버리는 듯이 보인다.

그런데 흄에 따르면 어떤 특정한 개인이 훌륭한 감관과 섬세한 상상력을 지니고 있고 선입견에서 자유로운가는 사실에 관한 문제이지 감정에 관한 문제는 아니다. 논쟁이 있을 수는 있지만 궁극적으로는 실제로 그런지 아닌지에 대한 분명한 확인이 가능하다. 섬세한 취미를 소유한 사람이 드물기는 하지만 그들이 존재한다면 그 능력이 여러 면에서 다른 사람들보다 월등하게 뛰어나기 때문에 그들을 다른 사람들과 구별해내는 것은 그리 어려운 일이 아니라는 것이다. 이렇게 인정을 받은 이들이 함께 적극적으로 훌륭하다고 칭찬하는 작품들은 결국에는 많은 사람의 사랑을 받게 될 것이고 그것이 그 작품에 대한 지배적인 평가가 될 것이다.

이렇듯 참된 비평가들의 공통된 견해에 따라 취미의 기준이 확정될 수 있음을 다시 한번 강조하고 나서도, 흄은 취미에는 다양한 차이가 나타날 수 있음을 인정한다. 물론 그런 경우라도 아름다움과 추함을 가르는 모든 경계를 무너뜨리지는 못한다. 누구나 인정해야 할 걸작을 내 마음대로 형편없는 작품이라고 폄하하거나 정말 터무니없이 졸렬한 작품을 위대한 작품이라고 주장할 수는 없으니까 말이다. 그러나 위대한 작품들 사이에서 어떤 작품을 다른 작품보다 더 좋아하거나 싫어하는 차이 정도는 인정될 수 있다. 두 사람이 모두 훌륭한 감관이나 섬세한 상상력을 소유하고 있고, 편견에서 자유로우며, 많은 경험을 쌓았다고 인정되고 이 중 어떤 측면에서도 누가 더 낫다고 판단하기 어려울 정도라면 "판단에 있어 어느 정도의 다양성은 피할 수 없으며, 대립하는 정감들을 화해시킬 수 있는 어떤 기준을 찾는다는 것은 헛된 일"[80]이기 때문이다.

취미의 다양성이 나타나는 원인을 흄은 두 가지로 구분하여 설명한다. 우선 사람들이 서로 다른 기질을 지니고 있기 때문에 취미의 다양성이 존재할 수 있다. 또 시대나 국가에 따라 나타나는 특정한 관습이나 견해가 다양한 취미 판단을 가능하게 한다.

먼저 기질의 차이가 취미의 다양성의 원인이 되는 경우를 살펴보기로 하자. 흄은 인생의 시기에 따라 좋아하는 예술 작품의 취향이 다를 수 있다는 사실을 예로 든다.

> 뜨거운 정념을 지닌 젊은이라면 사랑을 불러일으키는 다정한 이미지에 더 뚜렷한 감동을 느낄 것이다. 삶에서 일어나는 여러 사건에 대한 현명한 철학적 성찰이나 정념의 조절에 즐거움을 느끼는 나이 지긋한 어른보다는 말이다. 이십 대는 오비디우스를 좋아할 수 있다. 호라티우스는 사십 대가, 타키투스는 아마도 오십 대가 좋아할 것이다.[81]

『변신이야기』의 저자로 유명한 고대 로마의 시인 오비디우스의 작품은 열정적인 사랑 이야기로 가득하다. 그러기에 그의 작품들은 혈기가 왕성한 이십 대가 좋아하는 경우가 많다. 『시작의 기술』의 저자이며 고대 로마의 시인인 호라티우스는 정치적이고 윤리적인 문제에 대한 풍자시를 많이 지었다. 따라서 그의 글은 사회에서 활발하게 활동하는 중년의 사람들이 선호할 가능성이 크다. 타키투스는 로마 시대의 원로원 의원이자 역사가로 티베리우스, 칼리굴라, 글라우디우스, 네로 황제 등의 시대에 관한 역사서인 『연대기』를 서술한 것으로 유명하다. 그러므로 그의 작품은 과거를 회상하고 정리하는 것을 선호하는 노년층에 접어든 이들이 더 좋아할 것이다. 이것은 사람이 나이를 먹어감에 따라 취향이 변할 수 있으며, 연령대에 따라 위대한 작가의 훌륭한 작품들에 대한 선호도가 달라질 수 있음을 보여주는 증거라 할 수 있다.

흄은 여기에 그치지 않고 기질의 차이가 취미의 다양성의 원인이 되는 또 다른 경우를 제시한다. 예를 들자면 같은 사람도 그때그때의 마음 상태에 따라 좋아하는 작품의 종류가 달라질 수 있다. "그때그때의 마음 상태에서 명랑함 아니면 고통, 정감 아니면 반성 중 어떤 정서가 가장 두드러진 것이든 간에, 그것은 우리와 닮은 작가에 대한 독특한 공감을 제공한다."[82] 또 사람들은 자신의 기질에 따라 특정한 종류의 작품을 선호할 수 있다.

> 어떤 사람은 숭고한 것을 더 즐거워하고 다른 사람은 부드러운 것, 또 다른 사람은 농담을 더 즐거워한다. 어떤 사람은 결점에 매우 민감하고 극도로 정확함을 추구한다. 다른 사람은 아름다움을 훨씬 더 생생하게 느끼며, 고상하거나 감동적인 솜씨를 하나 보게 되면 수십 가지의 얼토당토않음이나 결점을 용서한다. 이 사람은 전적으로 간결함과 활기에 귀를 기울이는 반면, 저 사람은 풍요롭고 화려하며 조화로운 표현을 들으면 기뻐한다. 어떤 사람은 소박한 문체를 좋아하지만 다른 사람은 장

식적인 문체를 좋아한다. 희극, 비극, 풍자, 송시(頌詩)를 좋아하는 사람이 각각 다른데, 이들은 그 특정한 글쓰기 유형을 다른 모든 유형들보다 선호한다.[83]

이런 경우 취미의 차이는 "그에 대해 결정할 때 참고할 수 있는 어떤 기준도 존재하지 않기 때문에 그것은 결코 이성적 논쟁의 대상이 될 수 없다."[84]

    취미의 다양성이 나타나는 또 하나의 원인으로 흄은 시대나 민족, 국가에 따라 다른 관습이나 견해를 든다. 이 경우에는 개인적 기질의 차이에 의해 발생하는 취미의 차이보다는 설명이 조금 더 복잡하다. 왜냐하면 후자의 경우에는 대부분의 사람들이 그로 인해 나타나는 취향의 차이를 당연하게 인정하는 경우가 많은 데 반해, 전자의 경우에는 그렇게 하기가 쉽지 않기 때문이다. 우선 그가 드는 예를 살펴보자. 고대의 연극에서는 "공주가 우물에서 물을 길어 온다든가 왕이나 영웅이 자신이 먹을 음식을 직접 마련하는"[85] 장면이 등장한다. 이와 같은 장면은 왕이나 영웅이 부귀영화를 누리며 많은 신하나 하인을 거느리기 때문에 스스로 그런 일을 할 필요가 없는 시대를 사는 사람들에게는 매우 낯선 광경일 것이 틀림없다. 따라서 고대 연극에 대한 지식이 거의 없는 근대 영국이나 프랑스의 보통 관객이라면 이치에 맞지 않는다 하여 이 장면을 그다지 좋아하지 않을 것이다. 그렇다고 이런 관객의 태도를 비난할 이유도, 고대 연극을 부정적으로 평가할 이유도 흄에 따르면 전혀 존재하지 않는다.

또 민족적 기질의 차이에 따라 취미의 차이가 나타날 수도 있다. "프랑스인이나 영국인이라면 테렌티우스의 『안드리아』나 마키아벨리의 『클리치아』에서 즐거움을 느끼지는 않을 것이다. 이런 연극들에서는 극 전체의 중심인물인 아름다운 여인이 한 번도 관객들 앞에 나타나지 않고 언제나 무대 뒤편에 머물러 있기 때문이다. 고대 그리스인이나 근대 이탈리아인의 내성적인 기질에는 이런 방식이 적합하겠지만 말이다."[86] 각 민족의 기질 차이에 따라 선호도가 갈릴 수는 있겠지만 위에서 언급된 두 연극이 훌륭한 연극이라는 데는 이의의 여지가 없다. 테렌티우스는 고대 로마에서, 마키아벨리는 근대 초기 이탈리아에서 인정받았고 이후로도 오랫동안 많은 사람의 사랑을 받은 훌륭한 극작가이기 때문이다. 물론 이런 표현방식을 싫어하는 사람들은 처음에는 자신이 속한 민족적 기질이나 취향으로 인해 그 표현에 거부감을 느꼈기에 연극 자체에 대해서도 부정적인 견해를 가질 수 있다. 하지만 이런 차이가 예술 작품을 평가하는 결정적 판단 근거가 될 수는 없다는 사실은 누구나 인정할 수밖에 없다.

동일한 민족도 시대에 따라 관습이 다를 수 있고 거기서 취향의 차이가 발생할 수 있다. 그 예로 흄은 의복과 관련된 영국인의 관습이 시대마다 변화해온 사실을 들고 있다. 주름칼라나 파딩게일[87]은 16, 17세기에 유행했던 의복 형태다. 흄이 활동했던 18세기에는 유행이 지나버려서 아마도 이런 옷을 입는 사람들은 촌스럽다는 비난을 감수해야 했을 것이다. 그러나 조상들의 초상화에 이 의복 형태가 나타난다고 해서 그 초상화를 버려야 하는 것은 아니라고 그는 말한다. "해롭지 않은 특정한 관습들"[88]이 작품의 질을 평가하는 데 영향을 미쳐서는 안 된다는 것이다.

마지막으로 흄은 종교와 관련된 예술 작품들에서도 취미의 다양성을 인정해야 한다고 주장한다. 기독교인의 입장에서 제우스를 비롯한 이교도의 신들이 등장하는 호메로스의 서사시를 어떻게 평가할 것인가? 흄은 올림포스의 십이신을 믿는 다신교를 일종의 사변적 오류로 파악하고 이러한 오류가 예술 작품의 의미를 평가하는 데 영향을 미쳐서는 안 된다고 주장한다. 그 시대에 속한 사람들은 그것을 당연하게 받아들였고 오류인지도 몰랐기 때문에 거기에 대해 왈가왈부해서는 안 된다는 것이다. 그러므로 "고대 문학에 대한 올바른 견해를 가지게 되었다고 주장하는 비평가라면 누구나 이교도 신학 체계의 모든 모순을 눈감아주어야만"[89] 한다. 하지만 종교에 대한 열광이 지나쳐서 미신에까지 이르고 종교와 관계가 거의 없는 감정에까지도 개입하게 되면 그런 자가의 작품은 훌륭한 작품이 될 수 없다. 르네상스 시대 이탈리아의 시인 페트라르카가 자신이 짝사랑하던 라우라라는 여인이 죽자 그녀를 그리스도와 동등한 위치까지 높여 묘사하는 것이 그 예 중 하나다. 이런 묘사가 담겨 있는 작품은 우스꽝스러울 뿐 훌륭하지 못하다.

이와는 달리 취미의 다양성이 인정될 수 없는 영역으로 흄은 도덕과 예절을 언급하고 있다. 고대의 비극작품이나 서사시들에 나타나는 인간성과 품위의 결핍은 어쩔 수 없는 결함이 아니라 피할 수 있는, 피해야만 하는 오류라는 것이다. 예를 들어보자.

> 이 그리스 시인[호메로스]의 작품에 나타나는 현명한 오디세우스는 거짓을 말하고 없는 이야기를 꾸며내는 일을 즐거워하는 듯이 보이며, 필요하지도 않고 심지어는 아무 이득이 없는데도 종종 그런 수단을 사용한다.[90]

이렇듯 오디세우스에게서 나타나는 결함은 호메로스의 고귀한 업적의 가치를 상당히 많이 깎아내린다면서 흄은 다음과 같이 주장한다. "우리가 작가의 편견들에 아무리 관용을 베푼다 해도 우리 스스로를 설득하여 그의 정감들에 공감할 수도, 우리가 분명히 비난할 만하다고 여기는 [그의 작품 속] 등장인물들에게 애정을 품을 수도 없다."[91]

이런 관점에서 보면 오늘날 수많은 예술 작품에 등장하는, 도덕성과는 거리가 먼 묘사들은 부정적으로 평가될 수밖에 없다. 보들레르의 『악의 꽃』이나 애드거 앨런 포의 『검은 고양이』, 『배반의 심장』은 결코 훌륭한 작품일 수 없거나 훌륭한 작품이라 하더라도 그 의미가 반감될 수밖에 없는 것이다. 흄이 현대예술 이론의 관점에서 보면 납득하기 어려운 이런 주장을 하게 된 것은 그가 고대로부터 이어져 내려온, 아름다움과 선함의 밀접한 상관관계에 대한 믿음에서 벗어나지 못했기 때문으로 보인다. 예술가나 예술 철학자가 그러한 믿음에서 벗어나게 되는 것은 그가 죽은 뒤인 19세기에 이르러 낭만주의의 뒤를 이어 유미주의가 등장하고 나서야 가능해졌다. 보들레르와 포는 이러한 흐름을 선도한 예술가들이었다.

5) 소박함과 세련됨의 적절한 중용

흄은 1742년 저술한 논문 「글쓰기의 소박함과 세련됨에 대하여」에서도 취미의 일반적 규칙들을 제시한다. 거기서 제시된 규칙들을 열거하자면 다음과 같다. 자연스럽기는 하지만 분명하게 드러나지 않는 정감들, 힘이 넘치고 비범한 필치, 생생한 이미지, 개성 있는 표현, 고상한 언어, 비상한 견해의 제시, 재현의 정확성, 소박함. 물론 일반적 규칙들의 체계가 어떻게 유지되며, 그중 특정한 규칙들이 타당성을 잃게 될 때 어떤 일이 일어나는가에 대한 앞서의 논의와 동일한 원리가 이 규칙들에도 적용될 수 있을 것이다. 그 특정한 규칙의 효력이 정지되기는 하지만 전체적인 일반적 규칙의 체계는 계속 유지되는 식으로 말이다.

취미의 다양성이 인정되어야 한다는 흄의 주장은 이 논문에서 소박한 문체와 세련된 문체 사이에서 어떻게 균형을 맞출 것인가 하는 문제로 나타난다. 흄이 자연스럽고 소박한 문체를 더 훌륭하다고 생각한다는 사실은 이 논문 전체를 관통하여 분명하게 드러나 있다. 그렇다고 그가 세련된 문체를 절대적으로 배격하는 것은 아니다.

> 그저 자연스럽기만 한 정감들은 사람의 마음을 즐겁게 해주지 않으며 주목할 만한 가치도 없어 보인다. 뱃사공이 건네는 농담이나 농부가 자신의 경험에 비추어 제기하는 의견, 짐꾼이나 마부가 지껄이는 음담패설은 모두 자연스러운 것이지만 우리를 불쾌하게 만든다. 차를 마시면서 지껄인 잡담을 아주 자세하게 충실히 옮겨놓는다면 얼마나 무미건조한 연극[대본]이 되겠는가? 온갖 우아함과 화려한 장식을 갖춘 자연, 즉 아름다운 자연(la belle nature)을 묘사해야만 심미안을 가진 사람을 즐겁게 해줄 수 있는 법이다.[92]

자연스럽기만 한 글쓰기는 아름답지 않다. 거기에 우아함과 화려한 장식이 결합되어야만 좋은 글쓰기가 될 수 있다. 따라서 아름다운 글이 되려면 "소박함과 세련됨의 적절한 조합"[93]이 필요하다. 그런데 이런 조합을 발견하기가 결코 쉽지 않다. 흄의 주장에 따르면 "적절한 중용이 극단적인 소박함과 세련됨 사이 어디쯤에 있는지를 몇 마디 말로 설명하기란, 혹은 잘못된 글과 아름다운 글 사이의 경계를 정확하게 알 수 있게 해주는 어떤 규칙을 제시하기란 불가능하지는 않더라도 매우 어려운 일이다".[94]

하지만 실제로 소박함과 세련됨 사이의 중용을 찾기란 매우 어렵다. 흄은 그 대표적 예로 프랑스 작가 퐁트넬의 『전원시론』에 제시된 전원시의 모범에 대한 규칙과 퐁트넬 자신의 전원시 사이에 드러나는 차이를 든다. 『전원시론』에서 퐁트넬은 전원시에 적합한 소박함과 세련됨 사이의 중용을 찾으려 노력하고 있다. 하지만 흄의 판단에 따르면 그의 시는 "전원시가 허락하게 될 것보다 훨씬 더 세련됨의 극단 쪽에 가깝게 완벽한 중용의 자리를 설정하고"[95] 있다.

그런데 소박함과 세련됨의 적절한 중용의 위치가 정확하게 어디인지 알기가 쉽지는 않기 때문에, 흄은 대가들의 글에서 나타나는 차이에 대해서는 어느 정도 다양성을 인정해야 한다고 주장한다. 그에 따르면 "포프와 루크레티우스[…]의 글은 비난받아 마땅할 정도로 지나치지는 않으면서도 시인이 빠질 수 있는 세련됨과 소박함의 양극단을 대변한다. 이 둘 사이의 모든 간극은 각자 특유의 기법이나 양식을 가지고 있기에 서로 다르기는 하지만 똑같이 찬탄의 대상이 될 만한 시인들[의 작품들]로 채워질 수 있을 것이다".96 양극단을 넘어서지만 않는다면 세련됨이나 소박함 중 어느 쪽으로 치우치든 그것이 글의 아름다움을 부정할 만큼 결정적인 결함은 아니다. 그리고 그 안에 존재하는 다양한 작품들 모두가 "똑같이 찬탄의 대상이 될" 수 있다.

이렇게 해서 우리는 정확한 판단의 기준을 찾기가 쉽지 않은 경우에 어떻게 취미의 일반적 규칙이 확립될 수 있는지를 보여주는 한 예를 살펴보았다. 물론 여기에는 여러 가지 변수가 여전히 고려되어야 한다. 소박함과 세련됨의 중용도 사람마다 구체적인 내용에서는 차이가 있을 수 있으며, 둘 중 어느 것을 더 경계해야 하는가에 대해서도 시대적 상황에 따라 다른 결론이 나올 수 있기 때문이다. 흄은 자신이 살고 있던 시대가 "그 어느 때보다도 더 극단적인 세련됨을 경계해야 할 때"라고 주장한다. "왜냐하면 [요즘처럼] 학문이 많이 발전하고 거의 모든 글쓰기 분야에서 뛰어난 작가들이 등장하고 난 이후에 사람들이 가장 빠져들기 쉬운 [잘못된] 극단이 바로 이것이기 때문"97이다. 물론 그것이 모든 시대에 똑같이 적용될 수 있는 것은 당연히 아닐 것이다. 그럼에도 불구하고 취미의 다양성이 존재할 수 있음을 어느 정도 인정하면서도 작품의 아름다움을 판정할 수 있게 해주는 중요한 취미[판단]의 기준으로 흄은 "소박함과 세련됨의 적절한 중용"을 제시했다.

6) 취미의 기준에 대한 흄의 견해의 현대적 의의

2007년 발표된 개그맨 출신 영화감독 심형래의 작품「디워」(D-War)는 시사회부터 시작해서 작품이 상영되는 내내, 심지어는 상영이 끝난 뒤에도 엄청난 논란의 대상이 되었다. 이송희일, 김조광수 같은 영화감독들이 이 영화의 완성도가 매우 낮다는 비판을 가하면서 촉발된 논쟁은, 비평가 진중권은 MBC「100분토론〉에 출연하여 "기본 플롯과 스토리에 문제가 많고, 애국주의, 시장주의, CG, 인생극장 등의 코드만 있지, 영화에 대한 철학이나 내용은 없었다", "비평할 가치가 없는 영화"[98]라고 신랄하게 비판하자 해당 프로그램 홈페이지 게시판에 만여 개에 이르는 비난 댓글이 달렸고 항의성 글로 그의 블로그가 마비되면서 절정에 이르렀다. 이 논쟁은「디워」의 후속작이었던「라스트 갓파더」(The Last Godfather)에서는 전혀 다른 양상을 보였다. 이번에도 진중권은 영화의 수준에 대해 강도 높은 비판을 가했지만 그에 대한 대대적인 반발은 찾아보기 어려웠다. 국내 흥행 성적은 기대에 미치지 못했고 해외에서도 참담한 실패로 끝나면서 이 영화는 논쟁은커녕 아무런 반향도 이끌어내지 못했다.

이 논쟁의 가장 중요한 쟁점은 줄거리 구성이나 구현방식(예를 들자면 탄탄한 연출, 짜임새 있는 편집, 배우들의 훌륭한 연기 등)에 있어서 그다지 뛰어나지 못한, 심지어 진중권의 말을 빌리자면 비평할 가치도 없는 열등한 작품을 다른 이유를 들어 높게 평가할 수 있느냐는 것이었다. 사실 이송희일, 김조광수, 진중권에게 엄청난 비난을 쏟아부은 누리꾼들도 이 작품의 예술적 가치가 뛰어나다고 주장한 것은 아니었다. 대신 그들은 왜 영화를 평가하는 데 아리스토텔레스의 『시학』에 등장하는 줄거리 구성의 법칙이 필요하냐고 반문했다. 영화가 재미있으면 됐지 왜 영화의 제작자나 관객은 아무런 관심도 두지 않는 기준을 가지고 영화에 대해 왈가왈부하느냐는 것이다. 그렇다면 이들이 「디워」를 높이 평가해야 한다고 주장했던 근거는 어디에 있었을까?

흄의 미학 논의와 관련하여 그들이 제시한 근거 중 가장 눈에 띄는 것은 할리우드의 전문가들이 참여해서 그 이전과는 차원이 다르게 구현된 컴퓨터 그래픽 영상이었다. 이전의 국내 영화업계에서는 아예 시도조차 하지 않았던 높은 수준의 가상현실 영상의 구현만으로도 이 영화는 충분히 가치가 있다는 것이다. 「디워」를 옹호하는 이들이 제시한 또 다른 근거는 우리의 전래 설화에 등장하는 이무기를 주제로 영화를 제작함으로써 한국적 문화 콘텐츠를 세계화하는 데 기여했다는 것이었다. 그런데 이 두 사항은 영화에 비판적이었던 이들에게는 영화의 예술적 수준에 대한 평가와는 아무런 관계가 없었다. 작품의 수준은 문화

콘텐츠의 세계화 자체가 아니라 그것을 어떻게 수행하는가에 따라 결정되는 것이다. 또 가상현실 영상의 수준이 영화의 퀄리티를 결정하는 기준이 될 수는 없다는 것이다. 그것은 기술이지 예술의 영역은 아니기 때문이다.

이후 한동안 잠잠했던 예술 작품 평가의 기준에 대한 논쟁은 2017년 '서울로 7017'을 기념하는 공공미술 프로젝트의 일환으로 기획되었던 작품 「슈즈 트리」(Shoes Tree)로 다시 한번 점화되었다. 이번에도 그 중심에는 진중권이 있었다. 버려진 신발 삼만여 족으로 만들어진 이 작품을 본 시민들이 "냄새날 것 같다", "예술 작품 같지 않다"는 등의 불만을 토로한 것을 언론이 이슈화하자 그는 이 작품이 "예술은 고급스러워야 한다는 고정관념을 깬 도발적인 시도"[99]라며 문제를 제기하고 나섰다. 「디 워」 논쟁과 다른 점이 있다면 그 뒤로 작품에 대한 평가와 관련된 기사나 불만의 제기가 눈에 띄게 줄었고 대부분 진중권의 의견을 수긍하는 분위기가 형성되었다는 사실이다.

「디 워」를 신랄하게 비판했던 영화감독들과 미학자는 흄이 취미의 기준을 제시할 수 있는 자격을 지닌다고 주장한 진정한 심판관들일까? 만일 그렇다면 그들이 그러한 자격을 지닌다고 판단할 수 있는 근거는 어디에 있을까? 왜 대중은 「슈즈 트리」에 대한 평가에서는 「디 워」 논쟁에서와는 다르게 전문가의 의견에 강하게 반발하지 않았을까? 이런 여러 가지 물음들에 속 시원한 답을 내놓기란 그리 쉽지 않다. 그럼에도 흄의 논의는 이 논쟁의 의미에 대해 깊이 생각해보고 나름의 결론을 내리는 데 매우 유용한 사고의 틀을 제시할 수 있다.

먼저, 진중권을 비롯한 「디워」의 비판자들이 진정한 심판관인지 아닌지 판단할 수 있는 방법에 대해 알아보기로 하자. 이 일이 얼핏 보기에는 매우 어려워 보이지만, 『돈키호테』의 등장인물 산초의 친척들이 감별해낸 쇠 맛과 가죽 맛의 원인이 되었던 가죽끈이 달린 열쇠를 포도주 통 속에서 찾아내는 일이나 내일 해가 떠오를 것이라는 명제의 참 거짓을 판별하는 일처럼 사실에 대한 판단의 문제이기 때문에 궁극적으로는 해결가능하다고 흄은 주장한다. 그러나 흄은 그 방법을 구체적으로 제시하지는 않았다.

"섬세한 취미를 소유한 사람은 드물다. 하지만 [만일 존재한다면] 그들의 오성은 건전하고 그들의 여러 능력이 다른 사람들보다 월등하게 뛰어나다. 따라서 어떤 사회 안에서 그들을 구별해내기란 쉬운 일"[100]이라고 주장할 뿐이다. 그런데 만일 누군가가 도대체 그 능력을 누가 어떤 경로를 통해서 입증할 수 있느냐는 의문을 제기한다면 어떻게 대답해야 할까? 이런 물음에 대해 흄이 직접 해답을 제시하고 있지는 않지만 그의 여러 논의들에서 유추해볼 수는 있다.

우선 떠오르는 답은 그 작품이 세월의 시험을 견뎌내는가 확인해야 한다는 것이다. 처음에는 많은 사람에게 즐거움이나 감동을 선사했다 하더라도 오랜 세월이 지나면 더 이상 사랑을 받지 못하고 잊히는지 아니면 여전히 많은 사람의 인정과 사랑을 받는지 확인할 수 있다면 그 작품이 훌륭한 작품인지 아닌지 제대로 평가할 수 있을 것이다. 또 처음에는 부정적 평가를 받았다 하더라도 세월이 지나면서 많은 사람에게 찬사를 받게 된다면 그 작품을 훌륭하다고 인정할 수 있다. 이렇게 세월의 시험을 거친 작품에 대한 사람들의 평가가 원래 어떠했는지를 되짚어 살펴보면 누가 제대로 판단했는지가 분명하게 드러날 것이다.

세월이 지나 인터넷에 실린 여러 댓글에서 확인할 수 있듯 개봉 당시 열렬하게 이 작품을 옹호했던 사람들조차 점차 그에 대한 평가가 부정적으로 바뀐 경우가 많은 것을 보면 「디워」가 세월의 시험을 이겨냈다고 보기는 어려워 보인다. 후속작이었던 「라스트 갓파더」가 흥행에서 참패한 이후에는 「디워」에 열광했던 사람들조차도 전문가의 비판에 그다지 열띤 반응을 보이지 않은 것을 보면 이러한 추측은 더 힘을 얻는 듯이 보인다. 더 긴 세월이 흘러서도 이러한 경향이 지속된다면 「디워」를 신랄하게 비판했던 이들은 흄이 말한 진정한 심판관이 될 자격을 더욱 많이 인정받을 수 있을 것이다. 물론 중국 자본의 투자를 유치해 제작되고 있다고 하는 「디워 2」가 개봉된다면 또 한 번 열띤 논쟁이 재현될 수 있고 이 모든 논란이 해소되려면 훨씬 더 많은 시간이 필요할 것이다. 하지만 세월이 충분히 흐르고 난 뒤 언젠가는 이 작품에 대한 평가가 매우 분명하게 확정될 것이다. 그렇게 되면 그 작품에 부정적 평가를 내린 비평가들이 참된 심판관인지에 대해서도 확실한 해답을 얻을 수 있을 것이다.

흄의 논의에서 우리가 유추해낼 수 있는 또 하나의 해답은 사이비 비평가를 진정한 심판관들과 구분하고 잘못된 점을 입증해내어 그가 스스로 자신의 실수를 인정하게 설득하는 것이다. 우선 그의 말에 귀를 기울여보자.

> 공공연하게 인정된 예술의 원리를 제시하고 여러 예를 들어 이 원리를 잘 설명해서 그것들이 자신의 특수한 취미에 비추어 볼 때도 그 원리에 적합하게 작동한다고 그가 스스로 인정하게 해보자. 또 그가 그것의 영향력을 감지하거나 느끼지 못하는 지금의 예에도 동일한 원리가 적용될 수 있다는 사실을 증명해 보여주자. 그러면 그는 이 모든 사실을 근거로 하여 자신이 오류를 범했으며 자신에게는 어떤 작품이나 이야기 속에 나타나는 모든 아름다움과 결함에 민감하게 반응할 수 있으려면 반드시 필요한 섬세함이 결여되어 있다는 결론을 내릴 수밖에 없[을 것이]다.[101]

이 인용문에 제시된 전략은 다음과 같다. 누구나 인정하는 예술의 원리를 제시하고 상대방도 인정하는 여러 예가 그 원리에 부합함을 보여주어 상대방도 거기에 동의하게 하라. 그런 다음 그가 동의하지 못하는, 문제가 되고 있는 작품에도 그 원리가 적용될 수 있음을 보여주면 그는 자신이 잘못된 주장을 하고 있음을 인정하게 될 것이다. 그렇다면 흄이 말하는 "공공연하게 인정된 예술의 원리"란 무엇일까? 그는 그것이 무엇인지 명확하게 밝히지 않고 있다. 하지만 「취미의 기준에 대하여」의 여러 구절에서 그가 제시한 몇 가지 예들을 살펴보자면 다음과 같다. 힘 있고 명확한 표현방식, 다채로운 이야기들, 쾌활하고 사랑스러운 감정들의 자연스러운 묘사, 서술의 일관성 및 지속성 등. 그런데 참된 비평가가 갖추어야 할 자질들에 대해 언급하면서 필자가 지적한 바와 같이[102] 서술의 일관성이나 지속성과 같은 특성이 오늘날 많은 사람들로 하여금 어떤 작품을 훌륭하다고 인정하고 그렇지 못한 작품을 형편없다고 비판하게 만드는 원리라고 말하기는 어렵다. 그 외의 원리들은 여전히 그 효력을 유지하고 있다고 생각된다.

앞서 살펴보았듯 「디워」를 비판하는 데 사용되었던 것은 아리스토텔레스가 『시학』에서 제시한 다양성 속의 통일, 다른 말로 하자면 잘 짜인 플롯의 원리다. 그러나 「고도를 기다리며」와 같은 부조리극은 위대한 예술 작품으로 평가받지만 그 플롯에 일관성이 없고 극의 진행이 계속 단절된다. 그럼에도 과연 '서술의 일관성 및 지속성'이 오늘날에도 예술 작품을 평가하는 원리로 기능할 수 있을까? 이에 대해서는 사람마다 의견이 갈릴 것이다. 아마도 진중권을 비롯해서 「디워」에 대해 비판적 시각을 지녔던 이들은 「고도를 기다리며」를 비롯한 현대예술 작품들은 의도적으로 전통적 원리들을 부정하려고 했기 때문에 작품의 줄거리를 그것들이 제시하는 것과는 다른 방식으로 구성한 반면, 심형래 감독은 전통적 원리에 따라 영화를 제작하려고 했지만 능력이 부족해서 그렇게 하지 못했을 뿐이라고 판단했을 가능성이 높다.

문제는 「디워」를 옹호하는 이들은 현대연극의 새로운 경향이나 전통적인 서구 연극의 플롯 원리에는 별 관심이 없었다는 사실이다. 그들에게는 앞서 제시한 컴퓨터 그래픽 화면의 높은 수준이나 한국적 문화 콘텐츠의 세계화 말고는 오로지 재미만이 중요한 평가 기준이었다. 영화를 제작한 감독도 감상하는 관객도 그 작품이 재미있기를 바랐을 뿐 소위 전문가들의 수준 높은 작품 평가의 원리에는 관심이 없었다. 그런데 재미란 영화를 감상하는 사람이 느끼는 일종의 즐거움의 감정이다. 우리는 흄이 이 감정을 아름다움의 본질적 구성 요소라고 간주했음을 여러 차례 확인한 바 있다. 그렇다면 문제는 이 즐거움이 진정한 아름다움인지, 아니면 잠깐은 그렇다고 느껴질 수 있지만 궁극적으로는 그렇지 못한지가 될 것이다. 흄에 따르면 이에 대해서는 우리가 분명하게 평가할 수 있다. 여기서도 앞서 언급한 세월의 시험이 중요한 역할을 하기는 하지만 그 외에도 이 즐거움을 평가할 수 있는, 믿을 만한 다른 기준도 있다.

> 아주 조잡하게 색칠한 그림이라도 그 안에는 어느 정도 광채 나는 색들과 [묘사되는 대상에 대한] 정확한 모방이 담겨 있다. 그런 한에서는 그것들도 아름다우며, [따라서] 농부나 인디언의 마음을 감동시켜 [이 작품에] 엄청난 찬사를 보내게 만든다. 가장 천박한 발라드 음악에도 조화나 자연스러움이 전혀 없는 것은 아니다. 그래서 그보다 더 우월한 아름다움에 익숙한 사람을 제외하고는 어느 누구도 그 멜로디가 귀에 거슬린다거나 가사가 재미없다고 주장하지는 않을 것이다. 너무도 조악한 아름다움은 최고로 뛰어난 아름다움에 정통한 사람에게는 고통을 선사하며, 그런 이유로 그는 그것이 추하다고 선언한다.[103]

광채 나는 색이나 대상의 정확한 모방이 즐거움을 제공한다는 사실에 대해서 이의를 제기할 사람이 많지는 않을 것이다. 이런 기순에 따르면 「디워」는 아직 더 훌륭한 아름다움을 접해보지 못한 사람들에게는 엄청난 찬사의 대상이 될 수 있다. 하지만 더 많은 경험을 쌓게 되면 그들도 그에 대한 평가를 바꾸게 될 것이다. 이 작품을 비판한 사람들의 견해에 따르자면 거기에는 더 우월한 아름다움의 성질들이 그다지 많이 등장하지 않으며—어쩌면 거의 없으며—제대로 구현되어 있지도 않기 때문이다. 어쨌든 작품을 제대로 평가하려면 다른 작품들을 더 많이 감상해보고 거기서 느끼는 즐거움과 그 전에 느꼈던 즐거움을 부단히 비교하는 과정이 필요하다. 여기에도 역시 많은 시간이 필요하다. 따라서 어떤 예술 작품에 대한 평가는 단시간에 확정될 수 있는 것이 아니다. 오랜 숙성의 과정을 거쳐야 하는 것이다.

그런데 앞서 이야기했듯이 「디워」와 「슈즈 트리」에 관한 전문가의 견해에 대한 대중의 반응은 전혀 달랐다. 이처럼 소위 고급 예술 영역에서는 사람들의 반응이 영화와 같은 대중 예술 영역에서와 다른 이유는 무엇일까? 아마도 정크 아트처럼 새롭게 등장한 예술 장르의 경우 작품을 제대로 평가하려면 일정 정도의 전문적 식견이 필요하다는 사실을 일반인도 인정하기 때문일 것이다. 반면 영화나 드라마와 같은 대중 예술 영역에서는 누구나 자신이 어떤 작품에 대해 평가할 만한 역량을 충분히 갖추고 있다고 생각한다. 발터 벤야민이 「기술복제시대의 예술 작품」에서 지적했듯 대중은 영화에 관한 한 준전문가의 수준을 갖추고 자신의 견해를 제시할 수 있으며 따라서 전문 영화평론가나 학자의 견해와 다르다고 해서 자신의 주장을 굽힐 준비가 되어 있지 않다. 반면 정크 아트와 같이 생소한 분야에서는 자신이 그런 장르에 속한 작품을 평가할 만한 자격을 충분히 갖추고 있다고 여기지는 않는 것이다.

6. 「비극에 대하여」 해설

1) 비극의 역설

「비극에 대하여」는 워낙 짧은 글이어서 얼핏 보기에는 학문적으로 의미 있는 내용을 담고 있을 것 같아 보이지 않는다. 그러나 그런 예상을 비웃기라도 하듯 이 글은 「취미의 기준에 대하여」와 함께 이후의 서양미학 논의에 가장 많은 영향을 끼친 흄의 미학적 저술로 손꼽힌다. 「비극에 대하여」는 어떻게 이토록 강한 존재감을 뽐낼 수 있게 된 것일까? 서양미학 사상 최초로 소위 '비극의 역설'에 대해 상당히 그럴듯한 해결책을 제시하고 있기 때문이다. 비극의 역설이란 무엇일까? 「비극에 대하여」 서두에서 흄은 다음과 같이 말한다.

> 훌륭한 비극 원고를 읽는 독자들은 그로부터 그 자체로는 즐거움을 주지 않고 불편하게 만드는 슬픔이나 공

포, 불안, 그 밖의 다른 정념들을 얻게 된다. 그런데 그들이 이런 정념들로부터 즐거움을 얻는다는 것은 [얼핏 보기에는] 설명하기 어려운 현상인 듯이 보인다. 관객들이 [이런 부정적인 정념들의] 영향을 많이 받으면 받을수록 [그런 정념들을 자아내는] 광경으로 인해 기뻐하게 되니 말이다. […] 시인은[104] 자신의 모든 솜씨를 동원하여 관객을 동정과 분노, 불안과 원한의 상태로 몰아넣어 거기에 계속 머무르게 한다. 얼마나 관객이 즐거워하는가는 그들이 [그러한 상태로 인해] 얼마나 괴로움을 겪게 되는가에 달려 있다. 애정이 넘치는 공감과 동정심으로 마음이 벅찬 나머지 눈물이나 흐느낌, 울음을 통해 자신의 슬픔을 나타내고 자신의 마음을 누그러뜨릴 때처럼 그렇게 그들이 행복한 적은 없다.[105]

비극 공연을 관람하거나 희곡을 읽는 동안 관객이나 독자는 주인공이 겪게 되는 고통스러운 사건들을 바라보면서 그것이 실제로 일어나는 일이 아님에도 불구하고 고통이나 불쾌감을 느낀다. 하지만 그들은 비극 공연이나 독서가 끝나고 난 뒤에는 매우 행복한 감정을 느끼게 된다. 이것이 바로 비극의 역설의 주요 내용이다. 사람들은 왜 실제로 일어나면 매우 큰 고통이나 불쾌감을 안겨주었을 사건이 글로써 혹은 무대 위에서 연기를 통해 묘사되는 것을 좋아하고 심지어는 거기서 일종의 기쁨이나 감동을 얻고 행복감을 느끼게 되는 것일까?

이천 년이 넘도록 비극에 관한 한 성서와 거의 맞먹는 권위를 누려왔으며 지금도 엄청난 영향력을 행사하고 있는 아리스토텔레스의 『시학』은 이 문제에 대해 어떤 해답을 제시하고 있을까? 아쉽게도 이 책에서는 비극의 역설을 직접 언급하는 구절을 찾아볼 수가 없다. 대신 주인공의 고통스러운 운명과 파멸을 지켜보면서 관객이 경험하는 공포와 연민과 같은 부정적인 감정의 카타르시스를 비극이 제공해야 한다는 말로써 이 문제를 암시할 뿐이다. 『시학』은 카타르시스라는 용어를 우리가 방금 언급한 바로 그 주장과 관련하여 딱 한 번만 사용할 뿐 그 의미의 상세한 분석은 전혀 제공하지 않는다. 어떻게 카타르시스가 발생하는지 설명해주지도 않는다. 훌륭한 희곡을 쓰고 그것을 공연에 잘 옮겨내는 방법에 관해서만 서술하고 있을 뿐이다. 그럼에도 이 문제의 해답을 간접적으로나마 『시학』에서 찾을 수 있다고 믿었던 후대의 학자들이 재구성해낸 바에 따르면 비극의 역설은 훌륭한 모방의 효과로 해석될 수 있다. 그 근거로 이들은 아리스토텔레스의 다음과 같은 설명을 제시한다.

> 모든 인간은 어렸을 적부터 본성적으로 모방을 행한다. 인간은 가장 모방을 잘하며, 모방을 통하여 지식을 습

득하기 시작한다는 점에서 다른 동물들과 구별된다. 또 모든 인간은 날 때부터 모방된 것으로부터 즐거움을 얻는다. 이러한 사실은 경험이 증명하고 있다. 예를 들어 아주 보기 흉한 동물이나 시신의 모습처럼 실물을 볼 때면 불쾌감만 주는 대상이라도 그것을 매우 사실적으로 정확하게 묘사해놓은 모상(模像; 그림이나 조각)을 보면 우리는 즐거움을 느낀다.[106]

이 논리를 따라 유추해보자면 비극 속에 서술된 주인공의 고통스러운 운명은 그 자체로는 불쾌감을 선사하지만, 그것을 아주 잘 모방하게 되면 그로 인해 관객이 즐거움을 느끼게 된다. 이렇듯 관객에게 즐거움을 선사할 정도로 잘된 모방은 어떤 것일까?

『시학』의 내용 대부분은 줄거리를 어떻게 구성해야 훌륭한 비극이 될 수 있는가에 관한 논의로 이루어져 있다. 훌륭한 비극 작품에서 묘사되는 사건은 하나의 스토리로 파악될 수 있을 정도로 통일성 있는 줄거리를 지니면서도 그 안에서는 가능한 한 복잡하고 다양한 이야기들이 전개되도록 구성되어야 한다. 후대의 많은 학자가 이것을 통일성의 원리라고 불렀고, 희곡 집필의 제1원리로 삼았다. 프랜시스 허치슨은 이것을 "다양성 속의 통일"[107]로 파악하고 그것을 언제 어디서나 아름다움을 느끼게 하는 대상의 속성으로 제시하기도 했다. 그런데 왜 이 원칙이 아름다움과 직접 연결되게 된 것일까? 그 이유 또한 아리스토텔레스 자신의 다음과 같은 말로부터 쉽게 유추해낼 수 있다.

> 생물이든 사물이든 아름다운 것은 모두 그것을 구성하는 부분들이 잘 정돈되어 질서를 지니고 있어야 할 뿐 아니라, 일정한 크기를 가지기도 해야 한다. 왜냐하면 아름다움은 크기와 질서로 이루어지기 때문이다. 따라서 너무 작은 생물은 아름다울 수 없다. 왜냐하면 그것을 눈으로 관찰할 수 있는 시간이 너무 짧아 제대로 볼 수가 없기 때문이다. 또 너무 큰 생물, 이를테면 길이가 수백 킬로미터나 되는 생물도 아름다울 수 없다. 왜냐하면 그런 대상은 단번에 관찰할 수도 없고 전체가 하나로 시야에 들어오지도 않기 때문이다. 사물이든 생물이든 일정한 크기를 가져야 하고 그 크기는 한꺼번에 잘 관찰할 수 있는 정도의 것이어야 하듯이 플롯도 쉽게 기억될 수 있는 정도의 길이를 가져야 한다.[108]

아리스토텔레스는 『수사학』에서 아름다움을 그 자체로 가치를 지니면서 즐거움을 주는 대상의 성질로 정의한 바 있다. 그런 즐거움을 제공할 수 있으려면 어떤 사물이나 생물을 구성하는 부분들이 질서 있게 잘 구성되어 있으면서 적당한 크기를 지녀야 하고 통일성을 지녀야 한다. 하지만 통일성을 지닌다고 해서 스토리가 너무 단순하면 사람들이 재미없다고 느낄 가능성이 크다. 그러므로 스토리는 하나의 줄거리를 이루면서도 그 안에서는 가능한 한 다채로운 사건들이 벌어져서 흥미를 유발해야 한다. "가장 훌륭한 비극이 되려면 플롯이 단순하지 않고 복잡해야"[109] 하는 이유도, 분량이 너무 짧지 않아야 하는 이유도 여기에 있다. 이렇듯 훌륭하게 쓰인 비극은 "공포와 연민의 감정을 불러일으키는 행동을 모방"[110]하게 된다. 그럼으로써 한편으로는 공포와 연민의 감정을 불러일으키고, 다른 한편으로는 모방으로 인한 즐거움을 제공하여 그러한 부정적 감정을 상쇄시킬 수 있다. 이 해석이 맞는다면 비극의 역설에 대한 아리스토텔레스 자신의 대답은 훌륭한 모방의 효과로 얻게 되는 즐거움이 공포와 연민의 감정을 없애준다는 것일 것이다.

그런데 흄은 아리스토텔레스가 비극의 역설에 관해 만족할 만한 해답을 전혀 제공하지 못했다고 생각했던 듯하다. 그래서인지 「비극에 대하여」에서 그가 『시학』을 전혀 언급하지 않는다. 그것은 우리가 살펴본 것처럼 『시학』에서 직접 이 문제를 다루는 논의를 발견하기 어려운 사정에도 기인하지만, 다른 한편으로는 비극의 역설을 다루면서 흄이 비극의 객관적 성질이 아니라 관람객의 내면에서 일어나는 변화에 초점을 맞추었기 때문일 것이다. 아름다움을 우리 내면에서 일어나는 감정의 변화로 파악했던 그에게는 아름다움이 대상의 객관적 성질이라는 전제 위에서 펼쳐지는 『시학』의 논의가 설득력을 얻기가 어려웠을 것이다. 물론 그렇다고 해서 그가 아리스토텔레스의 논의를 완전히 무시한 것은 아니다. 직접 『시학』을 언급하지는 않지만 흄은 긍정적 감정을 제공하는 훌륭한 비극의 특징 중 하나로 "모방이 주는 매력"[111]을 꼽고 있다. 하지만 그의 관심사는 어디까지나 그것이 어떻게 관객이 처음에 느꼈던 부정적 감정을 긍정적 감정으로 전환시키는 데 기여하는가를 해명하는 것이었다.

흄의 미학 사상에 큰 영향을 미친 프랑스의 유명한 철학자 뒤보 수도원장은 1719년 발간한 『시와 회화에 대한 비평적 성찰』이라는 책에서 오락이 갖는 긍정적 효과에 관해 서술하고 있다. 흄은 그의 주장을 다음과 같이 요약해서 제시한다.

> 아무런 정념도 느껴지지 않고 아무런 할 일도 없을 때 인간의 마음이 휘말리게 되는 무기력하고 축 늘어진 게으름의 상태보다 불쾌한 마음의 상태는 보통의 경우에는 존재하지 않는다. 인간의 마음은 이런 고통스러운 상황을 제거하기 위해—비즈니스나 도박, 쇼나 공개 처형 등과 같은—오락이나 [무언가 다른] 할 일을 찾게 된다는 것이다. 그것이 여러 가지 정념들을 자아내서 자신[의 현재 상태]에 대해 생각하는 데서 멀어지게 한다면

무엇이든 말이다. 그 정념이 무엇인가는—불쾌하든, 고통스럽든, 우울하든, 혼란스럽든—중요하지 않다. 어떤 것이든 아무런 변화가 없는 정적인 상태에서 오는 축 늘어진 지루함보다는 훨씬 낫다.[112]

이러한 분석이 비극의 역설을 해명하는 데 일정 정도 도움이 되는 것은 사실이다. 실제로 흄도 「비극에 대하여」에서 그 타당성을 일정 부분 인정하고 있다. 게다가 관람객의 내면에서 일어나는 감정의 변화에 주목하고 있다는 점에서 이 해석은 흄과 같은 문제의식을 공유하고 있다. 실제로 뒤보 수도원장은 『시와 회화에 대한 비평적 성찰』에서 비극의 역설을 언급하면서 독자들이 비극 작품을 책으로 읽거나 공연으로 관람하게 될 때 그들 마음속에서 어떤 일이 일어나는지를 알게 해주겠다고 공언하기도 했다. 그가 제시한 해답을 요약하자면 다음과 같다. 관람객들은 불쾌하고 고통스러운 사건의 묘사를 통해 얻게 되는 강렬한 감정들을 이용하여 우리가 평상시에 느낄 수 있는 가장 불쾌한 감정인 무기력한 지루함, 즉 권태에서 벗어날 수 있다. "그 판에서 도박하는 이들이 최고의 도박사라 생각하지 않더라도 […] 도박판이 펼쳐진 여러 탁자 중에서 판돈이 가장 많은 탁자에 구경꾼이 몰리는" 이유도, "처박한 거짓말쟁이가 이야기를 꾸며낼 때면 언제나 기쁨, 아름다움, 환희나 장엄함뿐만 아니라 온갖 종류의 위험, 고통, 비탄, 병, 죽음, 살인과 잔인한 행위에 대해서도 과장되게"[113] 말하는 이유도 여기에 있다. 또한 그것은 사람들이 열심히 비극을 관람하는 이유이기도 하다.

그러나 흄은 이런 해석만으로는 비극의 역설을 온전히 해명해내기가 힘들다고 주장한다. 만일 "비극에서 즐거움을 제공하는 바로 그 고통스러운 사건이 실제로 우리 앞에서 일어난다면 권태와 게으름에는 가장 효과적인 치료약이 되겠지만, 그것이 우리 안에 자아내는 것은 다른 감정이 전혀 섞이지 않은 불편함 자체뿐일 것"[114]이기 때문이다.

뒤보 수도원장도 권태로부터 벗어나기 위한 소일거리의 예로 군중들이 죄인의 공개 참수형을 보기 위해 몰려드는 경우를 들고 있다. 검투사들의 결투나 맹수들에게 갈가리 찢겨 잡아먹히는 기독교인의 처형을 보러 몰려들었던 로마 제국의 군중도 비슷한 예다. 하지만 그런 관경을 바라보는 것은 결코 유쾌한 경험이 아니며 나중에라도 유쾌한 감정을 자아내지는 않을 것이다. 가장 불쾌한 감정인 권태로부터는 해방되지만 그렇다고 부정적인 감정에서 완전히 해방되지는 않는 것이다. 비극의 역설을 제대로 설득력 있게 해명하려면 다른 시도가 더 필요한 이유가 여기에 있다.

비극의 역설에 관한 새로운 설명을 찾아내려 시도하는 과정에서 흄은 또 한 사람의 프랑스 철학자 퐁트넬의 분석에 주목한다. 퐁트넬에 따르면 간지럼은 그 자체로는 쾌감을 제공하지만 지나치면 고통의 원인이 된다. 이와 마찬가지로 어떤 경우에는 즐거움이 지나치면 고통이 되고 고통이 어느 정도 완화되면 즐거움이 된다. 그러므로 둘 사이에는 부드럽고 유쾌한 슬픔, 약화되고 감소된 고통 같은 무언가가 존재한다. 비극에서 관객이 느끼는 감정도 이와 비슷한 것이다.

> 극장에서 공연되는 연극이 거의 실제와 비슷한 효과를 갖는다는 것은 분명한 사실이다. 하지만 전적으로 그렇기만 한 것은 아니다. 아무리 우리가 그 광경에 휩쓸린다 하더라도, 감각이나 상상력이 이성을 아무리 지배한다 하더라도 여전히 우리 마음 저 밑바닥에는 우리가 보고 있는 모든 것 안에 거짓이 존재한다는 생각이 도사리고 있다. […] 우리는 우리가 좋아하는 주인공이 겪는 불행 때문에 슬피 운다. 동시에 우리는 그것이 허구일 뿐이라는 사실을 생각해냄으로써 위안을 얻는다. 바로 이러한 두 가지 정감의 혼합이 우리가 느끼는 유쾌한 슬픔을 만들어내며 우리로 하여금 눈물을 흘리게 하는데, 그 눈물이 우리를 기쁘게 하는 것이다.[115]

극중에서 일어나는 충격적인 사건이 결국에는 허구일 뿐이라는 사실을 느끼는 데서 오는 안도감이 비극에서 우리가 얻게 되는 즐거움의 원천이라는 그의 해석은 상당히 그럴듯해 보인다. 그러나 흄은 이것으로도 비극의 역설을 제대로 해명하기 어렵다고 말하면서 자신의 주장을 뒷받침하기 위해 다음과 같은 예를 든다. 키케로는 실제로 자행되었던 엄청난 살육의 장면을 서술했는데, 그 표현이 너무도 생생하고 감동적이어서 듣는 사람으로 하여금 눈물을 흘리게 만들었다. 이때 청중이 느낀 감동과 환희는 그 묘사가 지어낸 이야기라서 생긴 것이 아니다. 그 모든 상황이 실제라고 청중이 확신했을 것이기 때문이다. 따라서 키케로의 연설을 들으면서 청중이 느꼈던 감동은 다른 이유 때문에 생겨난 것이라고 말할 수밖에 없다.

이렇듯 흄은 비극의 역설에 대해 그의 동시대인들이 제시했던 견해들을 검토한 뒤 그런 식의 설명으로는 이 현상을 제대로 해명해내기가 어렵다는 결론에 도달한다. 그렇다면 "고통과 슬픔의 모든 특징과 외면적 증상을 여전히 간직하고 있는 즐거움"[116]의 원인은 도대체 어디에서 찾을 수 있을까?

2) 부수적 감정의 지배적 감정으로의 전환

앞에서 우리는 소위 비극의 역설이 무엇인지, 그에 대한 뒤보 수도원장과 퐁트넬의 설명을 흄이 어떻게 반박했는지 살펴보았다. 그의 해석을 따르자면 두 학자 모두 관객의 내면에 공포나 연민 같은 감정이 생겨나기는 하지만 다른 요인으로 인해 없어지거나 약화된다는 점에 주목하였다. 하지만 그들은 이처럼 부정적 감정이 감소한다는 사실만을 제시했을 뿐 즐거움이나 감동과 같은 긍정적 감정이 나타나게 되는 과정은 제대로 분석해내지 못했다. 그래서 흄은 이들과는 다른 방식으로 문제를 해결하려 시도한다. 훌륭한 연극에서 발견되는 몇 가지 특성에 힘입어 발생하는 즐거움이 관람자의 내면에 발생된 부정적 감정을 상쇄하고도 남을 뿐만 아니라 심지어는 그것을 정반대로 바꾸어놓기까지 한다는 것이다.

이제 흄의 논의를 상세히 살펴보기로 하자. 우선 그는 부정적 감정이 감소한다고 해서 긍정적 감정이 생겨나지는 않는다고 주장한다. "진짜 슬픔은 시간이 지나면 서서히 약해져 완전히 사라진다. 하지만 이렇게 약화되어가는 동안 어디에서도 슬픔이 즐거움을 제공하지는 않는다."[117] 뒤보 수도원장처럼 오락을 통해 부정적 감정이 제거된다고 주장하는 것만으로는 부족하다. 게다가 비극에서 묘사되는 사건들은 대부분 실제로 일어나면 불쾌한 감정을 자아내게 되어 있다. 소일거리로서 권태를 몰아내줄 수는 있겠지만 그 자체로 긍정적 감정을 불러일으킬 수는 없다. 그러므로 우리는 비극의 역설을 설명하기 위해서는 직접 즐거움이나 감동을 제공하는 비극의 구체적 속성을 찾아내야만 한다.

앞에서 살펴보았듯 퐁트넬은 비극이 주는 즐거움의 원인을 거기서 전개되는 사건이 허구임을 알기에 관람자가 갖게 되는 안도감에서 찾았다.[118] 하지만 흄은 키케로의 연설처럼 허구가 아니라 실제로 일어난 끔찍한 사건을 서술하는 경우에도 청중이 감동을 느끼는 것을 보면 안도감만으로는 온전하게 비극의 역설을 해소하기가 어렵다고 주장한다. 게다가 앞서 본 것처럼 그는 간지럼과 관련하여 퐁트넬이 주장하는 것처럼 고통이 줄어든다고 즐거움이 늘어나지는 않는다고 믿었다. 그렇다면 흄 이전에 비극의 역설을 해명하고자 했던 학자들은 비극이 제공하는 즐거움 자체에 대해서는 아무런 통찰도 제시하지 못한 것일까?

그렇지는 않다. 뒤보 수도원장은 『시와 회화에 대한 비평적 성찰』에서 비극이 제공하는 즐거움의 궁극적 근원을 아리스토텔레스처럼 잘된 모방에서 찾는다. 그런데 흄은 그의 이러한 견해는 직접 언급하지 않는다. 거기에는 두 가지 이유가 있었을 것이다. 첫째, 다음 단락에서 살펴보겠지만 관객이 즐거움을 느끼게 되는 원인에는 모방 외에도 여러 가지가 있다고 믿었기에 그는 모방 하나만을 따로 거론하는 것으로는 충분치 않다고 생각했을 것이다. 둘째, 그는 비극에서 관객이 느끼는 즐거움의 이유를 발견하는 것도 중요하지만 비극적 사건 자체에서 관객이 느낀 부정적 감정이 어떻게 긍정적 감정으로 전환되는가를 해명하는 것이 훨씬 더 중요하다고 믿었을 것이다.

그렇다면 흄 자신은 "고통과 슬픔의 모든 특징과 외면적 증상을 여전히 간직하고 있는 즐거움"의 근거를 어디서 찾고 있을까? 퐁트넬의 견해를 반박하기 위해 그가 예로 든, 키케로의 연설에서 청중이 느꼈던 감동과 환희는 어떻게 생겨나게 된 것일까? 흄의 주장을 따르자면 그것은 다음과 같은 속성들로부터 발생한다. "생생하게 사건들을 묘사하기 위해 필요한 천부적 재능, 모든 감동적인 장면을 모으기 위해 동원되는 기술, 그 장면들을 질서 있게 배치하여 서술하는 데서 엿보이는 판단력. […] 힘 있는 표현."[119] 사람들에게 깊은 감명을 주는 이야기들을 잘 구성하여 생생하고 힘 있게 전달하면 거기서 청중들이 즐거움을 얻게 된다는 것이다. 그런데 아름다움의 본질은 우리 안에 환기되는 긍정적인 감정, 즉 즐거움이다. 따라서 키케로의 글은 아름답다. 그렇다면 앞에 언급된 특징들은 곧 「취미의 기준에 대하여」의 고찰대상이었던 취미의 객관적 기준이라고 말할 수 있을 것이다. 물론 이런 특성들을 지닌 작품을 골라내는 것은 결국에는 그가 말한 진정한 심판관들의 몫이겠지만 말이다.

긍정적 감정을 자아내는 글의 속성에 주목한다는 점에서 흄은 그가 비판한 두 학자보다는 훨씬 설득력 있는 분석을 제시하고 있는 듯이 보인다. 하지만 그는 거기서 멈추지 않고 한 발 더 나아가 다음과 같이 말한다.

아름다운 연설문을 쓰면 청중에게 최고의 만족을 선사

하게 되며 극도로 기쁜 감정들을 불러일으키게 된다. 이렇게 해서 [연설가는] 슬픈 정념들이 주는 불쾌함을 극복하고 그와는 반대되는 종류의 훨씬 더 강한 무언가를 통해서 그것을 제거할 뿐만 아니라, 이런 정념들이 주는 온갖 자극을 즐거움으로 변화시키며 연설이 우리 안에 불러일으키는 기쁨을 배가하기까지 한다. […] 슬픔, 동정심, 분노로부터 생겨나는 자극이나 열정이 아름다움의 정감들을 통해 새로운 방향성을 얻게 된다. 아름다움의 정감들이 지배적이 되면서 마음을 온통 사로잡고 슬픔, 동정심, 분노와 같은 감정을 자신에게 동화시킨다. 아니면 적어도 그 감정에 아주 강하게 영향을 미쳐 그 성격을 전혀 다른 것으로 바꿔버린다. 그와 동시에 우리의 영혼은 그러한 정념에 의해 일깨워지며 연설의 매력에 빠지게 된다. 그리고 전적으로 즐거운 어떤 감정을 느끼게 되며 전체적으로 보아도 매우 즐거운 강렬한 감정을 느끼는 것이다.[120]

키케로의 글은 독자나 청중에게 엄청난 감동을 선사한다. 그러면 그 안에 묘사된 내용 자체가 자아내는 분노나 슬픔 같은 감정이 그에 동화되어 성격이 정반대로 바뀐다. 물론 실제로 발생한 끔찍한 살육에 대한 분노와 슬픔은 여전히 존재한다. 하지만 이제는 그것이 부정적인 감정으로만 남아 있지 않고 훌륭한 웅변이 불러일으킨 긍정적 감정을 증폭시키는 역할을 하게 된다는 것이다.

훌륭한 비극의 관객이나 독자에게도 이와 마찬가지 일이 일어난다. 그런데 이 경우에는 즐거움을 제공하는 또 하나의 속성이 앞에서 제시한 여러 속성들에 첨가된다. 그것이 앞에서 아리스토텔레스의 『시학』과 관련하여 살펴본 바 있는, 잘된 모방으로부터 경험하는 즐거움이다. 그러한 즐거움이 지배적이 되면 그것이 감정 전체를 기쁨으로 변화시킨다. "비극은 모방이며 모방은 언제나 그 자체로 즐거움을 준다. 이러한 상황 덕분에 정념의 변화가 더욱 부드럽게 일어나게 되며 감정 전체가 하나의 균일하고 강한 기쁨으로 전환된다."[121]

또 실제로 보았다면 고통과 공포를 주었을 대상도 그것을 잘 그려낸 회화작품에서는 매우 활기찬 즐거움을 선사한다. 그러한 즐거움은 심지어 부정적 감정을 반대의 감정으로 바꿔버리기까지 한다. "바로 그 감정이 우리 마음을 자극하여 매우 많은 양의 활기와 열정을 불러일으키는데, 이 모든 것이 바로 그 지배적인 감정의 힘에 휩쓸려 즐거움으로 변환"[122]되는 것이다. 그러므로 관객이 느끼는 즐거움은 비극이 권태로부터 벗어날 수 있게 해주는 소일거리를 제공했기에 생겨나는 것이 아니다. 거기서 서술된 내용이 허구임을 알고서 관객들이 안도감을 느끼게 되어서도 아니다. 생생하고 힘 있는 표현, 잘된 모방이 관객이나 독자에게 즐거움이나 감동을 선사하기 때문이다. 진술되는 사건 자체가 야기하는 공포나 연민 같은 부정적 감정조차도 그로 인해 긍정적 감정으로 변환되는 것이다.

> 상상력의 힘, 표현의 에너지, 힘 있는 운율, 모방이 주는 매력, 이 모든 것이 그 자체로 자연스럽게 우리 마음에 즐거움을 제공해주는 것이다. 그리고 제시된 대상도 어떤 감정을 유발한다면, 이 **부수적인 감정이 지배적인 감정으로 변환됨**(강조는 옮긴이)을 통해 우리의 즐거움은 더욱 커질 것이다. 그 정념이 그저 어떤 실제 대상의 출현 때문에 발생할 때는 아마도 고통스러운 것일 수 있다. 하지만 그것이 예술(finer arts)이 이를 불러일으키면 아주 부드럽고 매끄럽고 온화한 것이 되어 최고의 즐거움을 선사한다.[123]

훌륭한 비극 때문에 독자나 관객이 얻는 즐거움이 지배적이 되면 그들이 느꼈던 분노나 슬픔 같은 부정적 감정이 긍정적 감정으로 전환된다. 흄은 이러한 해석에 설득력을 더하기 위해 우리 내면에서 이와 유사한 변환이 실제로 일어나는 여러 가지 예를 보여준다. 우선 그는 지배적 감정에 의해 전환될 수 있는 부수적 감정을 불러일으키는 특징으로 새로움, 호기심이나 조바심, 어려움, 질투심 등을 든다. 지배적 감정과 같은 종류의 감정을 유발할 경우 이런 특징들은 그 속성이 변하지 않은 채로 지배적 감정을 강화한다. 예를 들어보자. 내가 정말 하기 싫어하는 어떤 일이 내게 임무로 주어졌다고 치자. 나는 당연히 이런 상황으로 인해 기분이 나빠질 것이다. 그런데 그 일이 어렵기까지 하다면 내가 느낄 불쾌함은 그렇지 않은 경우보다 훨씬 더 심할 것이다. 임무 수행의 어려움이 유발하는 불쾌감이 그 임무가 내가 꺼려하는 일을 수행하는 것이기에 느끼는 부정적 감정을 더욱 강화하는 것이다. 감미로운 선율의 음악이나 아주 잘 그려진 회화작품은 우리에게 기쁨을 선사한다. 그런데 그런 음악이나 그림이 자주 보던 작품이 아니라 새로운 것이라면 우리의 기쁨은 더욱 커지게 된다. 새로움이 제공하는 즐거움이 좋은 예술 작품을 감상하기 때문에 느끼는 즐거움을 강화해주는 것이다.

그런데 흄에 따르면 앞서 언급된 특징들이 유발하는 감정이 지배적 감정과 반대인 경우에도 마찬가지로 지배적 감정을 강화한다. 부정적 감정이 긍정적인 감정으로 변화되거나 그 반대의 경우도 가능하다. 예를 들어, 질투심은 불쾌감을 동반하기 때문에 그 자체로는 부정적인 감정이다. 하지만 서로 사랑하는 사람들의 경우 약간의 질투심은 오히려 사랑의 감정을 더욱 강하게 느끼게 해준다. 이때 질투로 인해 생겨난 불쾌감은 사랑의 감정이 제공하는 기쁨으로 인해 긍정적인 감정으로 전환된다. 어떤 문제를 해결할 때 겪는 어려움은 그 자체로는 불쾌한 것이다. 하지만 그 문제가 극적으로 해결되었을 때 느끼는 기쁨은 어려움의 정도에 비례해서 더 커질 것이다. 어려움 때문에 생기는 불쾌감이 극적인 성취감을 통해 긍정적 감정으로 전환되기 때문이다.

그런데 앞서 제시된 속성들로부터 얻는 즐거움이 무슨 이유로든 비극에서 환기되는 부정적 감정들보다 크지 않은 경우에는 오히려 정반대 효과가 나타날 수도 있다. "부수적이었던 정념이 점점 강해져서 결국 지배적인 정념이 되면, 그전에는 자신이 자양분을 제공하고 커지게 했던 바로 그 정념을 집어삼킨다."[124] 슬픈 연극이나 영화를 본 관객이 그로 인해 자신에게 닥친 불행을 더욱 강하게 느끼게 되었다고 치자. 그러면 그는 이 연극이나 영화가 사건을 생생하게 묘사하고 감동을 준 정도에 비례해서 자신의 불행을 더욱 절감하게 될 수 있다. 처음에는 부수적이었던 불행의 감정이 너무 커져서 이제는 훌륭한 묘사에서 느끼는 즐거움을 압도해버리기 때문이다. 흄 자신도 비슷한 예를 들고 있다.

> 총애하는 아이의 죽음으로 맞닥뜨리게 된 회복할 수 없는 상실감을 연설이 갖는 모든 힘을 동원하여 과장하는 것이 괴로움에 잠긴 부모를 위로하기 위한 좋은 방법이라고 어느 누가 생각할 수 있겠는가? 여기서 여러분이 상상력과 표현의 힘을 더 많이 사용하면 할수록 부

모의 절망과 고통은 더욱 커질 것이다.[125]

아이의 죽음으로 인한 슬픔이 너무 크기 때문에 아무리 훌륭하게 그것을 묘사하더라도 거기서 얻게 되는 즐거움이 슬픔을 압도하지 못하고 도리어 원래의 슬픔을 강화하기만 하는 것이다. 피비린내 나는 끔찍한 사건을 묘사하는 연극의 경우도 마찬가지다. 그로부터 생겨나는 매우 부정적인 감정이 주가 되어버리면 아무리 생생한 묘사나 힘 있는 표현이라도 오히려 그러한 감정을 증폭시키는 데 기여할 뿐이다. 또 "승승장구하는 폭군과 악인의 학대로 인해 가엾은 선한 사람이 겪는 비참한 고통을 그대로 묘사하기만 하면 그 광경을 바라보기란 불쾌한 노릇이다".[126] 이런 경우에도 극의 내용이 주는 불쾌감이 너무 강하기 때문에 아무리 극의 구성이 치밀하고 배우들의 연기가 훌륭하다 하더라도 관객들은 오히려 그에 비례해서 더욱 부정적인 감정을 느끼는 것이다. 일상적인 삶에서도 마찬가지다. 원래는 사랑의 감정을 강화해주어야 할 질투심이 너무 강해져 사랑보다 더 커지면 그것을 소멸시켜 버리는 것이 대표적인 예다.

부수적인 감정의 지배적인 감정으로의 변환을 통해 비극의 역설뿐 아니라 그 반대 경우도 나름의 근거를 제시하면서 수미일관하게 설명하고 있다는 점에서 흄의 시도는 매우 강한 설득력을 지닌다. 또 단순히 예술 작품만이 아니라 일상생활을 포괄하는 매우 광범위한 영역에서 일어나는 예들을 들고 있는 점도 그의 견해가 가진 설명력을 배가시킨다. 이제 우리는 겉으로 보기에 역설처럼 보이던 것이 더 이상 모순처럼 느껴지지 않는 것을 경험하게 된다. 흄은 다음과 같이 자신 있게 선언한다. "그 예들은 시인이나 웅변가, 음악가 들이 비탄이나 슬픔, 분노와 연민의 감정을 불러일으킴으로써 우리에게 제공하는 즐거움이 첫눈에 그렇게 보였던 것만큼 그렇게 특별하거나 모순적이지는 않다는 사실을 보여준다."[127]

물론 그의 논의가 비극의 역설을 완벽하게 해소했다고 보기에는 어려움이 따른다. 만일 긍정적인 감정이 더 커서 부정적인 감정의 효과를 상쇄하고도 남을 경우 그 초과분만큼의 즐거움이 비극의 관객이 느끼는 즐거움의 총량이라고 흄이 말했다면 모두가 당연히 수긍했을 것이다. 그러면 우리가 신경 써야 할 문제는 비극에서 벌어지는 사건이 주는 불쾌감의 크기와 훌륭한 묘사와 모방으로 인해 느끼게 되는 즐거움의 크기를 어떻게 비교할 수 있느냐 하는 것밖에는 없었을 것이다. 그런데 흄은 비극의 관객은 그가 느끼는 긍정적 감정이 부정적 감정보다 더 크기 때문에 발생하는 단순한 초과분의 즐거움을 느끼는 것이 아니라 부정적 감정이 긍정적 감정으로 변화되기 때문에 훨씬 더 강한 긍정적 감정을 느낀다고 주장한다. 하지만 왜 부정적인 감정이 긍정적인 감정으로 전환되느냐에 대해서는 아무런 설명도 제시하지 않는다. 따라서 그런 변환의 원인을 밝혀내야 하는 책임은 그의 주장이 맞는다고 생각하는 후대 학자들의 몫으로 오롯이 남아 있다.

그런데 흄은 당당하게 자신이 비극의 역설을 해소했다고 주장했다. 이는 그가 경험론자였기 때문에 가능했을 것이다. 그는 사물이나 사태의 궁극적 원인을 규명하는 것이 불가능하다는 사실을 알고 있었다. 그럼에도 그는 자신이 경험을 통해서 얻은 여러 자료들을 가지고 추론한 바에 따라 내린 결론을 많은 예들에서 확인할 수 있다면 그걸로 충분하다고 생각했으며 그것이 경험론자로서 학문의 발전에 기여하는 길이라고 믿었다. 그와 동시대인이자 숭고에 관한 학문적 논의에서 가장 중요한 고전 중 하나인 『숭고와 아름다움의 관념의 기원에 대한 철학적 탐구』의 저자인 에드먼드 버크도 이와 비슷한 주장을 펼친 적이 있다. "숭고와 아름다움의 원인을 연구한다는 내 말을 그 궁극적 원인에 도달할 수 있다는 의미로 받아들이지 않기를 바란다. […] 조금만 생각해보면 이는 불가능하다는 것을 알아차릴 것이다."[128] 그러면서 그는 자신이 시도하는 것은 경험적 관찰을 통해서 어떤 두 현상 사이에서 확인할 수 있는 인과관계에 대한 설명일 뿐이라고 고백한다. 물론 학문이 진보하고 지식의 체계가 확장되어갈수록 이러한 인과관계의 사슬은 더욱 길어지겠지만, 자신의 시대적 한계를 넘어서 소위 궁극적 설명을 제시하려는 시도는 독선과 오류로 이끌 수밖에 없을 것이기 때문이다.

비극의 역설에 대한 흄의 분석은 당시 예술계나 철학계의 사정에 비추어보면 너무도 혁명적인 것이었다. 르네상스 이후 예술과 관련된 거의 모든 서구의 학문적 논의는 예술가의 삶이나 그의 예술론에 주목하는 작가론이 주를 이뤘고 감상자에 대한 관심을 찾아보기란 매우 어려웠기 때문이다. 그러한 흐름이 20세기 초까지 지속되었다. 작가의 사상이나 감정을 배제하고 작품 자체에 주목해야 한다고 주장하는 학자들이 등장한 것도 「비극에 대하여」(1757)가 출간된 후 이백 년 가까이 지난 1930년대에 이르러서였다. 하지만 그들도 감상자에게는 전혀 눈길을 돌리지 않았다. 그런 한계마저 극복하고 감상자의 내면에 무슨 일이 일어나는가를 주요 고찰 대상으로 삼는 수용미학이라는 학문분과가 탄생하는 것은 20세기 중반 이후가 되어서야 비로소 가능해졌다. 물론 그의 주장을 오늘날 그대로 수긍하기가 쉽지는 않다. 그의 글이 발표된 이후 이백오십 년이 넘는 세월이 지나면서 인류는 인간 심리에 관해 엄청나게 많은 지식을 축적해왔다. 그것을 토대로 현대 영미분석철학의 세밀한 방법론을 사용하여 그의 논의를 파헤치다 보면 추론 과정상 여러 가지 문제가 있음을 발견하는 것은 어찌 보면 당연한 일일 것이다. 실제로 전문 학술지에 게재되는 관련 논문 대부분은 흄의 견해가 지닌 문제점들을 지적하기 바쁘다. 그럼에도 그의 논의가 오늘날에도 여러 연구자에 의해 언급되고 반박되는 것은 그만큼 그의 선구적인 업적이 지금도 많은 생각할 거리를 제공하기 있기 때문이리라.

7. 흄 미학의 현대적 수용

흄 미학 사상의 진수를 담고 있는 논문 「취미의 기준에 대하여」와 「비극에 대하여」 등은 당대 일반적 미학 논의 틀을 훨씬 뛰어넘은 흄의 통찰력을 느끼게 해준다. 물론 그렇다고 그의 이론이 오늘날에도 그대로 적용될 수 있는 것은 아니다. 천동설이 수만 년 동안 인류의 사고를 지배해왔지만 오늘날에는 유효하지 않는 것처럼 말이다. 더군다나 포스트모던의 시대를 지나 다양성과 상대주의에 깊게 물든 현대인에게 예술 작품 평가의 보편적 기준을 발견할 수 있고 해야 한다는 그의 주장이 과연 여전히 설득력이 있을까?

고대의 회의론자들은 학문적 연구와 발전은 물론이고 지식의 획득과 전달 가능성 자체에 대해서도 매우 회의적이었다. 극단적 회의주의의 선조로 알려진 고르기아스의 다음과 같은 유명한 주장이 그들의 이런 태도를 분명하게 보여준다. "아무것도 존재하지 않는다. 무언가가 존재한다고 해도 그것에 대해서 아무것도 알 수 없다. 무언가에 대한 지식을 획득했다고 해도 다른 사람에게 전달할 수가 없다. 다른 사람에게 전달한다고 해도 이해될 수가 없다."**129** 오늘날 상대주의를 아무리 강력하게 옹호한다고 해도 이렇게까지 주장하기는 쉽지 않을 것이다. 흄은 회의주의를 철학이론으로 정립한 위대한 사상가이지만 그는 자신의 철학을 이런 심각한 불가지론으로 몰고 가지 않으려 부단히 애썼다.

그런데 이것이 오히려 그의 입장에 일관성이 없다는 인상을 주기도 했다. 「취미의 기준에 대하여」는 그런 인상을 더욱 강화했다. '만일 그의 주장대로 아름다움이 감정이라면 변덕스러운 감정에 대해 어떻게 보편적 기준을 세울 수 있단 말인가?'

어떤 영역에서든 모두가 동의하는 원칙이 성립되기는 어렵다. 하지만 누구나 공감하는 보편적 원칙이 전혀 존재할 수 없다는 주장도 선뜻 수긍하기가 어려운 것이 사실이다. 물론 인식원리의 측면에서든 실천적 원칙의 측면에서든 모든 규칙이 미리 정해져 있다면 당연히 많은 사람이 반감을 가질 것이다. 흄과 같은 경험론자는 그런 규칙을 인정하기가 더더욱 어려울 것이다. 그는 인식의 영역에서든 도덕의 영역에서든 절대적인 원리의 존재를 부정하면서도 인식의 내용이나 행위에 대한 판단이 상대적 가치만을 지닌다는 결론 또한 피하고 싶어 했다. 예술의 경우도 마찬가지다. 취미의 다양성을 인정한다고 해도 예술 작품의 아름다움,

즉 예술성을 판단하는 일반적 기준을 찾아야 하며 당연히 그것을 발견할 수 있다는 것이다.

예술 감상의 상대주의적 태도를 극단으로 몰고 가면 다음과 같은 결론에 이르게 된다. 어떤 작품이건 그에 대한 감상은 감상자의 마음에 드느냐 아니냐에 달려 있으며, 그마저도 감상자의 상태에 따라 그때그때 달라질 것이다. 따라서 예술 작품이 언제나 모두에게 동일한 정도로 즐거움이나 감동을 선사하는 경우는 존재할 수 없고 반대의 경우도 마찬가지다. 그러나 현실은 어떤가. 블록버스터 전시가 열리는 미술관에서는 오디오 해설기를 받기 위해 관람객들이 줄을 길게 늘어선 장면을 쉽게 볼 수 있다. 또한 영화평론가의 별점은 영화감상에 상당히 큰 영향력을 행사한다. 「디워」 논쟁에서 대중이 몇몇 평론가의 비판에 그토록 민감하게 반응한 것은 평론가의 권위를 부정하면서도 다른 한편으론 인정하고 있음을 역설적으로 보여주는 증거가 아닐까? 영화에 대한 모든 평가가 전적으로 상대적 가치만을 지닌다고 생각했다면 평론가의 견해도 그중 하나로 치부하고 신경 쓰지 않았을 수 있는데 말이다. 그렇다면 여전히 많은 사람이 예술 작품에 대한 객관적 해석과 평가의 가능성을 믿고 있거나 적어도 기대하는 것은 아닐까?

필자는 예술에 관한, 특히 예술 작품의 감상에 관한 규칙을 발견하는 것이 불가능하지만은 않다고 생각한다. 게다가 예술이 인간의 삶에 긍정적인 영향을 미친다는 사실을 인정한다면 이런 원칙을 발견하기 위한 노력은 더더욱 필요할 수밖에 없다. 그래야 그 긍정적 효과를 극대화할 수 있기 때문이다. 물론 흄이 제시한 진정한 심판관이 갖추어야 할 자격의 구체적 내용에 대해서는 견해차가 있을 수 있다. 그렇다고 기준이 필요하다는 사실 자체를 부정할 수는 없다. 이런 면에서 흄의 완화된 회의주의는 무책임하지도, 그렇다고 독단적이지도 않으며 취미의 일반적 규칙을 발견하려는 그의 시도는 여전히 유효하다. 그의 말처럼 **"취미의 기준을 찾는 것은 우리에게는 당연한 일이다".130**

그렇다면 어떻게 취미의 기준을 찾을 수 있을까? 예술사조가 바뀔 때마다 예술 작품 평가의 기준 또한 바뀌어왔다. 따라서 기준이 변할 수밖에 없음을 인정하면서 동시에 오랜 세월 동안 변하지 않는 취미의 기준을 확립하기란 매우 까다로워 보인다. 이런 사정에 비추어볼 때, 취미의 객관적 기준 자체보다는 그것을 확정할 자격이 있는 심판관이 갖추어야 할 자질을 제시한 흄의 선택은 탁월한 것이었다.

구체적 사실에 대한 어떤 규칙이나 기준은 반박될 가능성이 언제나 있고, 따라서 때로는 개별 규칙의 효력이 중지될 수도 있다. 물론 그렇더라도 다른 규칙들의 효력은 유지되겠지만, 이 경우 제대로 된 자격을 갖추었다고 인정받는 전문 비평가가 없다면 취미의 기준 체계 자체가 붕괴될 위험이 크다. 하나의 규칙이 효력을 잃으면, 해당 예술 분야에 조예가 깊지 않은 사람들이 다른 규칙들에 대해서도 의심할 공산이 크기 때문이다. 이때 전문 비평가들이 신뢰할 만한 근거를 바탕으로 폐기된 규칙 대신 새로운 규칙을 발견하고 기존 규칙의 체계를 재정비해 유지하는 역할을 맡을 수 있다. 어떤 개별적 취미의 기준도 영원불변할 수 없음을 인정하면서, "태양은 내일 뜰 것이다"라는 명제만큼이나 확실한 규칙들의 체계를 세우기 위해 이보다 더 나은 방법이 있을까?

이는 「비극에 대하여」에 관한 논의에도 마찬가지로 적용된다. 비극을 감상할 때 관람객의 내면에서 일어나는 감정의 변화를 분석하기란 매우 어렵겠지만 불가능한 일은 아니다. 비극의 역설에 대한 흄의 수용미학적 접근은 오히려 오늘날에 와서야 그 진가를 더욱 인정받고 있다. 그는 작품의 내용에만 초점을 맞추면 예술이 우리에게 주는 감동이나 즐거움을 제대로 파악할 수 없다는 사실을 꿰뚫어본 최초의 학자 중 한 사람이었다. 그의 사상적 유산을 계승해 꽃피우는 일은 예술 작품 평가의 객관적 기준을 정립하고 비극의 역설을 해소하는 일에 관심 있는 모두의 몫일 것이다.

옮긴이 주(註)

번역어와 관련하여

1 18세기 영국 취미론자들에게 감각 기관이라는 뜻으로 이해된 sense라는 단어가 지녔던 의미에 대한 좀 더 상세한 설명으로는 이 책 188쪽 이하를 참조하라.

2 sense를 '감정'으로 옮긴 이유에 대해서는 「해제」의 미주 4(이 책 264쪽)를 참조하라.

취미의 기준에 대하여

1 앞 절에서 말한, 용어 사용의 경우에 대한 관찰 결과를 가리킨다.

2 프랑수아 페넬롱(François Fénelon; 1651~1715)은 프랑스 가톨릭교회의 대주교이며 신학자이자, 시인, 극작가로 『텔레마쿠스의 모험』(*Les Aventures de Télémaque*; 1699)의 저자이다. 이 작품에 본문에 언급된 내용이 등장한다.

3 도덕적 정감을 담당하는 능력인 도덕적 감관에 대해서는 이 책 188쪽을 참조하라.

4 이 절의 내용은 처음 보기에는 이해하기 어려워 보인다. 하지만 자세히 들여다보면 그렇게 어렵지만은 않다. 부편적이 윤리적 가르침에는 사실 도덕적으로 긍정적 의미를 지닌 어떤 단어가 의미하는 것 이외에

아무것도 들어 있지 않기 때문이다. 본문의 예를 들어 설명해보자. "자선을 베풀라"는 가르침은 보편적인 윤리적 가르침이라 할 만하다. 그런데 이 가르침에는 구체적인 내용이 아무것도 제시되지 않고 있다. 이 가르침을 통해서는 자선이라는 용어가 긍정적인 의미를 지니며 그것을 실천하기 위해 노력해야 한다는 것 외에 아무것도 더 배울 수 없기 때문이다. 이 용어를 고안해낸 사람이 그것을 종교적 가르침이나 법전에 써넣은 사람보다 더 높은 평가를 받아야 하는 이유다.

5   정감이 실재적이기 때문에 언제나 옳다는 말은 다음과 같이 해석될 수 있다. 오성적 판단은 어떤 인식 내용이 실제로 존재한다는 주장을 포함한다. 그것이 정말 그러한가는 실제 사태를 통해 확인되어야 한다. 인식 내용이 실제와 일치하면 참이고 그렇지 못하면 거짓이다. 이것이 서양철학에서 오랫동안 진리의 가장 중요한 기준으로 인정받아온 인식과 사태의 일치(adaequatio intellectus et rei)라는 원칙의 의미다. 그런데 우리가 느끼는 정감은 그렇지 않다. 기쁘다거나 슬프다는 감정은 우리 안에 존재하며 그 자체로 느끼는 것이지 외부의 사태와는 직접적으로 상관이 없고 따라서 그것에 의해 참이나 거짓 여부가 결정되지 않는다. 바깥 현실은 매우 힘들고 고통스럽더라도 나의 내면은 행복으로 가득 차 있을 수 있고, 반대로 날씨가 너무 좋고 세상이 온갖 아름다운 것들로 가득 차 있더라도 나의 내면은 고독과 슬픔으로 가득 차 있을 수 있다. 따라서 그것은 옳고 그름의 판단의 대상이 아니며 그저 그 자체로 인지될 수 있을 뿐이다. 그런데 아름답거나 추하다는 느낌, 달거나 쓰다는 느낌의 경우에는 문제가 그렇게 간단하지 않다. 아주 오랫동안 아름다움이나 추함은 대상의 객관적인 성질로 파악되어왔으며 마찬가지로 단맛이나 쓴맛도 대상의 객관적 성질로 간주되어왔다. 따라서 아름다움이나 추함, 단맛이나 쓴맛은 어느 정도는 실제 사태를 통해 객관적으로 확인되어야 한다고 주장되어왔다.

이러한 믿음이 흔들리게 되는 것은 영국 경험론에 이르러서다. 그것이 흄으로 하여금 아름다움은 대상 속에 존재하는 성질이 아니라고 주장하게 되는 결정적 계기를 제공한다.

6   원래 'De gustibus non est disputandum'이라는 라틴어 문장의 형태로 전해져 내려온 이 격언의 유래와 의미에 대해서는 이 책 166쪽 이하의 설명을 참조하라.

7   존 오길비(John Ogilby; 1600~1676)는 스코틀랜드 출신의 번역가, 지도 제작자로, 베르길리우스, 이솝, 호메로스 등의 작품을 영어로 번역하였으며 최초로 영국의 도로지도를 작도한 것으로 유명하다.

8   존 밀턴(John Milton; 1608~1674)은 영국의 시인으로 서사시 『실낙원』(*Paradise Lost*)의 저자로 유명하다.

9   존 번연(John Bunyan; 1628~1688)은 영국의 기독교 작가이자 설교가로 『천로역정』(*Pilgrim's Progress*)의 저자이다.

10 조지프 애디슨(Joseph Addison; 1672~1719)은 영국의 수필가이자 시인, 극작가, 정치가로 계몽주의 이념을 전파하기 위해 리처드 스틸(Richard Steele)과 함께 『관객』(*Spectator*)이라는 일간지를 발간하였고 거기에 여러 편의 글을 기고하였다.

11 테네리페에 대해서는 「해제」의 미주 56(이 책 270쪽)을 참조하라.

12 루도비코 아리오스토(Ludovico Ariosto; 1474~1533)는 이탈리아의 시인으로 낭만적 서사시 『광란의 오를란도』(*Orlando Furioso*)의 저자로 유명하다.

13 이 문장에서는 데이비드 흄이 인간의 신체를 기계(machine)에 빗대어

파악하던 데카르트 이래의 사유방식을 이어받고 있음을 알 수 있다. 데카르트는 인간의 신체가 연장과 운동이라는 물리적 특성을 지니고 있고 따라서 물리적 법칙을 따른다고 생각했으며, 시계의 작동방식을 예로 들어 인간 신체의 여러 부위가 작동하는 방식을 설명하였다. 시계 부품 중 하나인 스프링이나, 고장(disorder)과 같이 기계에 사용되는 용어를 채택한 것에서 이러한 경향이 분명히 드러난다.

14 이 인용문은 『돈키호테』 제2부 제13장에 나오는 내용을 원문의 의미는 손상시키지 않으면서 약간 각색한 것이다. 원문은 미구엘 드 세르반테스(Miguel de Cervantes), 『라만차의 재기 넘치는 기사 돈키호테의 생애』(*The History of the Ingenious Gentleman Don Quixote of La Mancha*) vol. 3, trans. by P. A. Motteux, John Grant, 1865, p. 124를 참조하라.

15 흄이 제시한 내적 정감과 외적 정감의 구분은 다음과 같이 설명될 수 있다. 정감 자체는 당연히 우리가 우리의 내면에서 느끼는 것이다. 하지만 그 감정을 느끼게 된 원인을 우리 외부에서 직접 찾을 수 있을 경우 그것을 외적 정감이라 부른다. 비를 흠뻑 맞아서 기분이 찝찝한 경우가 이에 해당할 것이다. 하지만 우리가 느끼는 감정들은 그 원인을 우리의 외부에서 바로 확인할 수 없는 경우가 많다. 이것을 내적 정감이라 부를 수 있을 것이다. 물론 이런 감정들 중 많은 것들도 그 원인을 거슬러 올라가면 우리 외부의 어떤 대상이나 사태에 이르게 될 것이다. 『인간본성론』에서 흄이 주장한 바에 따르면 반성적 인상으로서의 아름다움도 이러한 부류의 내적 정감에 속한다. 반성적 인상으로서의 아름다움에 대한 흄의 논의에 대해서는 이 책 120쪽 이하, 135쪽, 152쪽 이하를 참조하라. 또 내적 정감(internal sentiment)이라는 표현은 흄의 미학 사상에 지대한 영향력을 행사했던

프랜시스 허치슨이 주장한 아름다움을 느끼는 내적 감관(internal sense of beauty)을 연상시킨다. 흄의 미학이론이 허치슨의 내적 감관론과 맺는 관계에 대해서는 이 책 132쪽 이하, 189쪽 이하를 참조하라.

16 위트(wit)는 현대 영어에서는 유머스한 표현을 가리키는 경우가 많다. 하지만 원래 이 단어는 서로 다른 사물이나 사태에서 유사한 점을 발견해내는 능력과 밀접한 관련이 있었다. 근대 영국의 여러 학자들은 이러한 능력을 두 가지의 사물이나 사태를 명확하게 구분해내는 능력인 판단력과 대립시켜 파악하였으며, 이러한 이해에 입각하여 전자는 예술, 후자는 학문을 담당하는 능력으로 간주하였다. 고대로부터 서구인들은 예술 작품에 등장하는 주인공의 모습이나 사물 혹은 사태의 이미지를 다른 어떤 것에 대한 은유나 알레고리로 파악하였다. 따라서 이들 사이에 비유가 성립할 수 있는 근거로서 그들 사이에 존재하는 유사성이 거론될 수밖에 없었다. 여기서 흄이 위트라는 단어로 지칭하는 것도 이러한 능력과 그것을 통해 나타나는 예술 작품의 특징이다.

17 이 표현은 데카르트가 『제일철학에 관한 성찰』(*Meditationes de prima philosophia*)에서 사용한 것으로, 그는 이것을 지각(perception)이나 이념 혹은 관념(idea)이 진리가 되는 기준으로 제시하였다. 인간이 사유를 통하여 명석하고 판명하게 인식하는 것은 모두 참이라는 것이다. 데카르트는 원래 사유를 정의하면서 거기에 인식행위뿐만 아니라 의지행위, 감각적 지각, 내적 감정의 지각 등을 모두 포함시켰다. 하지만 이 중에서 감각적 지각이나 내적 감정의 지각은 명석하고 판명하지 않기에 신뢰할 수 없는 것이라 여겨 진리 추구의 대상에서 제외시켰다. 따라서 명석하고 판명한 정감이라는 말은 데카르트적 의미에서는 성립될 수 없는 말이다. 그런데도 흄이 이런 표현을 사용한

것은 취미 판단의 문제에 있어서 이성의 역할을 배제할 수 없다는 확신 때문이었을 것이다. 정감의 이러한 이중적 성격에 대해서는 이 책 189쪽 이하를 참조하라.

18 영어 원문에는 execution of any work로 되어 있다. 문학이나 시각예술의 경우에는 이것을 본문에서와 같이 창작으로 번역할 수 있겠지만 음악이나 무용, 연극의 경우에는 창작은 물론 공연이나 연주의 뜻도 함께 지니고 있다고 해석해야 할 것이다.

19 good sense를 '훌륭한 감관'으로 번역한 이유에 대해서는 이 책 186쪽 이하를 참조하라.

20 디자인이 당시 미학적 담론에서 갖고 있던 의미에 대해서는 이 책 190쪽 이하를 참조하라.

21 개인마다 취미 능력의 면에서 차이가 있음을 가리킨다.

22 푸블리우스 테렌티우스 아페르(Publius Terentius Afer; 195/185~159 BC)는 로마시대의 극작가로 본문에서 뒤에 언급되는 『안드리아』(*Andria*)의 저자이다. 이 작품의 모든 사건은 안드로스 출신의 글리케리움(Glycerium)이라는 소녀를 둘러싸고 벌어지지만 그녀는 극 자체에는 전혀 등장하지 않는다.

23 푸블리우스 베르길리우스 마로(Publius Vergilius Maro; 70~19 BC)는 로마시대의 시인으로 『전원시』(*Eclogae*), 『농경시』(*Georgica*), 특히 로마의 건국설화를 담은 서사시 『아이네이스』(*Aeneis*)의 저자로 유명하다.

24 푸블리우스 오비디우스 나소(Publius Ovidius Naso; 43 BC~17/18)는 로마시대의 시인으로 『변신이야기』(*Metamorphoseon*)의 저자로

유명하다. 퀸투스 호라티우스 플라쿠스(Quintus Horatius Flaccus; 65~28 BC)는 로마시대의 서정시인으로 『시작의 기술』(Ars Poetica)의 저자다. 푸블리우스(혹은 가이우스) 코르넬리우스 타키투스{Publius (or Gaius) Cornelius Tacitus; 56~117}는 로마시대의 원로원 의원이자 역사가로 티베리우스, 칼리굴라, 클라우디우스, 네로 황제 등의 시대에 관한 역사서 『연대기』(Annales)를 저술한 것으로 유명하다.

25 테렌티우스의 『안드리아』에 대해서는 앞의 미주 23)을 참조하라. 니콜로 디 베르나르도 데이 마키아벨리(Niccolò di Bernardo dei Machiavelli; 1469~1527)는 르네상스시대의 이탈리아 역사가, 정치가, 외교관, 철학자이자 작가로 근대 정치학의 창시자이며, 후세의 수많은 정치철학자에게 큰 영향을 끼친 『군주론』(Il Principe)의 저자다. 그는 『안드리아』를 이탈리아어로 번역, 각색하기도 하였으며 그가 직접 쓴 희곡 『클리치아』(La Clizia)에서도 『안드리아』에서와 마찬가지로 모든 사건이 클리치아라는 인물을 중심으로 펼쳐지지만, 그녀는 한 번도 무대에 등장하지 않는다.

26 1690년대 프랑스에서 펼쳐졌던 신구논쟁(Querelle des Anciens et des Modernes)을 가리킨다. 구파(Des Anciens)는 니콜라 부알로-데스프레오(Nicolas Boileau-Despréaux)를 중심으로 근대의 학자나 예술가는 고대의 위대한 작가나 철학자를 넘어설 수 없으며 단지 모방할 수 있을 뿐이라고 주장한 반면, 신파(Des Modernes)는 샤를 페로(Charles Perrault)와 베르나르 르 보비에 드 퐁트넬(Bernard Le Bovier de Fontenelle; 1657~1757)을 중심으로 근대의 작가가 고대의 작가보다 더 우월하다고 주장하였다.

27 호라티우스 시의 다음과 같은 구절을 각색한 내용이다. "나는 놋쇠보다 오래가는 기념비를 완성하였다."{Exegi monumentum aere

perennius; 호라티우스, 『시가집』(Carmina) 3, 30, 1.}

28 주름칼라와 파딩게일(farthingale)에 대해서는 「해제」의 미주 87(이 책 271쪽)을 참조하라.

29 『폴뤼에우크투스』(Polyeucte)는 프랑스의 극작가 피에르 코르네유(Pierre Corneille; 1606~1684)의 작품으로 고대 로마의 기독교 순교자 폴뤼에우크투스(Polyeuctus)를 다룬 작품이고 『아탈리아』(Athalie)는 프랑스의 극작가 장 라신(Jean Racine; 1639~1699)의 작품으로 고대 이스라엘 왕국 아합 왕의 딸이자 유대 왕국 여호람 왕의 부인으로 구약성서(열왕기하 8, 11장, 역대하 22, 23장에 등장하는) 아탈리아를 다룬 작품이다. 볼테르, 귀스타브 플로베르를 비롯한 프랑스의 수많은 지식인이 이 작품을 최고의 걸작으로 꼽았으며 어떤 이는 소포클레스의 불멸의 작품 『오이디푸스 왕』에 비견될 만하다고까지 주장하였다. 흄은 이 작품의 가치를 높이 평가하면서도 그 안에 담겨 있는 종교적 편견이 이 작품에 흠집을 내고 있다고 주장하고 있다.

30 장 라신, 『아탈리아』 in: 『장 라신 전집』(Œuvres de Jean Racine) vol. 3, Paris: Didot L'Aîné, 1799, p. 256.

31 이 장면은 호메로스(Ὅμηρος)의 『일리아스』(Ἰλιάς) 제1권에 나오는 아가멤논과 아킬레우스의 설전 장면에 등장한다. 아킬레우스는 아가멤논을 이렇게 묘사함으로써 그를 겁쟁이라 비난하고 있다. 해당 구절을 문자 그대로 번역하자면 다음과 같다. "술 취해 거동이 느린 자여, 개의 눈을 하고 있으면서 가슴은 사슴인 자여!"(οἰνοβαρές κυνὸς ὄμματ' ἔχων καρδίην δ' ἐλάφοιο; 호메로스, 『일리아스』 Book I, Line 225.)

32 『일리아스』의 해당 구절 내용을 살펴보면 다음과 같다. 자신의 아들에게 명예를 허락하고 그리스인들을 벌해달라는 아킬레우스의 어머니

테티스의 탄원을 제우스가 들어주자 헤라가 제우스에게 불평을 늘어놓았다. 그러자 제우스는 그녀에게 조용하라고 명령한다. 흄이 언급하는 구절의 원문은 다음과 같다. "조용히 앉아 내 말에 순종하시오. 그렇지 않으면 내가 당신에게 다가가 정말 제대로 손을 대려고 할 것이고 그땐 올림포스의 모든 신들도 당신에게 도움이 되지 못할 것이오."(ἀκέοσυσα κάθησο, ἐμῶι δ' ἐπιπείθεο μύθωι, μή νύ τοι οὐ χραίσμωσιν ὅσοι θεοί εἰσ' ἐν Ὀλύμπωι, ἆσσον ἰόνθ' ὅτε κέν τοι ἀάπτους χεῖρας ἐφείω; 호메로스, 『일리아스』 Book I, Line 565~566.)

33 이탈리아의 학자, 시인이자 르네상스 인문주의자인 프란체스코 페트라르카(Francesco Petrarca; 1304~1374)는 1327년 교회에서 라우라(Laura)라는 여인을 보고는 첫눈에 사랑에 빠지게 되었고, 1348년 그녀가 죽을 때까지 먼발치서 그녀를 사랑하였다고 한다. 그의 많은 시가 이 여인에 대한 사랑을 노래하고 있는데, 그녀가 죽자 그녀는 구원의 상징처럼 되었고 신적인 자질을 소유한 숭고한 이상으로 부활하였다.

34 조반니 보카치오(Giovanni Boccaccio; 1313~1375)는 이탈리아의 작가, 시인이자 르네상스 인문주의자로 여러 가지 사랑 이야기를 다룬 일화 모음집 『데카메론』(Decameron)의 저자다. 이 책은 열 명의 젊은이가 열흘 동안 각각 열 개의 이야기를 다른 이들에게 들려주는 방식으로 구성되어 있는데, 흄이 언급하는 것은 네 번째 날 이야기를 시작하기 전에 보카치오가 신과 귀부인들이 자신을 돕고 자신을 비난하는 사람들로부터 보호해주었다고 말하는 대목이다. Cf. 조반니 보카치오, 『데카메론』, Milano, 1803, p. 183.

비극에 대하여

1 왜 비극 작가를 오늘날처럼 희곡작가라 하지 않고 시인(poet)이라 부르는 것일까? 이 물음에 답하려면 이 단어의 어원이 '무언가를 만들다, 제작하다'라는 뜻을 지닌 고대 그리스어 동사 포이에오(ποιέω)에서 파생된 명사 포이에테스(ποιητής)라는 사실에 주목해야 한다. 고대 그리스에서 이 말은 무언가를 제작하는 모든 사람을 널리 이르는 말이었지만, 점차 비극이나 희극, 서사시나 서정시를 쓰는 작가를 가리키는 말이 되었다. 이러한 전통이 유럽 여러 나라에 남아서 오랫동안 시인이라는 단어는 오늘날처럼 운율이 있는 문학작품을 쓰는 작가뿐만이 아니라 거의 모든 문학 장르의 작가들을 가리키는 데 사용되었다. 흄의 시대에도 사정은 마찬가지였다. 「취미의 기준에 대하여」에서 사용된 '시'라는 번역어도 '시'라는 장르를 넘어서서 문학 일반을 가리키며 '시인'이라는 번역어도 그 장르에서 활동했거나 하고 있는 작가를 가리킨다.

2 Cf. 장-밥티스트 뒤보(Jean-Baptiste Dubos; 1670~1742), 『시와 회화에 대한 비평적 성찰』(*Réflexions critiques sur la poésie et sur la peinture*), Pissot, 1755, pp. 5~12.

3 '위장된'(disguised)이라는 표현은 얼핏 보기에는 이해하기 어려운 말이다. 하지만 자세히 들여다보면 전혀 이상한 표현은 아니다. 전통적인 비극론의 구조에 비추어 생각해보면 오히려 당연한 사실을 가리킨다고 할 수 있다. 관객으로 하여금 무대 위에서 일어나고 있는 사건에 감정을 이입하게 하여 그것을 통해 공포와 연민의 감정을 불러일으키고, 그것을 해소함으로써 카타르시스를 느끼게 하려는 것이 아리스토텔레스 비극론의 전형적 구조다. 따라서 이 표현은 연극의 관객이 어렴풋이나마 무대 위에서 벌어지고 있는 사건이 사실이

아니라는 생각을 가지고 있지만 한편으로는 그것이 마치 사실인 양 받아들이는 이중적 태도를 지닌다는 것을 암시한다.

4 베르나르 르 보비에 드 퐁트넬, 『시적인 것에 관한 성찰』(*Réflexions sur la Poétique*) in: 『퐁트넬 전집』(*Œuvres de Fontenelle*) tome 4, Paris, 1825, §36, pp. 334~335.

5 가이우스 베레스(Gaius Verres; 120~43 BC)는 로마의 집정관으로 시칠리아 총독 재직 시절 저지른 악행으로 유명하다. 키케로는 시칠리아 주민들의 의뢰를 받아 베레스를 고발했고 직접 고발 변론을 맡았으며 열정적이면서도 감동적인 연설로 결국 그에 대한 유죄판결을 이끌어내었다. 본문에 언급된 사건도 베레스가 저지른 악행 중 하나다.

6 dolce peccante는 '달콤한 죄악'이라는 뜻을 가진 이탈리아어 표현이다.

7 아리스티데스(Aristides; 530~468 BC)는 기원전 4세기경에 활동했던 테베 출신의 화가로 인간의 감정을 표현하는 데 뛰어난 재능을 발휘한 것으로 알려져 있다. 죽어가면서도 무지개의 여신 아이리스를 그리려 했으나 완성하지 못하고 죽었다고 전해진다. 테베 출신의 니코마쿠스(Nicomachus)는 아리스티데스와 동시대에 활동했던 화가로 호메로스가 시를 쓰는 것처럼 쉽게 그림을 그렸다고 한다. 티모마쿠스(Timomachus)는 기원전 1세기경 활동했던 화가로 그의 대표작 중 하나인 「메데아」는 자신의 두 아들을 죽일 생각을 하고 있는 메데아의 고뇌를 훌륭하게 표현한 것으로 유명하다. 아펠레스(Apelles)는 아리스티데스와 동시대에 활동했던 화가로 고대 그리스에서 가장 추앙받던 화가 중 한 사람이다. 그의 작품 「비너스」는 그중에서도 가장 많은 찬사를 받았다고 전해진다.

8   흄은 이 인용문의 라틴어 원문을 각주에 다음과 같이 그대로 싣고 있다. "Illud vero perquam rarum ac memoria dignum, etiam suprema opera artificum imperfectasque tabulas, sicut, Irin Aristidis, Tyndaridas Nicomachi, Medeam Timomachi, et quam diximus Venerem Apellis, in majori admiratione esse quam perfecta. Quippe in iis lineamenta reliqua, ipsaeque cogitationes artificum spectantur, atque in lenocinio commendationis dolor est: manus, cum id ageret, extinctae desiderantur." lib. xxxv. XL. 41.{대(大)플리니우스(Caius Plinius Secundus), 『자연의 역사』(*Historia Naturalis*) Libri XXXVII, Vol. 5, Biponti, 1884, p. 314.)

9   analogy of nature라는 표현은 두 가지로 해석될 수 있다. 우선 자연 현상에서 유추하여 다른 현상, 예를 들어 심리 현상이나 예술, 종교 현상 등을 설명한다는 의미로 해석될 수 있다. 또 여러 가지 현상들이 유사한 속성을 지니기 때문에 모두 함께 일반적인 어떤 하나의 본성적 특징을 설명하는 데 사용될 수 있다는 의미로 해석될 수 있다. 문맥에 비추어 볼 때 여기서는 후자의 의미로 사용되었다고 보아야 할 것이다. 흄이 든 예들도 자연 현상보다는 주로 인간의 심리 현상이나 예술 현상과 관련된 것들이다. '본성적 유비'라는 번역어를 택한 이유다.

10 에드워드 하이드 클래런던(Edward Hyde, 1st Earl of Clarendon; 1609~1674)은 영국의 정치가이자 역사가였다. 영국여왕 메리 2세와 앤 여왕의 외할아버지이기도 했던 그는 왕당파에 속했으며, 왕당파의 관점에서 『영국에서의 반역과 내전의 역사』(*History of the Rebellion and Civil Wars in England*)를 썼다.

11 『야심에 찬 계모』(*Ambitious Stepmother*)는 영국의 극작가이자

계관 시인인 니콜러스 로(Nicholas Rowe; 1674~1718)의 처녀작으로 1700년에 출간되었다.

12 로마의 시인 오비디우스가 『변신이야기』에서 서술하고 있는 여러 신화적 사건은 수많은 서양 회화의 주제가 되었다.

아름다움과 추함에 대하여

1 이 본문은 흄의 『인간본성론』 제2권 제1부 제8절 「아름다움과 추함에 대하여」 중 일부를 발췌하여 번역한 것이다.

2 대상이라고 번역된 subject라는 영어 단어는 오늘날 흔히 주체를 가리킬 때 사용된다. 하지만 여기서는 구체적으로 존재하는 어떤 대상이라는 뜻을 지닌다. 원래 이 말은 '아래'를 뜻하는 라틴어 접두어 수브(sub)와 '…에 던져져 있음'을 뜻하는 옉툼(jectum)의 결합어인 수브옉툼(subjectum)에서 유래했다. 이 라틴어 단어는 어떤 것의 아래 놓여 있어서 언제나 변하지 않고 존재하는 것, 즉 실체 혹은 본질이라는 뜻으로 쓰였다. 이보다 앞서 고대 그리스인은 이러한 존재자를 가리키는 데 동일한 뜻을 지닌 휘포케이메논(ὑποκείμενον)이라는 단어를 사용하였다. 그런데 실체가 무엇인가를 파악하는 방식은 학자마다 달랐다. 플라톤은 그것을 보편적 성질을 지닌 이데아에서 찾았던 반면, 그의 제자였던 아리스토텔레스는 이 사람, 이 말과 같은 개별적인 존재자들이라고 설명하였다. 어쨌든 분명한 것은 고대 그리스에서 이 말이―정신적이든 물질적이든―우리 바깥에 존재하는 어떤 대상을 가리켰다는 사실이다. 중세철학에서도 여전히 이런 의미로 사용되었다. 이 단어가 오늘날처럼 주체라는 뜻을 지니게 된 것은 데카르트가 사유하는 인간의 정신이 모든 진리 탐구의 흔들리지 않는

확실한 출발점이라고 선언하고 나서부터였다. 물론 데카르트 자신은 여전히 중세철학에서처럼 수브옉툼을 우리 외부에 존재하는 사물, 즉 대상이라는 의미로 사용하였다. 하지만 그가 사유하는 정신을 모든 진리탐구의 출발점으로 삼고 후대의 학자들이 이 입장을 따르게 되면서 점차 사유하는 정신을 수브옉툼으로 지칭하기 시작했다. 그것이야말로 다른 어느 것보다 확실히 믿을 수 있는, 다른 모든 것의 근거가 되는 존재자라는 생각이 싹텄기 때문이다. 하지만 그러한 용어 사용이 정착된 것은 18세기 후반에 이르러서였다. 흄이 철학자로서 활동하던 18세기 초만 해도 여전히 이 단어를 우리 바깥에 존재하는 대상이라는 뜻으로 사용하는 경우가 많았다.

섬세한 취미와 섬세한 정념에 대하여

1   기쁨을 통해 어려움(trials)을 겪을 수 있다는 이 말은 처음 듣기에는 이상하게 보일 수 있다. 하지만 좀 더 생각해보면 그렇지 않다는 것을 금세 알 수 있다. 극도의 기쁨에 겨워 실수를 한다든가, 해야 할 일을 소홀히 한다든가 하는 일이 얼마든지 벌어질 수 있으며 그로 인해 여러 가지 어려운 일을 겪을 수 있기 때문이다.

2   이 단락의 내용은 어떤 판본에서는 바로 앞 단락의 끝에 각주로 인용되기도 하였다. 하지만 특별히 각주에 넣어야 할 이유가 없을 것 같아 그냥 본문 안에 삽입하여 번역하였다.

3   흄은 그의 글 어디에서도 샤를 바퇴(Charles Batteux; 1713~1780)에 의해 새롭게 고안된 '예술'(beaux-arts; fine arts)이라는 용어를 사용하지 않았다. 대신 그와 유사한 예술 장르들을 지칭할 때 고상한 기술(nobler arts)이나 세련된 기술(polite arts)이라는 표현을 사용한다.

새롭게 정의된 예술이라는 용어와 그 의미, 흄이 이 용어에 대해 맺고 있는 관계에 대해서는 「글쓰기의 소박함과 세련됨에 대하여」 미주 2(이 책 260쪽)를 참조하라.

4 sciences는 당시 진정한 학문의 중심으로 부상했던 수학과 근대 물리학 등의 학문분과를, liberal arts는 고대로부터 중세를 거쳐 형성되었던, 자유 시민으로서 갖추어야 할 교양을 가르치던 학과를 가리킨다.

5 흄은 다음과 같은 라틴어 원문을 번역 없이 직접 인용하고 있다. "Ingenuas didicisse fideliter artes,/Emollit mores, nec sinit esse feros." {오비디우스, 『흑해에서 온 편지』(*Epistulae ex Ponto*) II, ix, 48.}

6 Cf. 베르나르 르 보비에 드 퐁트넬, 『다양한 세계들에 관한 대담집』(*Entretiens sur la Pluralité des Mondes*), 1828(1686), p. 197. 이 책 원문의 내용은 다음과 같다. "아주 평범하고 조잡한 시계들은 몇 시인지만 가리킵니다. 더 많은 기술을 발휘하여 만들어진 시계들만이 몇 분인지도 가리키죠."

7 흄이 말한 술자리의 흥겨움은 젊은 날 여러 사람과 맺는 일반적인 친구관계를 뜻한다. 그럴 때는 젊은이다운 열정적 욕구가 지배적인 정념이 되지만 그것을 넘어 굳건한 신뢰를 통해 친구관계가 형성되면 그러한 우정을 통해서 고상한 정념을 얻게 된다. 그것을 가능케 하는 것이 바로 섬세한 취미다.

글쓰기의 소박함과 세련됨에 대하여

1 Cf. 조지프 애디슨, 『관객』(*The Spectator*) no. 345 (April 5, 1712) in: 『『관객』 모음 전 6권』(*The Spectator in six Volumes*), London: Andrew

Wilson, 1813, vol. 4, p. 91.

2 프랑스 철학자 샤를 바퇴는 『하나의 동일한 원리로 환원되는 예술 장르들』(*Les beaux-arts réduits à un même principe*; 1747)에서 최초로 예술이라는 용어를 고안해내고는 그것을 "아름다운 자연의 모방"(l'imitation de la belle nature)으로 정의하였다. 흄은 이러한 예술의 정의를 그대로 받아들여 사용하고 있다. 이로 미루어볼 때 흄이 예술(fine arts; beaux-arts)이라는 용어를 사용하지는 않았지만 예술의 정의와 관련된 당대의 학문적 논의를 인지하고 있었음을 알 수 있다.

3 산초 판자는 미겔 데 세르반테스의 소설 『돈키호테』에서 돈키호테의 순진한 시종으로 등장하는 인물이다.

4 순진함으로 번역한 단어는 원문에서는 Naiveté라는 프랑스어 단어로 되어 있다. 이렇듯 프랑스어 단어를 사용한 이유를 흄은 몇몇 판본에서 다음과 같이 직접 설명하고 있다. "순진함은 내가 프랑스어에서 빌려온 단어인데, 영어에는 [그와 같은 의미를 가진 단어가] 거의 없다."

5 호라티우스, 『서간집』(*Epistulae*) I, 18, 103. 이 표현이 사용된 본문에서 호라티우스는 어떻게 하면 인생을 즐겁게 살 수 있는가에 대해 설명하고 있다. 그는 충족될 수 없는 욕망 때문에 고통당하지 말고, 무언가를 바라거나 두려워하면서 힘들어하지도 않으면 마음속 염려가 사라질 것이라고 말한다. 그런 행복은 다른 사람의 눈에 띄지 않으면서 조용히 살면 누릴 수 있는 것이다. 흄이 이 구절을 인용한 이유는 그런 삶이 그렇게 살기로 결심한 사람에게는 너무도 행복한 것이겠지만, 글을 쓰고 세상에 자신을 알리려는 사람에게는 그런 삶이 너무도 불행한 것임을 강조하기 위해서다.

6 알렉산더 포프(Alexander Pope; 1688~1744)는 18세기 영국 시인으로 호메로스의 작품 번역가로 유명하며 풍자시로도 명성을 얻었다.

7 티투스 루크레티우스 카루스(Titus Lucretius Carus; 99~55 BC)는 고대 로마의 시인이자 에피쿠로스학파 철학자로 자신의 사상을 담은 철학시 『사물의 본성에 관하여』(*De Rerum Natura*)로 유명하다. 베르길리우스나 호라티우스 같은 이들의 작품에 많은 영향을 미쳤다.

8 피에르 코르네유는 프랑스의 비극 작가로 몰리에르(Molière), 라신과 함께 17세기 프랑스의 3대 극작가로 여겨진다.

9 윌리엄 콩그리브(William Congreve; 1670~1729)는 영국의 시인이자 극작가이다. 희극작품으로 유명하다.

10 푸블리우스 테렌티우스 아페르(Publius Terentius Afer; 195/185~159 BC)는 고대 로마시대의 극작가로 원래는 노예였으나 그의 주인이 그의 비범한 능력에 감명을 받아 그를 해방시켜주었다고 한다. 소박하면서도 직설적인 문체로 유명하다.

11 장 라신은 코르네유, 몰리에르와 함께 17세기 프랑스의 3대 극작가로 불리는 비극 작가이다.

12 Cf. 베르나르 르 보비에 드 퐁트넬, 「전원시의 본질에 관한 담론」 (Discours sur la Nature de l'Eglgoue) in: 『전집』(*Oeuvres Complètes*) vol. 3, Paris, 1818, pp. 51~69.

13 아르카디아(Αρκαδία; Arcadia)는 같은 이름을 지닌 그리스의 한 지역 이름에서 유추된 유토피아적 이상향의 이름이다. 이 지역은 고대 그리스 신화에 등장하는 목양의 신 판(Pan)의 고향이다. 따라서 아르카디아는 때 묻지 않은 자연과 조화롭게 살아가는 소박한 목가적

삶의 상징으로 여겨졌다.

14 어떤 사람이나 그의 행동, 그가 느끼는 감정을 묘사하는 글은 딱딱한 학문적 글보다 우리의 마음을 사로잡는 경우가 훨씬 더 많다. 그렇기에 그런 글을 쓸 때는 지나치게 감정을 자극하는 화려하고 세련된 문체를 삼가는 것이 좋다는 것이 흄의 주장이다. 소박하고 담백한 글로도 이미 그것이 추구하는 결과를 충분히 달성할 수 있는데 거기에 또 장식을 가미하게 되면 오히려 글의 효과를 반감시킬 수 있기 때문이다.

15 이 표현은 처음에는 모순처럼 들릴 수 있다. 사람들은 대개 훌륭한 글에서 놀랄 만한 사상을 발견한다고 생각하니까 말이다. 하지만 본문의 내용을 자세히 들여다보면 그렇지 않다. 흄이 사용하는 놀라운(surprising)이라는 표현은 훌륭하거나 위대해서 깜짝 놀라게 한다기보다는 표현의 갑작스러움이나 그 외의 다른 문체상의 효과를 통해서 사람을 놀라게 한다는 뜻을 갖는다. 앞에서(이 책 101쪽) 흄은 위트가 그런 효과를 자아내며 그것이 글을 화려하고 세련되게 하기는 하지만 그렇다고 그 글이 훌륭한 글이 되는 것은 아니라고 주장한 바 있다.

16 마르쿠스 발레리우스 마르티알리스(Marcus Valerius Martialis; 38/41~102/104)는 고대 로마의 시인이다.

17 가이우스 발레리우스 카툴루스(Gaius Valerius Catullus; 84~54 BC)는 고대 로마의 시인으로 오비디우스, 호라티우스, 베르길리우스 등 위대한 시인들에게 지대한 영향을 미쳤다.

18 에이브러햄 카울리(Abraham Cowley; 1618~1667)는 영국의 시인이자 산문작가이다.

19 토머스 파넬(Thomas Parnell; 1679~1718)은 아일랜드의 시인이다.

20 퀸틸리아누스, 『수사학 강요』(*Institutio Oratoria*), 10, 1, 129. 마르쿠스 파비우스 퀸틸리아누스(Marcus Fabius Quintilianus; 35~100)는 고대 로마의 유명한 수사학자이다.

21 루키우스 안나에우스 세네카(Lucius Annaeus Seneca; 4 BC~65)는 고대 로마시대의 스토아학파 철학자이자 정치가, 극작가이다. 네로 황제의 가정교사이자 조언자 역할을 한 것으로 유명하다. 그의 아버지였던 웅변가이자 수사학자 마르쿠스 안나에우스 세네카(Marcus Annaeus Seneca; 54 BC~39)는 이론적으로는 간결하고 소박한 문체를 높이 평가했지만 그 자신의 문체는 오히려 아래의 미주 23에서 설명하게 될 아시아적 웅변술의 문체와 닮아 있었다고 한다. 아들 세네카의 문체도 이와 유사한 것으로 비판받기도 했다. 이러한 비판에 가장 앞장선 이가 바로 퀸틸리아누스다. 그는 세네카의 문체가 악한 내용을 담고 있으면서도 매혹적이기에 아주 위험하다고 주장했다. 이후의 수많은 학자도 이러한 그의 비판에 동참했는데 흄도 이러한 전통에 근거해서 세네카의 문체를 비판하고 있다.

22 아티카적 웅변술은 데모스테네스와 같은 고전 그리스 시대의 위대한 웅변가들의 수사학적 전통을 가리킨다. 기원전 1세기경 고대 로마에서 이들의 전통을 계승하려는 연설가들에 의해 아티카적 웅변술이 발전하였다. 간결하고 소박하며 직설적인 문체가 특징이다.

23 아시아적 웅변술은 기원전 3세기경 나타난 고대 그리스의 웅변술이다. 오늘날 터키 지역에 해당하는 소아시아 출신의 수사학 교사들을 통해 기원전 2세기경 로마에 소개되었다고 한다. 소피스트식의 웅변술을 계승, 발전시켰으며 과장되고 감정을 자극하는, 화려한 문체가 특징이다.

24 로마 황제 클라우디우스와 그의 뒤를 이은 네로 황제의 시대에는 주로 아시아적 웅변술이 유행하였다.

25 아우구스투스 황제 시절에는 그리스적 웅변술이 아시아적 웅변술보다 더 훌륭한 것으로 인정받았다. 하지만 점차 아시아적 웅변술이 젊은 로마인들의 사랑을 받게 되었다. 흄이 지적하고 있는 것은 이와 같은 현상이다.

해제

1 바실리 칸딘스키(Wassily Kandinsky), 『예술에서의 정신적인 것에 대하여』(*Über das Geistige in der Kunst*), München: R. Piper, 1912, p. 12.

2 데이비드 흄, 『인간본성론』(*A Treatise of Human Nature*), edited by L. A. Selby-Bigge, Oxford: Clarendon Press, 1978, p. 1, 5. 인용문에서 '지각'으로 번역된 영어 단어는 perception이다. 이 말은 '…을 관통하여'라는 뜻을 지닌 라틴어 전치사 페르(per)와 '잡다, 포착하다'라는 뜻을 지닌 라틴어 동사 카피오(capio)의 합성어인 동사 페르키피오(percipio)의 명사형 페르켑티오(perceptio)에서 유래하였으며, 감각을 통해서든 이성적 추론을 통해서든 여러 가지 정보를 받아들여 그것들을 포착하는 행위라는 뜻으로 사용되거나 그러한 정신작용으로 인해 나타나는 결과물을 가리켰다. 흄은 이런 원래 의미를 그대로 살려 이 개념을 매우 광범위한 의미로 사용하고 있다.

3 Ibid., p. 8.

4 이 대목에서 sense가 단순히 감각이나 감각 기관을 가리킨다고

이해하기는 어렵다. 왜냐하면 그것과 대비되는 것으로 격렬한 정념을 가리키는 passion이 사용되고 있기 때문이다. 따라서 여기서 sense는 감각을 통해 받아들여지자마자 곧바로 느껴지는 내적 감각으로서의 감정을 가리킨다고 해석하는 것이 옳을 것이다.

5　Ibid., p. 276.

6　Ibid., p. 7.

7　Cf. 데이비드 흄, 『인간 오성에 관한 탐구』(*An Enquiry Concerning Human Understanding*) in: 『인간 오성과 도덕 원리에 관한 탐구』(*Enquiries Concerning the Human Understanding and Concerning the Principles of Morals*), edited by L. A. Selby-Bigge, Oxford: Clarendon Press, 1902(1777), p. 25.

8　Ibid., p. 56.

9　Cf. 니콜라 말브랑슈(Nicolas Malebranche), 『진리의 탐구에 관하여』(*De la Recherche de la Vérité*) tome 2, Paris: Garnier Frères, 1893(1674~75), p. 16.

10　Cf. 먼로 비어즐리(Monroe Beardsley), 『고전 그리스 시대부터 오늘날까지 미학의 작은 역사』(*Aesthetics from Classical Greece to the Present: A Short History*), New York: Macmillan, 1966, pp. 168~175.

11　조지프 애디슨, 『관객』 no. 412 (June 23, 1712) in: 『『관객』 모음전 6권』 vol. 4, p. 340. (데이비드 흄, 『인간본성론』 vol. 2, p. 11에서 재인용.)

12　조지프 애디슨, 『관객』 no. 411 (June 21, 1712) in: 『『관객』 모음 전

6권』, vol. 4, p. 334f.

13 섀프츠베리(Shaftesbury), 『인간과 풍습, 견해와 시대의 특징』(*The Charateresticks of Men, Manners, Opinions, Times*) vol. 2, Indianapolis: Liberty Fund, p. 231.

14 프랜시스 허치슨(Francis Hutcheson), 『아름다움과 덕에 관한 우리의 관념의 기원에 관한 탐구』(*An Inquiry into the Original of Our Ideas of Beauty and Virtue*), Indianapolis: Liberty Fund, 2004(1725), p. 28.

15 Ibid., p. 29.

16 데이비드 흄, 『인간본성론』, p. 276.

17 데이비드 흄, 「섬세한 취미와 섬세한 정념에 대하여」(Of the Delicacy of Taste and Passion) in: 『데이비드 흄의 철학적 저술들』(*The Philoso-phical Works of David Hume*; 이하 PW) vol. 3, London, 1826, p. 4; 이 책 91쪽.

18 같은 곳; 이 책 90쪽.

19 데이비드 흄, 「섬세한 취미와 섬세한 정념에 대하여」, p. 5; 이 책 92쪽.

20 Ibid., p. 6; 이 책 94쪽.

21 에드먼드 버크, 『숭고와 아름다움의 관념의 기원에 대한 철학적 탐구』, 김동훈 옮김, 마티, 2019(2006), 71쪽.

22 데이비드 흄, 『인간본성론』, p. 299; 이 책 83쪽.

23　같은 곳; 이 책 84쪽.

24　Cf. 데이비드 흄, 『인간본성론』, p. 364.

25　Ibid., p. 299; 이 책 84쪽.

26　같은 곳; 이 책 83쪽 이하.

27　같은 곳; 이 책 84쪽.

28　Cf. 크세노폰(Ξενοφῶν), 『회고록』(*Commentarii* III), 8, 4. {브와디스와프 타타르키비츠(Władysław Tatarkiewicz), 『미학사』(*History of Aesthetics*) vol. 1, The Hague/Paris: Mouton, 1970, p. 109에서 재인용.}

29　데이비드 흄, 『인간본성론』, p. 273.

30　Cf. 에드먼드 버크, 『숭고와 아름다움의 관념의 기원에 대한 철학적 탐구』, 168쪽.

31　물론 흄도 무관심적인 선의라는 용어를 사용하면서 우리가 자신의 이해관계와는 상관없이 다른 사람의 행복이나 불행에 대해 기쁨이나 슬픔을 느낄 수 있다고 주장하기는 했다.{Cf. 데이비드 흄, 『도덕의 원리들에 관한 탐구』(*An Enquiry Concerning the Principles of Morals*), edited by Tom L. Beauchamp, Oxford/New York: Oxford University Press, 1998, p. 167.} 하지만 그 경우에도 즐거움은 여전히 유용성에 그 궁극적 근거를 갖고 있었다. 흄에 따르면 다른 사람의 행복이나 불행에 대해 무관심적 선의를 갖게 되는 것은 공감의 능력을 통해 가능하다. 같은 처지라면 자신도 즐거움이나 고통을 느낀다고 생각하기 때문이라는 것이다. 그런데 사람들이 행복이나 불행의 감정을 느끼는 대부분의 경우는 어떤 대상이나 상황, 행위가 자신이 바라는 삶의

조건을 충족시키는가, 그렇지 않은가에 달려 있다. 다른 말로 하자면 어떤 대상이나 상황, 행위가 내 삶에 미치는 유용성의 정도에 따라 행, 불행의 감정이 결정되는 것이다. 반면 칸트의 무관심성은 대상에게서 발견되는 무목적적 합목적성의 형식과만 관련이 있을 뿐 그 대상의 유용성 자체와는 전혀 관계가 없다.

32 데이비드 흄, 『인간본성론』, p. 299; 이 책 84쪽.

33 Cf. 같은 곳.

34 데이비드 흄, 「취미의 기준에 대하여」 in: PW vol. 3, p. 260; 이 책 29쪽.

35 Ibid., p. 272; 이 책 47쪽.

36 데이비드 흄, 「회의주의자」(The Sceptic) in: PW vol. 3, p. 183f.

37 데이비드 흄, 『인간 오성에 관한 탐구』, p. 165.

38 데이비드 흄, 「취미의 기준에 대하여」, p. 260; 이 책 29쪽.

39 Cf. 데이비드 흄, 『인간본성론』, p. 276.

40 데이비드 흄, 『도덕의 원리들에 관한 탐구』, p. 76.

41 Ibid., p. 80.

42 같은 곳. 왜 예술의 아름다움을 느끼려면 이성적 추론의 도움이 필요한지에 대해서는 이 책 186쪽 이하를 참조하라.

43 데이비드 흄, 「취미의 기준에 대하여」, p. 266f.; 이 책 39, 40쪽.

44 Ibid., p. 264; 이 책 34쪽.

45　Ibid., p. 260; 이 책 29쪽.

46　문경연, 「식민지 근대와 '취미' 개념의 형성」, 한림과학원, 『개념과 소통』 7, 2011, 41쪽 이하.

47　베네데토 크로체(Benedetto Croce; 1866~1952), 『정신에 관한 학문으로서의 철학: 1. 표현에 관한 학문과 일반 언어학으로서의 미학』(*Filosofia come Scienza dello Spirito: 1. Estetica come Scienza dell'Espressione e Linguistica Generale*), Bari: Gius. Laterza & Figli, 1922(1902), p. 208f.

48　장 드 라 브뤼예르(Jean de La Bruyère; 1645~1696), 『성격들』(*Les Caractères*) in: 『라 브뤼예르 전집』(*Oeuvres de La Bruyère*) tome 1, Paris: Hachette, 1865(1688), p. 116.

49　조지프 앤더슨, 『관객』(*The Spectator*), no. 409 (June 12, 1712) in: 『『관객』 모음 전 6권』 vol. 4, p. 326.

50　Cf. 섀프츠베리, 『인간의 풍습, 견해들과 시대의 특징들』 vol. 1, p. 207ff..

51　플루타르코스(Πλούταρχος), 『전집』(*Quae supersunt Omnia*) vol. 4, Lipsiae: Impensis Gotth. Theoph. Georgi, 1776, p. 201.

52　데이비드 흄, 「취미의 기준에 대하여」, p. 256; 이 책 23쪽.

53　Ibid., p. 260; 이 책 29쪽.

54　같은 곳; 이 책 29쪽 이하.

55　Ibid., p. 259; 이 책 28쪽.

56 테네리페(Tenerife)는 아프리카 대륙 북서해안에 있는 스페인령 카나리아 군도 중 가장 크고 인구밀도가 가장 높은 섬의 이름이다. 이 섬에 있는 테이데(Teide)라는 산은 해발고도가 3718미터에 이른다.

57 데이비드 흄, 「취미의 기준에 대하여」, p. 260f.; 이 책 30쪽.

58 Ibid., p. 261; 이 책 31쪽.

59 Ibid., p. 261f.; 이 책 31쪽 이하.

60 Ibid., p. 264; 이 책 35쪽.

61 Ibid., p. 263; 이 책 33쪽.

62 Ibid., p. 265; 이 책 37쪽.

63 Ibid., p. 266; 이 책 39쪽.

64 같은 곳; 이 책 38쪽.

65 Ibid., p. 268; 이 책 42쪽.

66 Ibid., p. 269; 이 책 42쪽 .

67 같은 곳.

68 같은 곳; 이 책 43쪽 이하.

69 Ibid., p. 270; 이 책 44쪽.

70 같은 곳; 이 책 45쪽.

71 Ibid., p. 271; 이 책 46쪽.

72 Ibid., p. 272; 이 책 47쪽.

73 같은 곳.

74 같은 곳.

75 같은 곳; 이 책 47쪽.

76 Ibid., p. 273; 이 책 49쪽.

77 Cf. 이 책 134쪽.

78 데이비드 흄, 「취미의 기준에 대하여」, p. 273; 이 책 48쪽.

79 Ibid., p. 273f.; 이 책 49쪽.

80 Ibid., p. 276; 이 책 53쪽.

81 같은 곳; 이 책 53쪽 이하.

82 Ibid., p. 277; 이 책 54쪽.

83 같은 곳; 이 책 54쪽 이하.

84 같은 곳; 이 책 55쪽.

85 Ibid., p. 277f.; 이 책 55쪽.

86 Ibid., p. 278; 이 책 55쪽 이하.

87 수름칼라(ruff)는 16세기 중엽부터 17세기 중엽까지 유행했던 의복 장식의 한 형태를 가리킨다. 오늘날에도 덴마크를 비롯한

유럽 여러 나라 교회의 성직자나 성가대 의복에 사용되고 있다. 파딩게일(farthingale)은 스페인에서 유래되어 16세기에서 17세기까지 유행한, 여성 의복을 원하는 모양대로 유지하기 위해 의복 안에 사용했던 여러 가지 내복을 가리킨다.

88 Op. cit. p.278; 이 책 56쪽.

89 Ibid., p. 280; 이 책 59쪽.

90 Ibid., p. 258; 이 책 26쪽.

91 Ibid., p. 279; 이 책 57쪽 이하.

92 데이비드 흄, 「글쓰기의 소박함과 세련됨에 대하여」(Of Simplicity and Refinement of Writing) in: PW vol. 3, p. 218; 이 책 99쪽.

93 Ibid., p. 220; 이 책 101쪽 이하.

94 같은 곳; 이 책 103쪽.

95 Ibid., p. 221; 이 책 103쪽.

96 같은 곳; 이 책 102쪽.

97 Ibid., p. 223; 이 책 106쪽.

98 「'가혹한 혹평' 진중권 교수, 디 워는 엉망진창 영화?」, 『데일리안』, 2007년 8월 10일.(http://www.dailian.co.kr/news/view/77235)

99 Cf. 「진중권 "슈즈트리, 예술에 대한 세 가지 편견 벗고 봐야…"」, YTN, 2017년 5월 26일.
(http://www.ytn.co.kr/_ln/0106_201705261138085502)

100 데이비드 흄,「취미의 기준에 대하여」, p. 275; 이 책 52쪽.

101 Ibid., p. 267; 이 책 39쪽 이하.

102 이에 대한 자세한 설명으로는 이 책 176쪽을 참조하라.

103 데이비드 흄,「취미의 기준에 대하여」, p. 270; 이 책 44쪽.

104 왜 비극 작가를 오늘날처럼 희곡작가라 하지 않고 시인(poet)이라 부르는지에 대해서는 「비극에 대하여」 미주 1(이 책 254쪽)을 참조하라.

105 데이비드 흄,「비극에 대하여」(Of Tragedy), in: PW vol. 3, p. 245; 이 책 65쪽.

106 아리스토텔레스(Ἀριστοτέλης),『시학』(Περὶ ποιητικῆς), 1448 b 5~12.

107 프랜시스 허치슨,『아름다움과 덕에 관한 우리의 관념의 기원에 관한 탐구』, p. 28. 이외에도 이 표현은 이 책의 여러 곳에 반복되어 사용된다.(같은 책, p. 31, 35, 45, 63, 65, 67, 79, 80, 81.)

108 아리스토텔레스,『시학』, 1450 b 34~1451 a 6.

109 Ibid., 1452 b 30~32.

110 Ibid., 1452 b 32f.

111 데이비드 흄,「비극에 대하여」, p. 252; 이 책 76쪽.

112 Ibid., p. 246; 이 책 66쪽 이하.

113 같은 곳; 이 책 67쪽.

114 Ibid., p. 247; 이 책 68쪽.

115 Ibid., p. 247f.; 이 책 68쪽 이하.

116 Ibid., p. 249; 이 책 70쪽.

117 Ibid., p. 250; 이 책 73쪽.

118 사실 뒤보 수도원장도 퐁트넬과 비슷한 주장을 펼치긴 했지만 내용은 조금 달랐다. 그는 허구를 통해 불러일으켜진 감정은 피상적일 뿐이므로 그 정도가 그렇게 크지 않다고 설명한다(Cf. 장-밥티스트 뒤보, 『시와 회화에 대한 비평적 성찰』, Paris: Jean Mariette, 1719, p. 23ff.). 하지만 이 경우에도 그는 관객이 느끼는 긍정적 감정의 근거는 제시하지 못하고 있다. 관객이 느끼는 부정적 감정의 정도가 크지 않다고 해서 공연이 끝난 후 그가 긍정적 감정을 느끼게 되지는 않을 것이기 때문이다.

119 데이비드 흄, 「비극에 대하여」, p. 249; 이 책 71쪽.

120 같은 곳; 이 책 71쪽 이하.

121 Ibid., p. 249f.; 이 책 72쪽.

122 Ibid., p. 250; 이 책 72쪽.

123 Ibid., p. 252f.; 이 책 76쪽.

124 Ibid., p. 255; 이 책 79쪽.

125 Ibid., p. 253; 이 책 77쪽.

126 Ibid., p. 254; 이 책 78쪽.

127 Ibid., p. 252; 이 책 76쪽.

128 에드먼드 버크, 『숭고와 아름다움의 관념의 기원에 대한 철학적 탐구』, 201쪽.

129 Cf. https://en.wikipedia.org/wiki/Gorgias. 이러한 고르기아스의 논증의 상세한 내용에 대해서는 섹스투스 엠피리쿠스(Sextus Empiricus; c.160~c.210), 『학자들에 반대하여』(*Contra Mathematicos*) in: 『섹스투스 엠피리쿠스 전집』(*Sexti Empirici Opera*) tomus 2, Lipsiae: Sumptu Librariae Kuehnianae, 1841, p. 284ff.를 참조하라.

130 「취미의 기준에 대하여」, p. 259; 이 책 28쪽.

참고문헌

1. 흄의 저술

1) 「취미의 기준에 대하여」, 「비극에 대하여」 외

Hume, David(1874~75). *The Philosophical Works of David Hume*(이하 PW), edited by T. H. Green and T. H. Grose, 4 volumes, London: Longman, Green.

_____. "Of the Standard of Taste" in: PW, Vol. 3.

_____. "Of Tragedy" in: PW, Vol. 3.

_____. "The Sceptic" in: PW, Vol. 3.

_____. "Of the Delicacy of Taste and Passion" in: PW, Vol. 3.

_____. "Of Simplicity and Refinement in Writing" in: PW, Vol. 3.

2) 『인간본성론』

Hume, David(1978). *A Treatise of Human Nature*, edited by L. A. Selby-Bigge, 2nd ed. revised by P. H. Nidditch, Oxford: Clarendon Press.

_____ (2000). *A Treatise of Human Nature*, edited by David Fate Norton and Mary J. Norton, Oxford/New York: Oxford University Press.

3) 『인간 오성에 관한 탐구』, 『도덕의 원리들에 관한 탐구』

Hume, David(1975). *An Enquiry concerning Human Understanding* in: *Enquiries concerning Human Understanding and concerning the Principles of Morals*, edited by L. A. Selby-Bigge, 3rd edition revised by P. H.

Nidditch, Oxford: Clarendon Press.

_____ (1999). *An Enquiry concerning Human Understanding*, edited by Tom L. Beauchamp, Oxford/New York: Oxford University Press.

_____ (1978). *An Enquiry concerning the Principles of Morals* in: *Enquiries concerning Human Understanding and concerning the Principles of Morals*, edited by L. A. Selby-Bigge, 3rd edition revised by P. H. Nidditch, Oxford: Clarendon Press.

_____ (1998). *Enquiry concerning the Principles of Morals*, edited by Tom L. Beauchamp, Oxford/New York: Oxford University Press.

4) 기타

Hume, David(1932). *The Letters of David Hume*, edited by J.Y.T. Greig, 2 volumes, Oxford: Clarendon Press.

2. 흄에게 영향을 미친 동시대 문헌

Addison, Joseph/Steele, Richard(1879). *The Spectator*, Alexander Chalmers (ed.), New York: D. Appleton.

DuBos, Jean Baptiste(1719). *Réflexions critiques sur la poésie et sur la peinture*, Paris: Jean Mariette.

Fontenelle, Bernard Le Bovier de(1825; 1752). "Réflexions sur la Poétique" in: *Œuvres de Fontenelle* tome 4, Paris: Salmon, pp. 313~360.

Hutcheson, Francis(2008; 1725). *An Inquiry into the Original of Our Ideas of Beauty and Virtue*, Indianapolis: Liberty Fund.

Shaftesbury, Anthony Ashley-Cooper, Third Earl of(1999; 1711). *Characteristics of Men, Manners, Opinions, Times*, Philip Ayres(ed.),

Oxford: Clarendon Press.

3. 흄 저술에 언급되었거나 인용된 문헌

1) 고대 문헌

Ὅμηρος(Homeros), Ἰλιάς(Ilias).

Horatius, *Carmina*.

_____, *Epistulae*.

Ovidius, *Epistulae ex Ponto*.

_____, *Metamorphoseon librī*.

Plinius, *Historia Naturalis*.

Πλούταρχος(Plutarchos), *Βίοι Παράλληλοι*(Bioi Paralleloi).

Quintilianus, *Institutio Oratoria*.

Sextus Empiricus, *Contra Mathematicos*.

Tacitus, *Annales*.

Terentius, *Andria*.

2) 근대 문헌

Ariosto, Ludovico(1532). *Orlando Furioso*.

Boccaccio, Giovanni(1353). Decameron.

Cervantes, Miguel de(1615; 1605). *El Ingenioso Hidalgo Don Quijote de la Mancha*.

Clarendon, Edward Hyde, 1st Earl of(1702~1704). *History of the Rebellion and Civil Wars in England*.

Corneille, Pierre(1642). *Polyeucte*.

Fénelon, François(1699). *Les Aventures de Télémaque*.

Fontenelle, Bernard Le Bovier de(1688). "Discours sur la Nature de l'Eglogue".

_____ (1686). *Entretiens sur la Pluralité des Mondes*.

Machiavelli, Niccolòdi Bernardo dei(1525). *La Clizia*.

Racine, Jean(1799). *Athalie*.

Rowe, Nicholas(1700). *Ambitious Stepmother*.

4. 「해제」에 언급되었거나 인용된 문헌

Beardsley, Monroe(1966). *Aesthetics from Classical Greece to the Present: A Short History*, New York: Macmillan.

Batteux, Charles(1747). *Les beaux-arts réduits àun même principe*, Paris: Durand.

Bruyère, Jean de La(1865; 1688). *Les Caractères* in: *Oeuvres de La Bruyère* tome 1, Paris: Hachette.

Croce, Benedetto(1922; 1902). *Filosofia come Scienza dello Spirito: 1. Estetica come Scienza dell'Espressione e Linguistica Generale*, Bari: Gius. Laterza & Figli.

Kandinsky, Wassily(1912). *Über das Geistige in der Kunst*, Munchen: Piper.

Malebranche, Nicolas(1893; 1674~5). *De la Recherche de la Vérité* tome 2, Paris: Garnier Frès.

Plutarchos(1776), *Quae supersunt Omnia* vol. 4, Lipsiae: Impensis Gotth. Theoph. Georgi.

Tatarkiewicz, Władysław(1970). *History of Aesthetics* vol. 1, The Hague/ Paris: Mouton.

5. 흄 관련 연구 문헌

1) 국내 문헌

김다솜(2015).「흄과 칸트: 공감과 공통감」, 한국칸트학회,『칸트연구』36: 51~72.

김진엽(1997).「흄의 '취미의 기준'에 대하여」, 한국미학회,『미학』22: 31~51.

김한승(2011).「취미의 문제와 동등무게론」, 한국미학회,『미학』66: 35~63.

맹주만, 김다솜(2015).「흄의 감성 미학과 공감의 원리」, 중앙대학교 중앙철학연구소,『철학탐구』38: 55~88.

문경연(2011).「식민지 근대와 '취미' 개념의 형성」, 한림과학원,『개념과 소통』7: 35~71.

배용준(2008).「D. Hume의 미학에 관한 연구」, 새한철학회,『철학논총』52: 187~213.

주동률(1998).「한국미학회 창립 30주년 기념호: 흄에서의 취미 판단의 기준과 '진정한 판단자' 의 역할」, 한국미학회,『미학』25: 165~92.

최도빈(2009).「"비극의 역설"에 대한 고찰: 흄에서 현대까지의 논의들」, 한국미학회,『미학』59: 135~84.

최희봉(2006).「감성과 취미에 관한 흄의 견해」, 한국동서철학회,『동서철학연구』42: 205~25.

_____ (2012).「취미에 관한 흄의 견해: 미학과의 관련을 중심으로」, 강원대학교 인문과학연구소,『인문과학연구』34: 393~415.

2) 해외 문헌

1 - 미학 일반

Hester, Marcus(1979). "Hume on Principles and Perceptual Ability" in: *Journal of Aesthetics and Art Criticism*, 37: 295~302.

Jones, Peter(1976)."Hume's Aesthetics Reassessed" in: *Philosophical*

Quarterly, 26: 48~62.
Kivy, Peter(1983). "Hume's Neighbor's Wife: An Essay in the Evolution of Hume's Aesthetics" in: *British Journal of Aesthetics*, 23: 195~208.
Rose, Mary Carman(1976). "The Importance of Hume in the History of Western Aesthetics" in: *British Journal of Aesthetics*, 16: 218~229.
Townsend, Dabney(2001). *Hume's Aesthetic Theory: Taste and Sentiment*, London: Routledge.
_____ (2013). "Hume's Aesthetic Move: The Legitimization of Sentiment" in: *The European Legacy: Toward New Paradigms*, 18(5): 552~562.
Williams, Christopher(2007). "Some Questions in Hume's Aesthetics" in: *Philosophy Compass*, 2: 157~169.

2 - 취미

Baceski, Tina(2013). "Hume on Art Critics, Wise Men, and the Virtues of Taste" in: *Hume Studies*, 39: 233~256.
Brown, Stuart Gerry(1938). "Observations on Hume's Theory of Taste" in: *English Studies*, 20: 193~198.
Carroll, Noël(1984). "Hume's Standard of Taste" in: *Journal of Aesthetics and Art Criticism*, 43: 181~194.
Cohen, Ted(1994). "Partial Enchantment in Hume's Essay on Taste" in: Robert Yanal (ed.), *Institutions of Art: Reconsiderations of George Dickie's Philosophy*, University Park, PA: Pennsylvania State University Press, 145~156.
Costelloe, Timothy M.(2003). "Hume, Kant, and the 'Antinomy of Taste'" in: *Journal of the History of Philosophy*, 41: 165~185.

_____ (2007). *Aesthetics and Morals in the Philosophy of David Hume*(Routledge Studies in Eighteenth Century Philosophy), London: Routledge.

Dadlez, Eva M. (2002). "The Vicious Habits of Entirely Fictitious People: Hume on the Moral Evaluation of Art" in: *Philosophy and Literature*, 26: 143~156.

Dickie, George(2003). "James Shelley on Critical Principles" in: *British Journal of Aesthetics*, 43: 57~64.

Durà-Vilà, Victor(2014). "Courage in Art Appreciation: A Humean Perspective" in: *British Journal of Aesthetics*, 54(1): 77~95.

_____ (2015). "Shelley on Hume's Standard of Taste and the Impossibility of Sound Disagreement among the Ideal Critics" in: *Journal of Aesthetics and Art Criticism*, 73(3): 341~345.

Foot, Philippa(1966). "Hume on Moral Judgment" in: David F. Pears (ed.), *David Hume: A Symposium*, London: Macmillan, 67~76.

Galgut, Elisa(2012). "Hume's Aesthetic Standard" in: *Hume Studies*, 38: 183~200.

Gracyk, Theodore(1994). "Rethinking Hume's Standard of Taste" in: *Journal of Aesthetics and Art Criticism*, 52: 168~182.

_____ (2011). "Delicacy in Hume's Aesthetic Theory" in: *Journal of Scottish Philosophy*, 9: 1~16.

Guyer, Paul(2005). "The Standard of Taste and the 'Most Ardent Desire of Society'" in: Guyer, Paul, *Values of Beauty: Historical Essays in Aesthetics*, Cambridge: Cambridge University Press, 37~74.

Jones, Peter(2009). "Hume on the Arts and 'The Standard of Taste': Texts and Contexts" in: Norton, David Fate/Tylor, Jacqueline(eds.). *The

Cambridge Companion to Hume, Cambridge: Cambridge University Press, 414~446.

Kivy, Peter(1967). "Hume's Standard of Taste: Breaking the Circle" in: *British Journal of Aesthetics*, 7: 57~66.

―――― (2011). "Remarks on the Varieties of Prejudice in Hume's Essay on Taste"in: *Journal of Scottish Philosophy*, 9: 111~115.

Korsmeyer, Carolyn (1976). "Hume and the Foundations of Taste" in: *Journal of Aesthetics and Art Criticism*, 35: 201~215.

―――― (1995). "Gendered Concepts and Hume's Standard of Taste" in: P. Z. Brand and Carolyn Korsmeyer(eds.), *Feminism and Tradition in Aesthetics*, University Park, PA: Pennsylvania State University Press, 49~65.

Kulenkampff, Jens(1990). "The Objectivity of Taste: Hume and Kant" in: *Noûs*, 24: 93~100.

Levinson, Jerrold(2002). "Hume's Standard of Taste: The Real Problem" in: *Journal of Aesthetics and Art Criticism*, 60: 227~238.

―――― (2003). "The Real Problem Sustained: Reply to Wieand" in: *Journal of Aesthetics and Art Criticism*, 61: 398~399.

MacLachlan, Christopher(1986). "Hume and the Standard of Taste" in: *Hume Studies*, 12: 18~38.

MacMillan, Claude(1986). "Hume, Points of View and Aesthetic Judgments" in: *The Journal of Value Inquiry*, 20: 109~123.

Marshall, David(1995). "Arguing by Analogy: Hume's Standard of Taste" in: *Eighteenth-Century Studies*, 28: 323~343.

Mason, Michelle(2001). "Moral Prejudice and Aesthetic Deformity: Rereading Hume's 'Of the Standard of Taste'" in: *Journal of Aesthetics and Art Criticism*, 59: 59~71.

Mothersill, Mary(1997). "In Defense of Hume and the Causal Theory of Taste" in: *Journal of Aesthetics and Art Criticism*, 55: 312~317.

_____ (1984). "Hume: 'Of the Standard of Taste'" in: *Beauty Restored*, Oxford: Clarendon Press, 177~208.

_____ (2014). "Hume, David. 'Of the Standard of Taste'" in: Kelly, Michael (ed.), *The Encyclopedia of Aesthetics*, 2nd ed., Oxford: Oxford University Press, Vol. 3, 364~368.

Noxon, James(1961). "Hume's Opinion of Critics" in: *Journal of Aesthetics and Art Criticism*, 20: 157~162.

Osborne, Harold(1967). "Hume's Standard and the Diversity of Aesthetic Taste" in: *British Journal of Aesthetics*, 7: 50~56.

Perricone, Christopher(1995). "The Body and Hume's Standard of Taste" in: *Journal of Aesthetics and Art Criticism*, 53: 371~378.

Ribeiro, Brian(2007). "Hume's Standard of Taste and the de gustibus Sceptic" in: *British Journal of Aesthetics*, 47: 16~28.

Ross, Stephanie(2008). "Humean Critics: Real or Ideal?" in: *British Journal of Aesthetics*, 48: 20~28.

Sayre-McCord, Geoffrey(1994). "On Why Hume's 'General Point of View' isn't Ideal – and Shouldn't Be" in: *Social Philosophy and Policy*, 11: 202~228.

Schier, Flint(1986~87). "Hume and the Aesthetics of Agency" in: *Proceedings of the Aristotelian Society*, 87: 121~135.

Shelley, James(1994). "Hume's Double Standard of Taste" in: *Journal of Aesthetics and Art Criticism*, 52: 437~445.

_____ (1998). "Hume and the Nature of 'Taste'" in: *Journal of Aesthetics*

_____ (2002). "The Character and Role of Principles in the Evaluation of Art" in: *British Journal of Aesthetics*, 42; 37~51.

_____ (2004). "Hume's Principles of Taste: A Reply to Dickie" in: *British Journal of Aesthetics*, 44: 84~89.

_____ (2013). "Hume and the Verdict of True Judges" in: *Journal of Aesthetics and Art Criticism*, 71(2): 145~153.

_____ (2015). "When True Judges Differ: Reply to Durà-Vilà" in: *Journal of Aesthetics and Art Criticism*, 73 (3): 345~348.

Shiner, Roger A. (1996). "Hume and the Causal Theory of Taste" in: *Journal of Aesthetics and Art Criticism*, 54: 237~249.

Shusterman, Richard(1989). "Of the Scandal of Taste: Social Privilege as Nature in the Aesthetic Theories of Hume and Kant" in: *Philosophical Forum*, 20: 211~229.

Stradella, Alessandra(2012). "The Fiction of the Standard of Taste: David Hume on the Social Constitution of Beauty" in: *The Journal of Aesthetic Education*, 46(4): 32~47.

Sverdlik, Steven(1986). "Hume's Key and Aesthetic Rationality" in: *Journal of Aesthetics and Art Criticism*, 45: 69~76.

Wieand, Jeffrey(1984). "Hume's Two Standards of Taste" in: *Philosophical Quarterly*, 34: 129~142.

_____ (2003). "Hume's Real Problem" in: *Journal of Aesthetics and Art Criticism*, 61: 395~398.

Winegar, Reed(2011). "Good Sense, Art, and Morality in Hume's 'Standard of Taste'" in: *Journal of Scottish Philosophy*, 9: 17~35.

Zangwill, Nick(2001). "Hume, Taste, and Teleology" in: *The Metaphysics of*

Beauty, Ithaca: Cornell University Press: 149~165.

3 – 아름다움과 숭고

Baxter, Donald L. M.(1990). "Hume on Virtue, Beauty, Composites, and Secondary Qualities" in: *Pacific Philosophical Quarterly*, 71: 103~18.

Grant, James(2014). "Hume, David. Theory of Beauty" in: Michael Kelly(ed.), *The Encyclopedia of Aesthetics*, 2nd ed., Oxford: Oxford University Press, Vol. 3: 368~372.

Guyer, Paul(2005). "Beauty and Utility in Eighteenth-Century Aesthetics" in: *Values of Beauty: Historical Essays in Aesthetics*, Cambridge: Cambridge University Press, 110~128.

Saccamano, Neil(2011). "Aesthetically Non-Dwelling: Sympathy, Property, and the House of Beauty in Hume's Treatise" in: *Journal of Scottish Philosophy*, 9: 37~58.

Shelley, James(2011). "Hume and the Value of the Beautiful" in: *British Journal of Aesthetics*, 51: 213~222.

Taylor, Jacqueline(2008). "Hume on Beauty and Virtue" in Radcliffe, Elisabeth(ed.), *A Companion to Hume*, Oxford: Blackwell, 273~292.

Siebert, Donald T.(1989). "The Sentimental Sublime in Hume's History of England" in: *Review of English Studies New Series*, 40: 352~372.

4 – 비극의 역설

Budd, Malcolm(1991). "Hume's Tragic Emotions" in: *Hume Studies*, 17: 93~106.

Cohen, Ralph(1962). "The Transformation of Passion: A Study of Hume's Theories of Tragedy, 'Antinomy of Taste'" in: *Philological Quarterly*,

41: 450~464.

Dadlez, Eva M.(2004). "Pleased and Afflicted: Hume on the Paradox of Tragic Pleasure" in: *Hume Studies*, 30: 213~236.

Galgut, Elisa(2001). "The Poetry and the Pity: Hume's Account of Tragic Pleasure" in: *British Journal of Aesthetics*, 41: 411~424.

Neill, Alex(1998). "'An Unaccountable Pleasure': Hume on Tragedy and the Passions" in: *Hume Studies*, 24: 335~354.

_____ (1992). "Yanal and Others on Hume on Tragedy" in: *Journal of Aesthetics and Art Criticism*, 50: 151~154.

_____ (1999). "Hume's 'Singular Phænomenon'" in: *British Journal of Aesthetics*, 39: 112~125.

Yanal, Robert J.(1991). "Hume and Others on the Paradox of Tragedy" in: *Journal of Aesthetics and Art Criticism*, 49: 75~76.

5 - 흄과 동시대 미학 사상의 관계

Brunius, Teddy(1952). *David Hume on Criticism*, Stockholm: Almqvist & Wiksell.

Coleman, Francis X. J.(1971). *The Aesthetic Thought of the French Enlightenment*, Pittsburgh: University of Pittsburgh Press.

Costelloe, Timothy(2013). *The British Aesthetic Tradition: From Shaftesbury to Wittgenstein*, Cambridge: Cambridge University Press.

Dickie, George(1996). *The Century of Taste*, Oxford: Oxford University Press.

Duncan, Elmer H.(1970). "The Ideal Aesthetic Observer: a Second Look" in: *Journal of Aesthetics and Art Criticism*, 29: 47~52.

Guyer, Paul(2014). *A History of Modern Aesthetics* Vol. 1, Cambridge:

Cambridge University Press.

Hipple, Walter John Jr.(1967). *The Beautiful, the Sublime, and the Picturesque in Eighteenth Century Aesthetic Theory*, Carbondale, IL: The Southern Illinois University Press.

Jones, Peter(1982). *Hume's Sentiments: Their Ciceronian and French Context*, Edinburgh: Edinburgh University Press.

Kivy, Peter(2003). *The Seventh Sense: Francis Hutcheson & Eighteenth-Century British Aesthetics*, 2nd ed., Oxford: Clarendon Press.

Savile, Anthony(1982). *The Test of Time: An Essay in Philosophical Aesthetics*, Oxford: Clarendon Press.

_____ (1988). *Aesthetic Reconstructions: The Seminal Writings of Lessing, Kant, and Schiller*, Oxford: Basil Blackwell.

Shelley, James(2001). "Empiricism: Hutcheson and Hume" in Gaut, Berys/Lopes, Dominic M.(eds.), *Routledge Companion to Aesthetics*, 3rd edition, London and New York: Routledge: 36~45.

Townsend, Dabney(1987). "From Shaftesbury to Kant: The Development of the Concept of Aesthetic Experience" in: *Journal of the History of Ideas*, 48: 287~305.

찾아보기

1. 인명 및 지명

[ㄱ]
고르기아스(Γοργίας) 240
그라시안, 발타사르(Baltasar Gracián) 164

[ㄴ]
네로(Nero) 107, 195, 251, 263, 264
니코마쿠스(Nicomachus) 75, 255

[ㄷ]
데모크리토스(Δημόκριτος) 174
데카르트, 르네(René Descartes) 51, 128, 248, 249, 257, 258
뒤보, 장-밥티스트(Jean-Baptiste Dubos) 66, 222~224, 226~228, 254, 274
드라이든, 존(John Dryden) 172

[ㄹ]
루크레티우스(Titus Lucretius Carus) 102, 203, 261

[ㅁ]
마르티알리스(Marcus Valerius Martialis) 105, 262
마키아벨리, 니콜로(Niccolò Machiavelli) 55, 198, 251
말브랑슈, 니콜라(Nicolas Malebranche) 128, 265
밀턴, 존(John Milton) 30, 171, 172, 247
라신, 장(Jean Racine) 102, 252, 261

[ㅂ]
바퇴, 샤를(Charles Batteux) 258, 260
버크, 에드먼드(Edmund Burke) 115, 136, 137, 138, 140, 146, 154, 174, 237
번연, 존(John Bunyan) 30, 172, 247
베레스, 가이우스(Gaius Verres) 70, 77, 255
베르길리우스(Publius Vergilius Maro) 51, 102, 103, 247, 250, 261, 262
베이컨, 프랜시스(Francis Bacon) 118, 129
보들레르, 샤를(Charles Baudelaire) 201
보카치오, 조반니(Giovanni Boccaccio) 61, 253
브뤼에르, 장 드 라(Jean de La Bruyère)

165, 269
부알로-데스프레오, 니콜라(Nicolas Boileau-Despréaux) 251
비어즐리, 먼로(Monroe Beardsley) 265

[ㅅ]

산초 판자(세르반테스의 소설 『돈키호테』 등장인물) 37, 39, 100, 179, 181, 208, 260
섀프츠베리, 앤서니 애슐리-쿠퍼(Anthony Ashley-Cooper, Third Earl of Shaftesbury) 127, 132, 133, 134, 136, 154, 165, 166, 188, 266, 269
세네카(Lucius Annaeus Seneca) 106, 263
세르반테스, 미구엘 드(Miguel de Cervantes) 100, 248, 260
섹스투스 엠피리쿠스(Sextus Empiricus) 275
소크라테스(Σωκράτης) 145
소포클레스(Σοφοκλῆς) 102, 172, 252
소피스트 115, 174, 263

[ㅇ]

아가멤논(Ἀγαμέμνων; Agamemnon) 60, 252
아르카디아(Ἀρκαδία) 103, 261
아리스토텔레스(Ἀριστοτέλης) 51, 117, 131, 174, 206, 218, 220~222, 228, 254, 257, 273
아리스티데스(Aristides) 75, 255
아리오스토, 루도비코(Ludovico Ariosto) 32, 164, 176, 247
아우구스투스(Augustus) 107, 264
아킬레우스(Ἀχιλλεύς; Achilles) 26, 60, 252
아펠레스(Apelles) 75, 255
애디슨, 조지프(Joseph Addison) 30, 99, 127, 128, 129, 131, 132, 136, 154, 165, 166, 172, 247, 259, 265
오길비, 존(John Ogilby) 30, 171, 247
오디세우스(Ὀδυσσεύς) 26, 200
오비디우스(Publius Ovidius Naso) 54, 79, 195, 250, 257, 259, 262
유클리드(Εὐκλείδης; Euclid) 151

[ㅈ]

주노(Juno) 60
주피터(Jupiter) 60

[ㅋ]

카울리, 에이브러햄(Abraham Cowley) 105, 262
카이사르(Julius Caesar) 166
가이우스 발레리우스 카툴루스(Gaius Valerius Catullus) 105, 262
칸딘스키, 바실리(Wassily Kandinsky) 111, 113, 115, 264
코르네유, 피에르(Pierre Corneille) 102, 252, 262
콩그리브, 윌리엄(William Congreve)

102, 261
퀸틸리아누스(Marcus Fabius Quintilianus) 263
크로체, 베네데토(Benedetto Croce) 164, 269
클라우디우스(Claudius) 107, 195, 251, 264
클래런던, 에드워드 하이드(Edward Hyde, Clarendon) 77, 256
키케로(Marcus Tullius Cicero) 52, 70, 77, 226, 228, 229, 230, 255

[ㅌ]

타키투스{Publius (or Gaius) Cornelius Tacitus} 54, 195, 251
테네리페(Tenerife) 30, 173, 247, 270
테렌티우스(Publius Terentius Afer) 51, 55, 102, 105, 198, 250, 251, 261
텔레마쿠스(Telemachus) 26
티모마쿠스(Timomachus) 75, 266

[ㅍ]

파넬, 토머스(Thomas Parnell) 105, 263
판(Pan) 261
페넬롱, 프랑수아(François Fénelon) 26, 245
페트라르카, 프란체스카(Francesco Petrarca) 61, 199, 253
포프, 알렉산더(Alexander Pope) 102, 172, 203, 261
퐁트넬, 베르나르 르 보비에 드(Bernard Le Bovier de Fontenelle) 68, 103, 203, 224, 226~229, 251, 255, 259, 261, 274
플라톤(Πλάτων) 51, 127, 174, 257
플루타르코스(Πλούταρχος) 166, 269
대(大)플리니우스(Caius Plinius Secundus) 75, 115, 127, 133, 134, 154, 174, 188, 189, 219, 256
피타고라스학파 174

[ㅎ]

허치슨, 프랜시스(Francis Hutcheson) 115, 127, 133, 134, 154, 174, 188, 189, 219, 249, 266, 273
호메로스(Ὅμηρος) 25, 26, 34, 57, 171, 172, 199, 200, 247, 252, 253, 255, 261
호라티우스(Quintus Horatius Flaccus) 54, 100, 195, 251, 252, 260, 261, 262
홉스, 토머스(Thomas, Hobbs) 118, 129

2. 용어

[ㄱ]

가죽끈이 달린 열쇠 37, 39, 180~182, 208
간지럼 68, 224, 228
감각 35, 40, 69, 84, 85, 92, 118, 119, 120~123, 129~132, 134, 161~163,

165, 188, 189, 191, 225, 264
감관 19, 40, 100, 188
　→ 내적 감각 기관 48, 133, 189, 249
　→ 내적 감관론 132, 189, 249
　→ 능력 있는 감관 95
　→ 뛰어난 감관 49, 93, 132, 134, 189, 192, 193
　→ 아름다움의 내적 감관 134
　→ 훌륭한 감관 46, 48, 49, 50, 59, 95, 134, 186, 188, 189~191, 193, 194, 250
감상자 186, 238, 242, 117
감정 12, 33, 36, 45, 67, 68, 71~73, 76, 79, 90, 94, 104
　→ 긍정적 감정 15, 138, 142, 143, 150~152, 156, 158, 174, 175, 222, 227~229, 231~234, 236, 274
　→ 부정적 감정 138, 165, 218, 221, 222, 224, 227, 228, 231~236, 274
개연적 명제 125
경험론 113, 118, 123, 124, 129, 169, 171, 237, 247
고급예술 214
고통(pain) 44, 54, 66~70, 72, 73, 77, 78, 83~85, 89, 90, 112, 113, 120~122, 139, 140, 144, 147, 196, 213, 217, 219, 223, 225, 226, 228, 231, 235, 267
공감(sympathy) 54, 57, 58, 66, 67, 70, 77, 196, 200, 217, 241, 267
공포(horror) 65, 72, 73, 77, 78, 112, 121, 122, 218, 221, 226, 231, 232, 254
관객(public) 55, 60, 65~67, 74, 77, 116, 117, 127, 136, 140, 197, 198, 206, 212, 217~219, 222, 223, 225, 226, 228, 231, 232, 234~236
관념 31, 35, 56, 57, 84, 118~122, 130, 133, 134, 136, 153, 249
　→ 관념들의 관계 124
권태 68, 223, 224, 227, 231
기억 129, 220
기술 71, 183, 191, 207, 229
　→ 고상한 기술 92
　→ 세련된 기술 93

[ㄴ]

논증 47, 103, 104, 125, 187
느낌 36, 38, 42, 48, 135, 152, 246

[ㄷ]

다양성 속의 통일 134, 211, 219
달콤한 죄악 255
도덕성 200
　→ 도덕적 감관 188
　→ 도덕적 정감 27
디자인 49, 188, 190, 191

[ㅁ]

모방 72, 99, 100, 156, 184, 191, 213, 218, 219, 221, 228, 231, 236, 251,

260
→ 모방이 주는 매력 76, 222
무관심성 147
문체 32, 43, 54, 102, 114, 128, 172, 176, 183, 196, 197, 202
미각 35, 40, 160~163, 165, 167, 168, 170, 181, 182
→ 단맛과 쓴맛 29, 37, 38, 162, 170
→ 신체적 미각 29, 37, 170, 180
→ 정신적 미각 37, 165, 170
미신 59, 60, 199
미적 체험 157
미적 태도론 155, 157

[ㅂ]

변환 138, 231, 232, 237
→ 부수적인 감정의 지배적인 감정으로의 변환 72~74, 76, 232, 235
→ 부정적 감정의 긍정적 감정으로의 전환 138, 222, 228, 232~234, 236
본성적 유비 76
불쾌감 35, 38, 42, 75, 77, 78, 80, 91, 101, 117, 175, 176, 187, 217, 219, 233~236
비교 30, 31, 43, 44, 49, 93, 102, 184~186, 192, 193, 214
비극 47, 52, 54, 59, 65, 68, 72, 78, 101, 116, 140, 187, 217~219, 225, 231
→ 비극의 역설 117, 216, 218, 221, 223, 224, 226~228, 235~238, 244
비평 31, 32, 101, 103, 104, 177, 178, 206
→ 비평가 24, 30, 39, 44, 45, 48, 49, 54, 59, 66, 93, 100, 103, 174, 179, 182, 184~186, 192~194, 210, 243, 244

[ㅅ]

사실에 관한 증명 125
삶의 비밀스러운 여정 100
상대주의 123, 240, 241
상상력 25, 31, 33, 36, 41, 43, 46, 47, 58, 77, 104, 127~130, 178, 187, 191, 225, 234
→ 섬세한 상상력 36, 50, 179, 182, 186, 193, 194
→ 상상력의 즐거움 127~132
상징 172
새로움 73, 106, 157, 232
선입견 23, 45, 50, 168, 193
선험적 31
섬세함 36, 39~41, 48, 92, 181, 210
세련됨 101~104, 106, 201~204
세월의 시험 178, 208, 209, 213
소박함 24, 100~106, 201, 203, 204
수용미학 117, 238, 244
순진함 100, 260
숭고 54, 135~138, 140, 157, 196, 237
슬픔 65, 66, 70~74, 76, 89~91, 112,

122, 135, 137, 216, 217, 226~228, 230, 232, 235, 236
시각 / 시력 41, 119, 133, 162~164, 188
시인 25, 26, 34, 48, 52, 57, 59~61, 66, 76, 102, 103, 172, 195, 199, 200, 203, 204, 217, 236
신체 기관 29, 33, 38, 42, 148, 181
　→ 구성 요소 38, 181
　→ 이상(disorder) 33

[ㅇ]

아름다움
　→ 긍정적 감정으로서의 아름다움 138, 150, 152
　→ 아름다움의 판정 규칙 171
　→ 애정과 승인, 존중의 감정 153
　→ 일정한 크기를 지녀야 함 220
　→ 즐거움을 자아내는 형태로서의 아름다움 70, 84
　→ 평온한 감정 33
안도감 138, 140, 225, 228, 231
알레고리 172
야만적 23, 94, 166, 168
연민 76, 78, 218, 221, 226, 232, 236
연습 41~43, 49, 53, 182~184, 191~193
오성 28, 31, 36, 46, 48, 50, 52, 131, 132, 134, 190, 208
웅변가 45, 76, 100, 185, 23
웅변술
　→ 아시아적 웅변술 106, 263, 264
　→ 아티카적 웅변술 106, 263

원칙 27, 30, 104, 177, 219
　→ 보편적 원칙 27, 241
　→ 실천적 원칙 28, 241
위트 84, 101, 102, 104, 105, 106, 249
유용성 84, 143, 145~149
은유 31, 172
이성 25, 31, 43, 47, 48, 59, 69, 83, 129, 132, 134, 186, 188, 191, 225
　→ 이성적 추론 47, 49, 119, 124, 154, 187~190, 192
인상 71, 105, 106, 118, 119, 120, 122, 123
　→ 반성적 인상 120~122, 135, 152, 153, 248
일관성 32, 47, 176, 177, 186, 211, 212, 241

[ㅈ]

적합성 84, 143, 145, 146
정감 23~60, 69, 71, 74, 78, 91, 94, 99, 148, 149, 153, 155, 156, 169, 171, 192~194, 196, 200, 201, 230
　→ 내적 정감 248
　→ 자연스러운 정감 49, 99, 202
정념 32, 43, 47, 51, 53, 65, 66, 67, 70~74, 76, 77, 79, 119, 121, 122, 133, 135, 137, 138, 195, 217, 222, 223, 230, 231, 232, 234
　→ 섬세한 정념 89~93, 139, 140
정크 아트 214, 215
조화 44, 47, 115, 128, 156, 184~187,

189, 213
주름칼라 57
중용 102~104, 201~204
지각 18, 29, 36, 40, 52, 69, 118~120, 128, 132~134, 137, 150, 151, 188, 189
진리 31, 112, 175
질서 31, 71, 83, 84, 142~145, 175, 220, 229
질투심 74, 75, 233, 235

[ㅊ]

천재 34, 44, 47, 52, 58, 92, 93, 107, 111, 113, 116, 139, 178, 185
청각 / 청력 119, 133, 162, 163, 188
추함 33, 36, 38, 40, 53, 83, 84, 85, 90, 120, 122, 132, 133, 135, 142, 144, 147, 157, 165, 194
취미(능력) 105, 180, 182
　→ 섬세한 취미 38, 41, 52, 90~94, 139, 140, 181, 182, 193, 208
　→ 세련된 취미 92, 93, 128
　→ 중간 수준의 문화활동에 대한 취향과 기호 161
　→ 취미에 관해서는 논쟁이 부질없다 29, 167, 170
　→ 취미의 계발 166
　→ 취미의 기준 28, 51, 53, 134, 156, 167, 171, 174, 177~179, 182, 193, 194, 207, 243
　→ 취미의 다양성 169, 171, 193~197, 200, 202, 204, 241
　→ 취미의 어원
　　→ 서구 161, 162
　　→ 한국 160
　→ 취미의 일반적 규칙 201, 202, 204, 243

[ㅋ]

카타르시스 117, 218, 254
코란 26

[ㅌ]

통일성 47, 115, 133, 134, 186, 189, 219, 221

[ㅍ]

파딩게일 272
판단력 18, 48, 71, 93, 129, 189, 229, 249
편견 34, 44~46, 49, 52, 53, 57, 59, 60, 185, 186, 192~194, 200, 252

[ㅎ]

합리론 128, 129
회의주의 / 회의론 118
　→ 경험론적 회의주의 / 회의론 169, 171
　→ 극단적 회의주의 / 회의론 123, 171, 240
　→ 완화된 회의주의 / 회의론 123, 124, 243

데이비드 흄(David Hume, 1711~76)

에든버러의 스코틀랜드계 중산층 가정에서 태어난 **흄**은 어려서부터 역사, 문학, 철학에 빠졌으며, 수학과 자연철학에도 관심이 많았다. 이미 20대 후반인 1739~40년에 『인간본성론』을 출간하였고, 이외에도 『인간 오성에 관한 탐구』(1748), 『도덕의 원리들에 관한 탐구』(1751), 『자연종교에 관한 대화』(1779; 사후 출간) 등 다양한 주제의 저술을 남겼다. 또한 총 여섯 권으로 구성된 『영국사』(1754~62)로 철학자로서의 명성 못지않게 대중의 인기를 얻기도 했다. 한편, 흄은 평생 학자로만 살지는 않았다. 1763~65년에는 프랑스 주재 영국 대사관의 대사 비서로 시작해 대리대사를 지냈으며, 영국으로 돌아와서는 지금의 외무부 차관을 역임하기도 했다.

흄의 주저인 『인간본성론』의 원래 기획에는 오성, 정념, 도덕에 이어 비평(criticism)을 주요 주제로 다루는 글이 포함되어 있었다고 한다. 비록 이 기획은 실현되지 않았지만, 그의 미학이론의 핵심이 「취미의 기준에 대하여」와 「비극에 대하여」 등에 담겨 있다.

김동훈 옮김

서울대학교 법과대학 사법학과, 총신대학교 신학대학원 신학과, 서울대학교 인문대학 미학과를 거쳐 독일 브레멘 대학교 인문대학 철학과에서 '근대의 주체 개념에 대한 하이데거의 비판'에 관한 연구로 박사학위를 받았다. 독일 유학 시절 브레멘 주정부가 시행하는 희랍어 검정시험(Graecum)과 라틴어 검정시험(Großes Latinum)에 합격했다. 또한 에라스무스 교환학생 프로그램 장학생으로 프랑스 파리 소르본 대학 철학과에서 수학하였다. 유학을 마치고 귀국한 후에는 2003년부터 서울대학교, 홍익대학교, 한국예술종합학교 등에서 미학 강의를 해왔다.

서구 사상사 전반에 걸쳐 수행된 예술에 대한 철학적 성찰에 관심을 가지고 연구해왔으며, 특히 근대 미학 태동기에 아름다움과 숭고의 개념이 어떻게 구분되었고 그것이 이후의 예술실천에 어떤 영향을 미치게 되었는지, 그 이전에는 존재하지 않았던 예술이라는 용어가 어떻게 고안되고 체계적으로 연구되었는지를 지속적으로 고찰해왔다.

노숙인들이 예술 작품 감상과 토론을 통해 존재와 삶의 의미를 성찰함으로써 자존감을 회복하고 다시 일어설 수 있도록 돕고자 2007년부터 노숙인을 위한 인문학 과정 성프란시스대학 예술사 담당 교수로 재직하고 있다.

저서로는 『행복한 시지푸스의 사색: 하이데거 존재론과 예술철학』이 있으며, 『숭고와 아름다움의 관념의 기원에 대한 철학적 탐구』, 『독일 음악미학』, 『헤겔의 눈물』 등 영어, 독일어, 프랑스어 철학서를 한국어로 옮기는 작업 또한 꾸준히 해왔다.

취미의 기준에 대하여
비극에 대하여 외

데이비드 흄 지음
김동훈 옮김

초판 1쇄 발행 2019년 7월 19일
초판 3쇄 발행 2024년 11월 15일

ISBN 979-11-86000-87-8 (93160)

발행처	도서출판 마티
출판등록	2005년 4월 13일
등록번호	제2005-22호
발행인	정희경
편집	박정현, 서성진, 조은
디자인	오새날
주소	서울시 마포구 잔다리로 101, 2층 (04003)
전화	02. 333. 3110
이메일	matibook@naver.com
홈페이지	matibooks.com
인스타그램	instagram.com/matibook
트위터	twitter.com/matibook
페이스북	facebook.com/matibooks

이 책은 경기도, 경기문화재단, 한국문화예술위원회의
문예진흥기금을 보조받아 발간되었습니다.

**표지와 표제지에 사용한 서체는
옵티크(Optique) Bold, Regular Display입니다.**